现代家庭
教育丛书

中国
家教之道

赵忠心　编著

广西科学技术出版社

图书在版编目（CIP）数据

中国家教之道 / 赵忠心编著. —南宁：广西科学技术出版社，2012.8（2020.6 重印）

（现代家庭教育丛书）

ISBN 978-7-80565-406-5

Ⅰ．①中… Ⅱ．①赵… Ⅲ．①家庭教育—中国 Ⅳ．①G78

中国版本图书馆 CIP 数据核字（2012）第 192689 号

现代家庭教育丛书

中国家教之道

ZHONGGUO JIAJIAO ZHI DAO

赵忠心　编著

责任编辑　何杏华		**封面设计**　叁壹明道	
责任校对　龚　正		**责任印制**　韦文印	

出 版 人　卢培钊

出版发行　广西科学技术出版社

　　　　　　（南宁市东葛路 66 号　邮政编码 530023）

印　　刷　永清县晔盛亚胶印有限公司

　　　　　　（永清县工业区大良村西部　邮政编码 065600）

开　　本　700mm×950mm　1/16

印　　张　17

字　　数　219 千字

版次印次　2020 年 6 月第 2 版第 6 次

书　　号　ISBN 978-7-80565-406-5

定　　价　29.80 元

本书如有倒装缺页等问题，请与出版社联系调换。

目　录

家庭教育从出生以前开始

——中国古代的胎教

中国古代，人们对子女实施家庭教育，开始得非常早。有的提前到孩子还在母体内，尚未出生的时候就开始实施教育。那种教育就叫作胎教。

中国古人实行胎教，最初开始于西周时期。古代胎教大约经历了三个发展阶段：一、秦汉时期；二、唐宋时期；三、唐宋以后。随着祖国古代医学的发展，胎教逐步接近科学化。

一、秦汉时期的胎教

中国历史上关于人们实行胎教情况的记载，最早是见于汉朝初年的著作：贾谊的《新书》和《大戴礼记·保傅》篇。

贾谊（公元前 220 年～公元前 168 年），西汉洛阳人，政论家、文学家。汉文帝时为博士，曾两度任太傅，就是辅导太子的官，也叫"太子太傅"。《新书》是他的一部政论著作，共 10 卷 58 篇。其中《胎教》、《傅职》、《保傅》等篇，总结记载了他自己做太傅的经验和先秦时期有关胎教的情况。《大戴礼记·保傅》篇关于胎教的记载与《新书》的记载相同。

这两部书记载的都是古代帝王家庭实行胎教的具体情况：

"王后有身七月而就蒌室，太师持铜而御户左，太宰持斗而御户右，太仆持著龟而御堂下，诸官皆以其职而御于门内。比三月者，王后所求声音非礼乐，则太师抚乐而称不习；所求滋味非正味，则太宰荷斗而不敢煎调，而曰不敢侍王太子。太子生而泣，太师吹铜，曰声中某律；太宰曰滋味上某；太仆曰命云某，然后为王太子悬孤之礼义（仪）。"这是说，王后怀孕 7 个月就要居住到正室旁边的小屋里，一切饮食起居都要按照礼的规定，由太师、太宰、太仆等宫廷的官员进行管理、照顾。在临近生产的一段时间内，王后是不符合礼乐的声音不听，味道不正的食物不吃。在太子呱呱坠地降临人世时，要由太师、太宰、太仆等人为之举行礼仪。

这两部书，还更具体地记述了周成王的母亲实行胎教的具体做法："周妃后妊成王于身，立而不跛，坐而不蹉，笑而不喧，独处不倨，虽怒不詈。"这是说，周成王的母亲周妃后在怀着他的时候，一切言行举止都严加约束自己：站立时不用一只脚着力，坐着时不偏着坐，发笑时不能大笑，躺着时不敢开腿，有生气的事也不任意骂人。

与贾谊同时，"韩诗学"的创始人韩婴，在汉景帝时曾任常山王太傅，他在所著的《韩诗外传》一书卷九中，记述了孟轲母实行胎教的情形。孟母在回忆自己实行胎教的情形时说："吾怀妊是子，席不正不坐，割不正不食，胎教之也。"这是说，我在怀着孟轲的时候，坐位不端正不坐，食物切得不端正不吃。孟母的胎教是一般人实行胎教的情形。

西汉经学家刘向（约公元前77年～公元前6年），在他的《列女传》一书《周室三母》篇中，记述了周文王之母太任实行胎教的情形：

"太任者文王之母，挚任氏之女也，王季娶为妃。太任之性端一诚庄，惟德之行。及其有娠，目不视邪色，耳不听淫声，口不出敖言，能以胎教。溲于豕牢，而生文王。文王生而明圣，太任教之以一而识百。君子谓太任能胎教。"这是说，王季的后妃太任，性情端庄，品德高尚，在怀周文王以后，不看邪恶的事物，不听淫乱的声音，说话文雅，不出口伤人，注意实行胎教。在猪圈旁解手时，生下了文王。虽然文王出生的地方很脏，但文王一出生就特别聪明伶俐，太任教他一件事，他能知道一百件事，原因是太任注意实行了胎教。

刘向接着说："古者，妇人妊子，寝不侧，坐不边，立不跸，不食邪味。割不正不食，席不正不坐，目不视于邪色，耳不听于淫声，夜则令瞽诵诗道正事。如此则生子形容端正，才德必过人矣。"刘向这是根据古人实行胎教的情形，指出胎教的重要作用。他认为，注意实行胎教，所生的孩子长得漂亮，智慧和德行都会超过一般

的人。

为什么实行胎教，就可以生出貌、才、德俱佳的孩子呢？刘向说："故妊子之时必慎所感。感于善则善，感于恶则恶。人生而肖万物者，皆其母感于物，故形音肖之。文王母可谓知肖化矣。"他这是说，人感受善的事物则善，感受恶的事物则恶。人之所以在出生以后和社会的事物有相类似的品格，完全是由于母亲怀孕时感受外界不同事物的缘故。所以，母亲怀孕时一定要谨慎地感受外界事物，要有所选择。

东汉思想家、政治家王充（公元27年～公元97年），在他所著的《论衡》一书中的《气寿》、《率性》、《初禀》、《本性》等篇，特别是《命义》篇中，集中地谈了胎教问题。王充的胎教思想是与他对"人性"的认识相联系的。他说，人性有三：正性、随性、遭性。所谓"正性"，即"禀五常之性"；所谓"随性"，即"随父母之性"；所谓"遭性"，即"遭恶物象之故也"。

根据这种思想，他认为"遭性"对人的影响最直接。他说："妊妇食兔，子生缺唇。"又说当"雷将发声"的月份，如不戒备而有了身孕，"必有大凶，暗、聋、跛、盲。"这是说，孕妇吃兔肉，所生的孩子是兔唇；打雷的月份妇女怀孕，所生孩子会哑、聋、瘸、瞎。原因是禀气遭受"胎伤"，其结果必"受性狂悖"。

他除引述《大戴礼记·保傅》篇"子在身时，席不正不坐，割不正不食，非正色不视，非正声不听"的话以外，还说："受气时，母不谨慎，心妄邪虑，则子长大，狂悖不善，形体丑恶。"（《命义篇》）王充这段话，说明他认为影响胎儿发育的因素，不仅有"外象"，也有孕妇内心的活动。

综上所述，我们看到，中国古代胎教实行的时间是开始于西周时期，约公元前11世纪。古希腊亚里士多德（公元前384年～公元前322年）虽未明确提出"胎教"，但也曾有关于胎教的主张。他要求首先要考虑婚姻问题，妇女怀孕期间要注意营养，适当地活动，心情宜安静。他认为胎儿的天性得之于母，如同植物得之于土壤一样。中国古代实行胎教的时间要比古希腊早700多年，大约属世界上最先实行胎教的国家。

中国古代胎教的理论基础是"正本"思想。所谓"正本"，即从根本上加以整顿清理。任何事情，开头要特别慎重。西汉贾谊在《新书·胎教》中说道："《易》曰：正其本而万物理，失之毫厘而差以千里，故君子慎始。《春秋》之元，《诗》之《关雎》，《礼》之冠婚，《易》之乾坤，皆慎始敬终云尔。"这是说，做任何事要有一个好的结果，必先有一个好的开始，即所谓"慎始"方能"敬终"。做事开始大意，哪怕有一丝一毫的偏差，最终结果会与初衷相距千里。因此，做事要"慎始"。古人实行胎教，就是从这种思想出发的。

为了生出理想的孩子，古人从"正本"、"慎始"的思想出发，甚至主张在结婚前选择配偶时，就要考虑到生育孩子的事。贾谊在《新书·胎教》中说："谨为子孙婚妻嫁女，必择孝悌世世有行义者。如是，则其子孙慈孝，不敢淫暴，倘有不善，三族（即父、母、妻族）辅之。故凤凰生而有仁义之意，虎狼生而有贪戾之心，两者不等，各以其母。呜呼戒之哉，无养乳虎将伤天下。"这是说，古人为子孙选择配偶，注意妻子的人品德行。妻子人品德行好，就可以生出"凤凰"那样华贵的孩子，妻子人品德行不好，就会生出虎狼一般的孩子。尽管认为孩子是否慈孝仁义全由母亲决定，这是片面的思想，但这也体现了"正本"的思想，是古代优生思想的萌芽。在3000多年前科学很不发达，"天命观"居于统治地位的时代，提出选择配偶的主张，那是难能可贵的，也是具有重大进步意义的。

从"慎所感"的观点出发，古人实行胎教的具体措施，在一开始主要是在行动、饮食、视听、情绪、思想上给予禁戒，是进行消极的限制。这其中有的有一定道理，有的却有迷信的成分，如吃兔肉生子长兔唇，打雷的月份怀孕，生子有缺陷等。在胎教作用的估计上，也有夸大的成分，比如"文王生而明圣"，"教之以一而识百"；"感于善则善，感于恶则恶"，等等。这些都反映先秦时期胎教理论的局限性。

二、唐宋时期的胎教

在先秦时期，记述、论述胎教的人，均为政治家、思想家。到唐宋以后，除政治家、思想家以外，开始有医学家记述、论述胎教问题。

西晋大臣张华（公元232年～公元300年），在他的《博物志》一书第十卷《杂说下》中记载了古代和当时一些有关胎教的问题。他首先记述了"古者胎教之法"，如"席不正不坐，割不正不食"、"不听淫声，不视邪色"等一系列对孕妇提出的消极的禁戒。同时，他对古代对胎教作用的过分夸大提出了异议。他说："异说云：瞽叟夫妇凶顽而生舜，叔梁纥淫夫也，征在失行也，加又野合，而生仲尼，其在有胎教也？"他指出，有人对胎教之法提出不同看法：舜的父母性情都凶暴顽劣，孔丘的父母野合而生孔丘。舜与孔丘都是古代圣贤，他们的父母在怀他们的时候，都未能实行胎教，这又怎么解释呢？这是对古代胎教理论过分夸大其作用的第一次挑战。这表明张华认为，子女聪明伶俐、才德过人，胎教并不是绝对的决定因素，还有别的方面的因素。

另外，张华的胎教观点中也有荒谬的东西，比如，他说，孕妇在怀子3个月之前，穿着丈夫的衣服、帽子，每天早晨绕水井走三圈，然后回家，头不回，也不让别人看见，这样肯定会生男孩。这当然是没有任何科学依据的幻想。

晋朝以后，隋唐时期，医学在分科医疗方面有了发展，特别是与胎教有关的"少儿"（即小儿科）、"妇科"都逐步成为独立的医疗科目。这不能不使"古者胎教之道"前进一步。

生活在隋末唐初的孙思邈（公元581年～公元682年），小时因病学医，以毕生精力从事医学的研究。他总结了唐以前的临床经验和医学理论，认为"人命至重，贵于千金，一方济之，德逾于此"。因此，著医学著作《千金要方》30卷，续编《千金翼方》30卷。广集前代各家方书及民间验方，分科论述了妇科、儿科、内科、外科等各科疾病的诊断、预防与主治方药以及食物营养、针灸等。内容丰富，开创了我国医学的新体系，对我国医学发展做出了重大贡献。孙思邈在《千金要方·养胎论》中论述了胎教的问题，在我国古代胎教的内容、方法及思想等方面，产生了较深刻的影响。

《千金要方·养胎论》首先全面阐述了他的胎教思想。他说："旧说凡受胎三月，逐物变化，禀性未定。欲得观犀象猛兽，珠玉宝物；欲得见贤人君子，盛德大师；观礼东钟鼓，俎豆，军旅陈设，焚烧各香，口诵诗书，古今箴诫；居处简静，割不正不食，席不正不坐；弹琴瑟，调心神，和惰性，节嗜欲，庶事清净，生子皆良，长寿，忠孝仁义，聪慧无疾。斯盖文王胎教者也。"这是说，胎儿在3个月内，迅速生长发育，天赋的禀性未定型，有很大的可塑性。只要孕妇感受善人、善事、善物，饮食居处有法规，注意调节心神、讲究卫生，所生孩子必定健康长寿、品德高尚、聪明伶俐。在这里，孙思邈主要总结吸取了唐以前胎教的积极方法。作为一个医学家，他特别强调孕妇"调心神，和惰性"，讲究卫生，这是有一定科学价值的。

由于当时医学的发展，特别是孙思邈长期从事医学研究和临床实践，他对胎儿的生理发展情况有了一定的了解。他说："凡受胎三月，禀质未定"，"儿在胎，阴阳未备，腑脏骨节皆未成足"。针对这种情况，他说："妊娠三月，名始胞，当此之时，未有室仪，见物而生。欲生男者，操弓矢；欲生女者，弄珠玑。欲子美者，数观璧玉；欲子贤良，端坐清虚，是谓外象内感者也。"孙思邈以胎儿"禀质未定"、"腑脏骨节皆未成足"的生理发育状况为依据，指出进行胎教的可能性，这是使胎教向科学化又迈进了一步。孕妇感知外界事物对胎儿的发育以及性情的影响，这也是有一定道理的。不过，他说孕妇"操弓矢"则可生男，"弄珠玑"则可生女，这是没有科学依据的。

南宋时期，著名医学家陈自明三代以医为业，曾任建康明医书院医谕，遍行东南各地访求医学文献，采集各家学说，在家传经验的基础上辑成《妇人大全良方》等书。《妇人大全良方》共24卷，成于南宋嘉熙之年（公元1237年），内分调经、众疾、妊娠、胎教、坐月、难产、产后等8门，260余论，论后附方及医案，总结了我国宋朝以前的妇科临床经验，是我国较早的妇产科专著。

在该书的《胎教门论》中，陈自明进一步详细地介绍了胎儿发育的生理状况。他说："妊娠一月名始胚，足厥阳脉养之；二月名始膏，足少阳脉养之；三月名始胎，手心主脉养之。当此之时，形象未有室仪，因感而变。欲子端正庄严，常日谈正言，身行正事；欲生男，宜佩弦执弓矢；欲生女，宜佩韦施环佩；欲子美好，宜佩白玉；欲子贤能，宜看诗书，是谓外象而内感者也。"

综上所述，可以看到，汉代以前，论述胎教的人主要是一些政治家、思想家和文人学者。他们是从"慎始"的一般概念来论述这一问题，所谈胎教的目的和效果，多半出自臆测或想像，没有多少科学依据。到魏晋以后，特别是唐宋时期，由于医学科学的迅速发展，一些著名医学家根据妇科、儿科的实践经验，从生理学的角度了解到胎儿发育的情况，为进行胎教提出了一些新的内容和方法，这样就使胎教有了较为科学的依据。

汉代以前的胎教方法，主要是从消极的方面限制不良的影响，如"不食"、"不听"、"不看"等禁忌，积极的方法较少，而且也缺少科学依据。唐宋以后，虽然医学家也坚持提出一些禁忌，但它有了一定的科学依据。如孙思邈提出："儿在胎，日月未满，阴阳未备，腑脏骨节皆未成足，故自初迄于将产，饮食处居，皆有禁忌。"这是很有些道理的，至今我们实行胎教还在强调这个问题。特别值得注意的是，孙思邈提出了要"弹琴瑟，调心神，和情性，节嗜欲，庶事清净"，陈自明提出了"常日谈正言，身行正事"，"看诗书"等主张，在今天看来，仍是符合科学要求的，是正确的积极的方法。至于生男生女的问题，并无科学依据，只不过反映人们的一些愿望而已。

到唐宋以后，胎教理论的基本观点进一步明确是"外象内感"说。"外象"指的是客观存在的外部事物；"内感"是孕妇对外界事物的主观感受和体验。所谓"外象内感"是说外界事物作用于孕妇，引起孕妇的主观感受并通过这种感受影响胎儿的发育。

"外象内感"说作为一种经验之谈，是从长期的实践中总结出来的，虽然科学性尚不足，但也不是全无道理。从现代科学讲，胎儿和母体的联系主要是生理上的联系，胎儿所需要的营养全部都来自母体，母体的生理状态和胎儿的发育紧密联系，孕妇情绪上的变化，也是通过生理的途径影响胎儿的生长发育。因此，"外象内感"说是有一定科学依据的，并且有一定的积极意义。

三、唐宋以后的胎教

随着医学科学的发展，隋唐以后至明清时期的胎教理论，逐步完备并且科学化。归纳起来，唐宋以后的胎教内容和方法，大体有六个方面：

1. 调情志

妊娠是女性生理上的一个特殊过程。怀孕自然是婚后之喜，孕妇不仅生理上要发生一系列变化，心理上同样也会发生相应的反应，这种心理反应的集中体现，就是孕妇情绪或称情志的变化。古代医学认为，胎儿借母气以生，呼吸相通，喜怒相应。孕妇的喜、怒、悲、思，皆可使气血失和而影响胎儿。孕妇最好是情志舒畅，遇事乐观。若情志失调，容易使胎儿得病。《增补大生要旨》中说："除恼怒，凡受胎切不可打骂人，盖气调则胎安，气逆则胎病。"要消除恼怒，不要整日喜怒无常，动不动就大动肝火，甚至打人骂人，血气方刚，怒火中烧。经常发怒，气血不顺，必然影响孕妇和胎儿的健康。《傅青主女科》中亦有"大怒小产"的论述。孕妇的情绪对胎儿有直接影响，故应调情志、安心神。

2. 忌房事

房事，特指夫妻的性生活。古代胎教强调，怀孕后，首先要禁忌房事。《产孕集》中指出："怀孕之后，首忌交合，盖阴气动而外泄，则分其养孕之力，而扰其固孕之权，且火动于内，营血不安，神魂不密，形体劳乏，筋脉震惊，动而漏下，半产，难产，生子多疾。"这段论述是有科学道理的。我们知道，刚刚怀孕的妇女，身体还没适应妊娠引起的一系列生理变化，常常出现各种不舒服的感觉，如恶心、厌食、嗜睡、容易疲劳等。这就是人们所说的妊娠反应。这时，孕妇一般感到精神不振，身体疲乏，自身和胎儿的营养常常供不应求。7个月后，孕妇腹大身重，行动有不便，而且胎儿即将入盆，房事会刺激宫颈而引起宫缩，导致早产，加之在房事中，难免将细菌带入孕妇阴道内，严重者会造成胎儿感染。因此，在怀孕后的头3个月及怀孕第7个月以后，特别应禁忌房事。否则，就会分其养孕之力，扰其固孕之权，形体劳乏，甚至可能导致流产、早产，或生子多疾病。

3. 节饮食

胎儿虽然已长出脾胃，但在子宫内这些器官还未启用。胎儿的营养完全来源于母体的血气。因而，孕妇饮食对胎儿的发育有直接的影响。《万氏女科》中说："妇人受胎之后，最宜忌饮食，淡滋味。避寒暑，常得清纯和平之气以养其胎，则胎元完固，生子无疾。"就是说，孕妇的饮食，以清淡和平为宜，大鱼大肉可以吃，但不可过食，应有所节制。特别是不要饥一顿、饱一顿，甚至暴饮暴食。假如孕妇饮食失节，饥饱无度，嗜食厚味，都会使脾胃运化失常，导致胎儿营养供给失调。

4. 适劳逸

人禀气血以生，胎赖气血以养，因而妊娠后的起居劳逸应该适量，既不可贪图安逸，又不可过于劳累。古代医学认为，孕妇太逸，则气滞；太劳，则气衰。若劳逸失宜，举止无常，攀高负重，其胎必坠，甚或导致难产。因此，妇女受胎之后，当宜行动往来，使血气通流，百脉和畅，自少难产；若好逸恶劳，贪卧养血，使气停血滞，临产多难。这是古代医学科学对孕妇的忠告。正确的做法，大致为怀孕5月以前宜稍逸，5月以后宜小劳。

5. 慎寒温

这里的寒温是指外感风寒六淫之侵。什么是六淫呢？古代医学认为，风、寒、暑、湿、燥、火六气太过，就成为致病的邪气，六淫就是对这些邪气的总称。怀孕以后，孕妇由于生理上发生特殊变化，很容易受到六淫之侵，感染疾病，甚至危及胎儿，"胎前感冒外邪，或染伤寒时证，郁热不解，往往小产坠胎，攸关性命。"故而注重胎前摄养、慎起居、适寒温，甚为紧要。

6. 戒生冷

妇女怀孕以后，常喜欢吃一些生冷之物。古代医学认为，这是由于孕后阴血下注以养胎儿，以致阴血偏虚，阳气偏旺。因此，孕妇大多喜食生冷。殊不知，生冷之物并不能退血热，吃多了反而会使脾胃受伤，呕吐、泄泻、痢疾诸疾会乘虚而入，既损孕妇，又伤胎儿，不可不慎。

此外，孕妇衣着还须宽大合体，腰带不宜紧束，以免血气周流不畅而影响胎儿。

上述古代胎教之法，用今天的眼光来看，其中绝大部分属于孕期保健的内容，一般都是有科学依据的。今天的孕期保健，在许多方面都是依照或参考上述妊娠调理、胎前摄养的方法来做的。现代胎教理论的探索，包括国际上的探索，虽然提出了一些新的假设，但也仅仅是一些来得以印证的假设。事实表明，我国古代胎教的理论奠定了现代胎教的理论，不仅是中华民族的宝贵遗产，也是世界的宝贵遗产。

到清朝末年，胎教理论不仅更加完善、科学化，而且进一步把胎教纳入整个国家的教育体系中。维新运动思想家康有为在他的《大同书》中说，孕妇"因感成孕"，"怀感人胎"，外界事物对孕妇及胎儿发育影响重大，主张由国家设立"人本院"，凡怀孕妇女"皆应入院"，以免感于恶物，影响胎

儿。这足见中国的胎教理论和实践，此时已经发展到相当高的水平，成为家庭教育的起点和重要内容。

克绍箕裘　子承父业

——中国古代家庭教育的状况

　　教育实践活动产生于原始社会，是在生产劳动中出现的。那时候，年长的人为了使年轻一代适应当时现存的生活条件，继续生活下去，就把在生产劳动和生活实践中总结出来的生产经验和生活经验，传授给年轻一代。那种传授生产经验和生活经验的社会活动，就是人类社会最初的教育实践活动。

　　在原始社会，最初没有家庭，年轻一代的教育工作是在原始人群内由原始人群中的老年人承担的。当时由于没有一定的婚姻制度，实行杂乱性交，人们只"知其母，不知其父"。由于生产方式十分落后，生产力水平非常低下，成年人都必须参加生产劳动，不可能由生身母单独抚养教育自己的子女。所以，那时候，人们是"不独亲其亲，子其子"，所有的儿童都属于原始群公有，实行原始群公育，即实行公共教育。整个原始社会，儿童的教育工作基本上是公共教育的形式。

　　一夫一妻制的个体家庭产生以后，人们都能确认自己的子女，而且由于一夫一妻制的个体家庭是伴随着私有制的产生而出现的，人们为了使子女继承自己的私有财产和家产、家业，于是子女的教育工作就完全由家长来承担，这就出现了我们现在所说的家庭教育。

　　长期以来，中国的经济形式是自给自足的自然经济形式，生产活动是一家一户地单独进行的，每个家庭都是一个自然形成的生产单位。当时人们的生产实践比较单调，生产方式比较落后，技术水平比较低下，人们在生产生活实践中只是总结了一些直接经验。这些直接经验，年轻一代不需要到专门进行教育、训练的场所（如学校）集中进行教育和训练，在各自的家庭里，由自己的父兄，在生产生活实践中就完全可以把前人总结的生产生活经验学到手。因此，长期以来，在古代社会里，家庭教育是一种十分重要而且是特别普遍的教育形式。

随着社会的发展，到后来，社会上虽然出现了专门从事教育工作的场所——学校，但是由于学校教育不太发达，而且还是"学在官府"，学校被统治阶级所垄断，平民子弟不能入学读书、受教育，只能终身接受家庭教育。可以说，家庭教育是平民百姓子女一生中唯一能接受的教育。

中国古代的家庭教育是怎样的状况呢？

中国古代有一句成语——克绍箕裘。这个成语就是形象地说明古代家庭教育状况的。《礼记·学记》篇说："良冶之子，必学为裘；良弓之子，必学为箕。"唐朝经学家孔颖达解释说："言善冶之家，其子弟见其父兄世业锔（陶）铸金铁，使之柔合，以补治破器皆令全好，故此子弟仍能学为袍裘，补续兽皮，片片相合，以至完全也……善为弓之家，使干角挠屈调和成其弓，故其子弟亦睹其父兄世业，仍学取柳和软挠之成箕也。"这里说的"良冶"和"良弓"，指的是善于冶金和造弓的人。这段话的意思是说，生活在善于冶金的人的家庭里，子弟从小受父业的熏陶渍染，往往成

为补续兽皮的工匠；生活在善于造弓的人的家庭里，子弟从小受父业的熏陶渍染，往往成为制造竹器的工匠。这就是古人所说的"克绍箕裘"的意思，子弟受父兄的影响和教育，往往是子承父业，弟承兄业。这就是中国古代家庭教育的概况。

一、平民百姓的家庭教育

在我国历史上，对于古代家庭教育的实际情况，用文字记载的最早的文献，首推《管子》一书的《小匡》篇。

《管子》一书托名管仲所作。春秋时期，齐国桓公执政，任管仲（？～公元前645年）为宰相，进行政治改革，发展生产，齐国国富兵强，桓公因而成为春秋第一个霸主。《管子》中的《小匡》是一篇政论文。在这篇文章中，记述了当时平民阶层士、农、工、商四种人的家庭生活、生产情况和在家庭生活、生产活动中教育子弟的实际情况。

古代平民百姓家庭生活和家庭教育的情况，是管仲在回答齐桓公关于如何统治平民百姓的问题时而讲述的。

管子说："士农工商四民者，国之石民也，不可使杂处。杂处则其言龙（máng），其事乱。是故圣王之处士必就闲燕，处农必就田野，处工必就官府，处商必就市井。"这是说，读书人、农民、手工业者、商人这四种人，是国家坚固的基石。为了便于统治他们，不能使他们混杂居住在一起。因为他们混杂居住在一起，语言杂乱，相互串通，容易使政局不稳。所以，过去的圣明之君主历来都是使他们按职业的不同，分别聚居一地：读书人必须住在乡校附近，农民必须居住田野里，手工业者必须居住官府驻地，商人必须居住在做买卖的地方。

管子又分别记述了士、农、工、商四种人的家庭生活和在日常生活中如何教育子弟的情况：

1. 读书人的家庭教育

读书人以读书、教书为业，聚居在乡校附近。在日常生活中，做父亲的人在一起谈论义理，做子女的人在一起谈论如何对父辈尽孝道，读书人谈论对君王要恭敬，作为长者在一起谈论如何爱其子弟，幼者在一起谈论如何尊敬兄长。读书人在教书时讲述的都是这些先贤的遗教，平时见面是相互探讨这些问题，在家庭生活中也是"入则孝，出则悌"这些伦理道德。读书人在家里教子弟以孝、悌、敬、爱之道，子弟从小就在这样的生活环境熏陶之中，耳濡目染，潜移默化，他们精力集中，没有受到其他影响而分散注意力。因此，读书人的家庭里，父辈对子弟进行先贤遗教的教育，是不用费很大气力就可以成功，而子弟学习这些东西，不用付出什么努力，就可以学好。所以，在古代，读书人之子弟长大以后仍旧还是读书人。

2. 农民的家庭教育

农民以种地为业，聚居在田野之中。农民种地，每年都是密切注意四季节气的变化，并根据节气的变化，及时准备镰、耙等各种农具，以便不误农时。到秋后天寒，庄稼收获后，把土地整理好，以待来年播种；到春天，将土地深翻，均匀地播下种子，再将土坷拉砸碎，把土地推平坦，以便等待春雨降临。当春雨降落之后，禾苗茁壮成长，野草也随之长了出来，农民一家老小，便带着锄头、镰刀，到地里去，从早到晚在农田里锄地。农民们欢天喜地地脱下平常穿的衣服，头戴斗笠，身披蓑衣，认真仔细地辨别禾苗和莠草，锄掉莠草，谨慎地间苗，使禾苗疏密适中。农民们晴天一身汗，雨天一身泥，皮肤晒得黑黑的，一年四季在田野里辛勤劳作。农民子弟从小就跟随父兄从事农业劳动，耳濡目染，潜移默化，对农业生产很熟悉。农民教自己的子弟农活，不用费什么气力，就可以教会，子弟学习农活，也不用花费多大的努力，就会精通。因此，农民的子弟长大以后，一般都是从事农业。农民子弟不仅在家庭从事农业生产劳动中能学会生产技能，而且也在劳动中养成了朴实、正直的品德。有的农民子弟后来也做了小官。农民出身的人，种地则可以收获很多粮食，为官则多清廉贤达，所以，历代圣明之王都特别重视农民。

3. 手工业者的家庭教育

手工业者以工为业，聚集在一起居住。做木工的手工业工人，他们选择上好的木材，根据木材质量的优劣，商量如何扬长避短，恰当地利用木材；根据木材的软硬程度，选择使用何种工具。木工们共同商量如何制作木器，各自都施展自己制作木器的本领和技巧，互相切磋，互相学习。他们从早到晚都是从事手工业劳动，并且在劳动中教子弟学习手工劳动技能。子弟们从小看着父兄们干活，注意力集中，没有受到外界其他事物的干扰而分散精力。因此，手工业者教子弟以手工业劳动技能，不用费多大气力就可以教会，子弟掌握手工业劳动技能，也不用花费多大努力就学会了。所以，自古以来，手工业劳动者的子弟，一般仍旧从事手工业劳动。

4. 商人的家庭教育

商人以经商为业，聚居在集市附近。做买卖的人经常了解、研究市场行情，对本地有什么货物，货物的市场价格，都要及时掌握，了如指掌。他们常年肩扛担挑，驾着牛车、马车，运载各种商品，周游各地，去做买卖。他们根据各地拥有什么货物，缺少什么货物，各种货物的价钱，以自己拥有的货物，去交换自己所没有的货物，在这个交易过程中取得利润。商人们长途跋涉，用本地产的东西，换来当地缺乏的急需物品。每天从早到晚，在从事商品交易活动中，教给子弟如何获得利润，如何抓住有利时机，进行交易，相互竞争。商人的子弟从小就学习父兄如何经商，精神集中，没有受外界事物的干扰而见异思迁。这样，做商人的父兄教子弟经商，不用费多少气力，就可以教会；子弟学习经商，也不用花费多大努力，就可以学成。因此，在古代，商人的子弟长大以后，一般都还当商人，继续经商。

在春秋时期，士、农、工、商四民分业而教，不独齐国如此。楚国是："商农工贾，不败其业。"（《左传》宣公十二年·公元前597年）晋国是："其士竞于教；其庶人力于农穑；商工皂隶，不知迁业。"（《左传》相公九年·公元前564年）这里的"不败"、"不迁"，即管子所说的"士之子常为士"、"农之子常为农"、"工之子常为工"、"商之子常为商"。

上述这些具体描述，是中国古代平民百姓家庭子女教育情况的真实写照。在中国漫长的封建社会里，平民百姓的家庭教育的实际状况，基本上就是《管子》一书所描述的那样。到后来，随着社会的进步，生产力的发展，人们生产、生活实践的丰富，社会生产、生活知识日益发展、丰富，家庭教育的内容也逐步充实、复杂起来。

如《小匡》篇所说："少而习焉，其心安焉，不见异物而迁焉。是故其父兄之教不肃而成，其子弟之学不劳而能。"家长结合自己的职业实践，对子弟进行生产技能和生活经验的传授，家长教起来容易，子弟学起来也不难。这样的家庭教育既反映了当时生产力发展的水平，也是适应当时生产方式的需要。

二、古代的"家传"、"家业"、"家学"

中国古人，在长期的生产、生活实践中，有许多家庭在自己所从事的职业上积累了丰富的实践经验，形成了家庭特有的职业专长，并且一代一代地传给后人，这就是古人所说的"家业"、"家学"或"家传"。中国古代很早就有"家学渊源"、"家业不败"、"世代书香"、"克绍箕裘"等说法，一个家庭祖祖辈辈都具有同样的学问、技艺和专长，这成为一种世代不衰的传统。

所谓"家业"，即家传的学术。《北齐书·颜之推传》说："世善《周官》、左氏学，之推早传家业。"所谓"家传"，即家庭中世代相传的职业、技艺。《陈书·江总传》说："家传赐书数千卷，总昼夜寻读，未尝辍手。"所谓"家学"，即家传之学问。

古代的"家业"、"家传"、"家学"主要体现在如下一些学科：

1. 历史

如《史记》作者、西汉史学家司马迁的祖辈，世代都当史官，司马迁的父亲司马谈是个太史令，司马迁继承父职，也做太史令，继续从事历史研究和史书著述。东汉班彪研究史学，写了60多篇《史记后传》，班彪死后，自幼传习家学的儿子班固，接着写下去，用了20多年把一部《汉书》写成，后来由其妹班昭补修。

2. 文学艺术

古代一些文学艺术家常常是父子、兄弟齐名。如汉魏之际建安文学的代表人物，是曹操及其两个儿子曹丕、曹植，合称三曹。西晋的"三张二陆"，即张载、张协、张亢三兄弟，陆机、陆云两兄弟，两家兄弟都是出名的文学家。东晋书法家王羲之、王献之，在书法界齐名，人称"二王"。书法家卫瓘善写草书，其子卫恒也善写草隶书，并著有《四体书势》，对书法艺术做了总结。梁朝萧子恪兄弟16人中，有5人长于文学，萧子范制《千字文》，萧子显著《后汉书》100卷、《齐书》60卷等书多种，一家之内，文才辈出。梁朝刘孝绰，善词藻，为后进所宗，他的兄弟及诸子侄能属文的竟有70多人之多。梁朝王筠在给诸儿书论家世时说，世代有文才的，一般不过父子两三世，而我王家七世之中，爵位相继，人人有集。宋代书画家米芾、米友仁是子传文艺，人称"大小米"。北宋文学界的"三苏"，父亲苏洵是老苏，哥哥苏轼是大苏，弟弟苏辙是小苏，在"唐宋八大家"中，苏氏父子兄弟就占了3个席位。

3. 科学技术

如晋朝黄沈善天文秘术，其子黄泓"从父受业，精妙逾深"，而且博览经史，对《礼》、《易》颇有研究。在科学技术方面最值得一提的是著名大科学家祖冲之一家。祖冲之求得圆周率在3.1415926和3.1415927之间，是世界上第一个把圆周率准确数值算到小数点后七位数字的人。他编制《大明历》，首次把岁差计算在内，定一回归年为365.2428日，是当时最好的一部历法；又能制造机械，曾为齐高帝造指南车；又造千里船，一天能行百余里。祖冲之所以有这样的成就，和他的家庭影响、教育是有关系的。他的祖父昌，宋朝时作大匠卿，有如今天的建筑师，对他是有影响的。也是由于家学的影响，他的儿子暅之，幼年就传习家业，用立体几何中的一种方法求得球体体积的正确公式。父亲祖冲之所改的何承天历，经过他的修改于梁朝天监初年开始使用。暅之的儿子皓，也"少传家业"，长于历算。

4. 医学

家传是医学教育的特有形式。古代的名医多是世医。魏晋南北朝时河南人阴贞，家世为医。周澹为太医令，子传其术。北齐徐之才的父亲以医术有名于南方，之才医术高明，能手到病除，之才的弟弟之范任尚药典御官职。他们在家学中重视实践，这其中对于验方的研习和验证是常用的方法。李脩的父亲亮，少年学医，不甚精通。他追随沙门僧坦研习药方，掌握了医术，长于针灸用药。他利用大厅为病人住宿之用，以观疗效。李脩传家学，针药很有效。他集合诸学士以及善书者百余人，在东宫撰药方百余卷，通行于世。北周姚僧垣，其父菩提，留心医药。他传家业，梁武帝时做太医正，医术高超，名闻外域。宋朝徐文伯世传医学，他的曾祖熙曾得到古代名医《扁鹊镜经》真传，名震海内。祖父秋夫精针灸，父道度为人治病，手到病除。文伯消石汤治肠结石很有效，针术也极高明。子雄也传家业，精于诊察。从弟嗣伯善治钉疽（疗疮）有奇效。一家之内，名医辈出，家庭教育在医学方面的重要性于此可见。

古代的"家传"、"家学"等不仅体现在上述几个学科领域内，而是相当广泛，只要有一技之长，都是"家传"、"家学"的内容。比如，宋朝王淮之祖孙为高官，熟悉朝廷礼仪，也世代相传。他们把所保存的南朝旧事密封于青箱中，世人称之为"王氏青箱学"。南齐傅琰父子任县令都著有奇绩。当时人们说，傅家有《治县谱》，"子孙相传，不以示人"。可见，"家学"、"家传"具有保密的性质。

古代"家学"、"家业"、"家传"的形成，是通过家庭教育向子弟传递专业知识和技能，这对于培养造就社会所需要的具有某种特殊技能和学问的专门人才，使其成为各行各业、各个学术领域的骨干力量，具有特殊的社会意义。"家学"、"家业"、"家传"作用的发扬，当然不是同遗传没有一点关系，但是，遗传素质仅仅提供了在某方面特殊技能和专长得以发展的可能性，是具备了一些有利的生物条件。其主要还是后天生活环境的熏陶和家长的教育在起决定作用。在有某种"家业"、"家学"、"家传"的家庭里，几代人都有同样的技能和专长，家长的职业兴趣、追求和实践活动，每时每刻都在感染、熏陶、影响着子孙后代。同时，终生从事某种事业的家长，都具有强烈的职业信仰和不懈的追求精神，不愿意使自己毕生或数代人为之奋斗的事业，在自己这一代人手里失传。于是，就会有要子女继承自己事业的强烈愿望，并在日常生活中有意识地向子女灌输某种职业思想，激发子女的职业兴趣，训练职业技能。因此，在各种"世家"里，"子承父业"，"弟承兄业"的现象是相当普遍的。通过家庭教育的形式，传递民族文化，是一条有效的途径。

在中国古代，起初家庭教育的内容比较简单，那是由当时的生产方式和生产力发展水平所决定的。后来，随着社会的发展，家庭教育内容日趋复杂化，由只传递直接经验发展到传递间接经验。这个发展变化，说明家庭教育内容具有强烈的社会性。尽管一夫一妻制的家庭是一种较为封闭的社会组织形式，家庭教育是在家庭内部进行的，但是，家庭从来都是一定社会和时代的家庭，家庭教育和社会生活息息相关。

中国古代"克绍箕裘"式的家庭教育在传递社会文化、培养造就各种专门人才中，是发挥了积极的历史作用的，在今天也仍在发挥着积极作用。但是，我们也应看到，这种家庭教育方式也有其局限性，那就是生活在某种特殊职业家庭的子女，对于职业追求不能任意选择，客观上限制了人们个性的充分发展。因此，"克绍箕裘"式的家庭教育，是当时社会生产力发展水平的必然产物。到了现代社会，科学文化、技术发展了，只靠那种教育形式就远远不能适应了，必须依靠家庭、学校、社会三种教育发挥综合作用。

古代母亲的榜样

——《列女传·母仪》篇

　　我国古代有一部专为各界知名妇女所做的人物传记，名叫《列女传》，又名《古列女传》，著者是西汉刘向。

　　刘向，西汉经学家、目录学家、文学家。本名更生，字子政，沛（今江苏沛县）人。约生于公元前77年，死于公元前6年。他是汉朝皇族楚元王刘交的四世孙。曾研究、整理过《春秋榖梁传》。历任谏大夫、宗正等职，运用阴阳灾异推论时政得失，屡次上书劾奏外戚专权。汉成帝时，任光禄大夫，最后任中垒校尉。曾校阅群书，撰成《别录》一书，为我国目录学之祖。另有《洪范五行传》、《新序》、《说苑》等著作。

　　刘向的《列女传》是我国最早的妇女人物传记，分为《母仪》、《贤

明》、《仁智》、《贞顺》、《节义》、《辨通》、《嬖孽》等7门，亦即7篇，7大类，共记载了105名各类妇女的事迹。

随着历史的发展，后来又有人在《古列女传》的基础上，增写了历代知名妇女的人物传记，名为《续列女传》、《列女传增广》、《广列女传》等。起初，刘向所著《古列女传》中的《母仪》篇，仅仅介绍了秦汉以前的文伯、孙叔敖、臧文仲、子发、孟轲、田稷子、芒卯、江乙、赵括、佛肸、如耳等十几个人的母亲的事迹。到后来的《广列女传》，则补充到近100位母亲的事迹。

《母仪》篇是《列女传》一类的人物传记中的重要篇目。《母仪》，即母亲的榜样。"母亲"一词，是针对子女而言，是指有子女的妇女。《母仪》篇实际上是专门介绍历代良母教育子女的事迹。

《列女传》是中国历史上第一部专为妇女立传的传记。其中的《母仪》篇，则是中国历史上专为教子有方、教子成才的母亲立传的篇目，记述了历代著名母亲教育子女的事迹。为母亲的榜样立传的目的，是为了使后世人学习她们的教子之方。如《广列女传（母仪篇）》序言中所说："所取乎母仪者，为其守礼知义，端严善教，以为后世法者也。"

一、古代母亲的历史功绩

在古代社会，传统的伦理观念是男尊女卑，妇女地位低下。不论在社会上，还是在家庭里，妇女都受到歧视。然而，人们在抚养教育子女时，却充分肯定了母亲的作用。

在古代自给自足的自然经济形式下，生产方式决定家庭成员的自然分工是"男耕女织"，"男治外，女治内"，即男子在外耕种、务事，女子在家纺线织布、主持全部的日常家务。因此，抚养教育子女的责任，自然而然地落在了母亲的肩上，母亲成为子女日常生活中的抚养、管理、教育者，子女的成长发展无不浸透着母亲的辛劳和心血。

在中国古代，家庭是以父子为中心，即男子主宰一切，而女子则处于男子的从属地位。所谓"在家从父，既嫁从夫，夫死从子"，就是说，在家里，女子依附于父亲；出嫁以后，依附于丈夫；丈夫去世，则依附于儿子。妇女没有独立的人格。女子结婚，成为丈夫的附属品，封建礼教要求妇女要"从一而终"；即使丈夫去世了，也要终守贞节。"好女不嫁二夫男"的社会舆论，迫使丧夫的妇女终身不再嫁。特别是已经有了子女的妇女，社会舆论对她们的压力更大。当然，古代社会里，丧夫的妇女守寡不再嫁，也有不是被迫的，而是把人生的希望全部寄托在子女身上，子女的成长成为她们全部的精神寄托。

在那时候，失去丈夫，孤儿寡母家庭，在社会上是受歧视的，有时也会受人欺压。许多寡母对此感到愤愤不平，唯一的出路是精心抚养、教育子女，把子女培养成才。她们为了有一天能有出头之日，不怕艰难，任劳任怨，忍辱负重，受尽千辛万苦，也要努力把子女培养成才。

在封建社会，妇女生活在社会生活中的最底层，她们受剥削、受压迫，对于社会的不平有极为深刻的体验和认识。社会生活的实践，使广大妇女获得了许多传统的优秀品质，形成了高尚的精神情操。广大母亲在教育子女的过程中，都自觉不自觉地向子女传递中华民族的传统美德。

在中国古代历史上，有许多名人学者、名臣重将，诸如楚国宰相孙叔敖、大将子发，儒家学者孟轲，齐国宰相田稷子，西汉丞相翟方进，西晋政治家陶侃，唐朝诗人元稹，宋朝文学家欧阳修，思想家程颢、程颐，民族英雄岳飞，明朝著名地理学家徐霞客等，全都是由他们的母亲一手培养长大成才、成名的。中国古代的母亲为中华民族培养造就了一大批人才，立下了不朽的功勋。古人为这些平凡而又伟大的母亲立传，纪念她们，歌颂她们，要后人学习、效法她们，实在是理所应该的。

古代的母亲在培养教育子女中，创造、积累了许多很好的经验，至今仍有重要的学习、参考价值。

二、注重行为规范、道德品质教育

古代母亲教育子女，有一个显著的特点，那就是普遍重视行为规范、道德品质的教育，即重视做人的教育。并且把做人的教育放在家庭教育的首位，严格要求一抓到底，绝不迁就姑息放任自流。

诚实：孟轲小时候，看到东邻杀猪，问母亲东邻杀猪做什么。孟母随口说："杀猪给你吃肉。"说完，孟母自觉失言，为避免给儿子造成言而无信的不良影响，真的买肉给他吃。

谦虚谨慎：鲁国文伯，小时盛气凌人，每次放学回家，都有许多小朋友前呼后拥，有的帮他拿宝剑，有的帮他脱鞋，他故意摆出一副不可一世的样子。母亲敬姜看到，对他进行了严厉的批评教育，要他谦虚谨慎。

廉洁清白：在子女为官以后，母亲们都特别注意教子廉洁清白。三国孟仁为监鱼池官，自己结网打鱼送给母亲，母亲严厉批评他。西晋陶侃为县太守，凭借职权送公家鱼塘的腌鱼给母亲，母亲拒收，并写信批评他是给母亲增添忧愁。唐李畬为官，车夫将禄米送其家，不但禄米多给，而且李畬还不付车费，其母发现，给予批评，把多给的禄米退回，并亲付车费。唐朝中书令崔元晦母告诫儿子说："儿子在外做官，如听说生活贫困，是好消息；若听说生活奢侈，则是坏消息。做官的如凭借职权多吃多占，跟盗窃一样。做官不清白，愧对天地！"

刚直不阿：在封建社会为官，正直人常遭陷害。古代母亲却非常重视教育子女刚直不阿。春秋时楚国江乙为官，因正直遭陷害，其母亲自到朝廷为儿子打抱不平。东汉范滂为官刚直不阿，身遭陷害入狱，屡遭折磨，但他始终不屈不挠。临死时，母亲对他说："你这么年轻就死去，母亲怎不肝肠寸断！可是，你刚直不阿美名传千古，死而无憾！"宋朝王子文刚直不阿，遭陷害被罢官，看母亲年事已高，怕母亲知道真相经受不了打击，故意说是自己辞掉官职。母亲说："你的事我全知道，不用瞒我。过去你父亲因刚直不阿受陷害，今天你又像你的父亲那样刚直不阿，我应感到为有这样一个好儿子而高兴，有什么忧愁的呢！"北宋刘安定被封为谏官，他不去上任，母亲问为什么？他说："做谏官，就得要直言相谏，很容易闯祸。母亲年事已高，我怕母亲为我受累。"母亲却劝他说："谏官是天子之耳目，你应当有捐身报国的决心。将来一旦因直谏遭流放，到哪里我都随你去！"

秉公执法：唐朝郑善果为官，每次断案，母亲都躲在帐后听着，如执法公正，则和儿子坐在一起进食，谈笑风生；如发现儿子断案不公，则终日不食，严厉批评教育儿子。唐朝李景让因部下有人违背他意愿，将一人打死，其母得知，愤怒斥责儿子说："你凭借职权，滥用刑罚，妄杀无罪之人，太残暴了！"当即令人用木杖打李景让，以示惩戒。

克己自励：春秋鲁国文伯为官，回家见其母织布，很不高兴，以为会让众人耻笑。其母教诲说："民劳则思，思则善心生；逸则淫，淫则忘善，忘善则恶心生。沃土之民不材，淫也；瘠土之民响义，劳也。我之所以织布，是怕你忘记先人之业，怕你怠惰。"唐朝郑善果任江州刺史，其母仍旧昼夜纺线织布。郑善果不解，对母亲说："儿为三品官，所得俸禄不少，你何必这样自讨苦吃呢？"听儿子这样一说，母亲告诫他说："你已年纪不小，我以为你已懂得天下的义理了。听你这么说，看来你并不懂。你的俸禄不应独享，应周济穷困亲朋。纺线织布，这是我们妇人的本分。自你父亲殁世以后，我生活俭朴，从不涂脂抹粉，亲朋有凶吉事，全都资助。我庄园的收入，也都周济穷困亲朋。你应当像我这样克己自励呀!"

坚持正义；秦朝末年，王陵参加刘邦起义军。项羽为迫使王陵投降楚军，将王陵母做人质。王母看到刘邦的汉军是正义之师，以死激励儿子坚定地跟刘邦打天下，舍身教子坚持正义。汉朝御史大夫张汤，主持正义，好胜凌人，被丞相严青翟陷害入狱而自杀。其弟欲厚葬，母不允许，说："汤儿为天子大臣，被人诬陷而死，为什么还要厚葬? 要简葬，用牛车把棺木送走就可以了。"以此抗议邪恶。

忠贞爱国：东汉赵苞为辽西太守，其母亲、妻子在赴辽西途中，被鲜卑人劫为人质，携持进攻汉朝国土，要挟赵苞停止反抗。赵苞忠贞爱国，哭着对母亲说："我是母亲的儿子，现在为国驻守边疆，我忠孝不能两全啊!"母亲对儿子说："你不能为救我而停止抗敌，要狠狠地打击入侵之敌! 过去王陵母为固其子忠于刘汉之志，伏剑自刎。我今天就死在鲜卑人的刀下，你也要保卫国土不受侵犯!"

三、讲究教育方式方法

古代母亲教育子女，都坚持严格要求的原则。在这个前提下，还注意讲究教育方式方法。

创造良好环境：孟子小时候，家住坟地旁边，孟子就学哭丧、埋人。孟母认为该居住环境不利孟子成长，迁居集市旁。孟子又学商人做买卖，孟母仍认为环境不好，又迁居学官旁，孟子受到读书人的影响，知书达礼，于是定居下来。

注意子女交友：汉朝南郑泰瑛，其子交往的朋友，无一个是贤者，她严厉批评儿子，使其多结交贤人。三国时孟仁在去南阳求学时，其母为之做一大被，目的是和贫穷的求学者共盖一被，以结交良友，受良好的影响。西晋陶侃，结识一良友陆逵。一次陆逵骑马到家，探望陶母，陶母家贫如洗，无力招待。可他念及陆逵是儿子的挚友，想尽办法热情招待。把铺下的稻草抽出喂马，偷偷剪下头发卖掉，换来酒肉招待儿子的挚友。宋朝杨仲珍将朋友请到家中，其母在窗外听他们说话后，对儿子说："我看你的朋友，德才都不太好，这对你影响不好。"儿子听了母亲的教诲，结交了品德高尚的朋友。宋朝张奎母，在儿子请来朋友至家中时，在窗外听他们谈论些什么。如谈论做学问之事，则设宴款待；如果是嘻嘻哈哈不谈正事，则不管他们吃饭。

勉子刻苦读书：孟子小时候不喜欢读书，一次逃学回家，其母剪断正在织着的布，告诫儿子说："织布要一寸一尺地织，才能成为有用的东西。做学问也要像织布这样，日积月累。你中途逃学，就和剪断织布机上的布一样，将来没学问，成不了什么有用之才。"东汉翟方进进京求学，无力交学费，其母也随儿子至长安，昼夜纺线织布供儿子求学。魏晋时期皇甫谧，年20岁，不愿读书，整天东游西荡，婶母教诲他说："你这么大，还不读书求上进，你用什么来宽慰我的心啊？我对你可没少操心，可你为什么就这么不争气呢？"皇甫谧接受婶母教导，刻苦读书，成为著名学者。宋朝宋绶之母亲自教其子读书，他博通经史百家文章，为时人所崇尚，15岁召试中书，受到宋真宗器重，曾任兵部尚书。北齐王昭小时候好读书，其母在书市看到一本好书，欲为子购书，家贫无钱，将手镯卖掉，感叹说："我留着它，有何用，哪如用它替儿子买书更有用处。"宋朝欧阳修，小时候家贫，买不起书本，母亲用木棍在雪地上写字，教儿子认字。元朝陈祐，年少好学，由于家贫买不起书，其母张氏剪下头发到书市换书给儿子读。

对子女终身负责：古代母亲不仅在孩子小时候重视教育，而且在子女长大成人，甚至做高官以后，仍旧尽自己的责任，严格要求子女。春秋时楚国大将子发，带兵打仗，不能同兵士同甘共苦，生活特殊，不顾兵士死活，虽然打了大胜仗，其母仍不许他进家门。其母说："你即使是打了胜仗，也是偶然取胜，作战的实力在兵士，不能同兵士同甘共苦，你不是我的儿子。"子发承认错误，才放其回家。梁朝大将王僧辩母魏夫人，在儿子"年过四十"，"为三千人将"以后，仍严加管教儿子，儿子在执行公务中稍有过失，母亲还用拐杖打他。春秋时齐国宰相田稷子，为官三年退休回家，带回数百两黄金，其母认为钱来历不明。经反复盘问，田稷子承认是接受下属之贿赂，母亲非常生气，斥责他不忠不孝，令其退回赃物，并到国王那里去请罪。国王得知，赞扬田母深明大义，给予奖赏。

以情动情：继母自古以来就难当。要使丈夫前妻留下来的孩子信任自己，听从教导，必要真诚地爱这些孩子。古代有许多的继母，深明义理，用真诚感化孩子，取得教育的主动权。春秋时齐国芒卯之后妻，有子3个，芒卯有子5个。这5个孩子均不爱继母。继母对亲生的3个孩子说："那兄弟五人，没有母亲，很可怜，你们不要与他们争吃争穿争宠。"继母偏疼他们，他们仍旧不爱继母。不幸丈夫前妻的一个孩子违犯法令，要处死刑，继母得知，心急如焚，东奔西忙，设法搭救。有人劝说："既然那5个孩子不爱你，你何必如此为他们操劳？"继母说："继母也是母亲，为人母却不真心爱其子，那叫什么母亲呀？假如我偏袒亲生的孩子，而疏远非亲生孩子，那合乎义理吗？"后来，此事被安厘王知道，深为此继母精神感动，赦免其子的罪过。自此，5个孩子像对待生身母亲那样爱戴继母。

齐国齐宣王时，有个人被杀害，据人揭发检举怀疑是兄弟二人所为。兄弟二人争相承认是自己杀的，官吏不能判断，问其母。其母说："是小儿子杀的。"一般做母亲的都是特别宠爱小儿子，这位母亲为什么要说是小儿子杀的人呢？官吏不解，问其母。其母说："小儿子是我亲生的，大儿子是丈夫前妻留下的。他父亲死时，嘱咐我要把大儿子照顾好。我既然已经答应了，就要信守诺言。如果杀了长子，救活了我亲生的儿子，这是'以私义废公义'，是背言忘信，欺骗死去的丈夫，那我还有脸见人吗！"继母的义举，感动齐宣王，宣布全都赦免不杀。从那以后，丈夫前妻之子倍加爱戴继母。

中国古代的母亲，在抚养教育子女的过程中，充分显示出了中华民族广大妇女的高尚的品德和崇高的情操。她们是在用自己的人格，精心造就子女，兢兢业业地传播中华民族的传统美德。我们常说：伟大的母亲。把"伟大"二字冠之以母亲，她们是当之无愧的。因为她们用自己的心血造就了我们中华民族。她们是我们中华民族的骄傲。

古代家庭教育的范本

——中国古代的"家训"

一、古代"家训"综述

中国古代是一个典型的封建家族社会，家庭是社会生活中最稳固的社会细胞。家庭不仅是一个生产、生活单位，也是一个教育单位。重视子孙后代的家庭教育，是中华民族的优良传统。在长期的家庭教育实践中，人们不断积累、总结教育家人的经验。为了把那些经验传给后人，一些士大夫和文人学者便把前人和自己教育子孙后代的指导思想、教育内容和方法，以及父祖对子孙后代的要求、期望，用文字记录下来。有的用口授耳听的方式传给后代；有的雕刻在祖坟的墓碑上，要子孙后代铭记、遵照执行；有的则是公开出版，公布于世，以供自己的后代和世人继承效法。这就是我们所说的"家训"。

"家训"，简而言之，就是父祖对家人和子孙后代的训示、教诲。"家训"是个统称，不同的人写的家训有不同的名称。有的叫"家训"，也有的叫作"家诫"或"家戒"，还有的叫"家规"、"家教"、"家范"、"宗范"等。过去家庭教育的对象与今天不同。今天，我们提到家庭教育，其教育对象是指家庭里未成年的子女。封建社会家庭教育的对象相当广泛，是指除家长以外的所有家庭成员，是教育全家人。因此，古代的"家训"也往往叫作"训家"、"教家"、"治家"等。

古代那些口授耳听和雕刻在祖坟墓碑上的"家训"，只是用来训示、教诲自家后人的，流传虽远，但不广，传播范围仅仅是某一个家族的世世代代。而那些公开印刷出版的"家训"，则流传甚远且广，在社会上影响相当大。由于家庭是一代一代地不间断地延续下来的社会组织形式，此一代人的家庭与下一代人的家庭是首尾相连；而中国古人又特别尊重先人之教诲，因此，祖辈的训示都能一代一代地往下传，作为教育后人的依据。

那些在社会上得以公开印刷出版的"家训"，绝大多数都是侧重于封建伦理道德的训示，符合封建统治阶级的利益，历代都受到封建统治者的推崇，流传相当广泛，成为古人进行家庭教育的范本。不仅在历代封建王朝都有巨大影响，而且至今仍有影响。

中国古代的"家训"是我国古代文化遗产的重要组成部分。古代"家训"类的家庭教育论著，最早出现于三国时期。《三国志·魏·邴原传》注中说："三国魏杜恕著家诫。"但此论著已遗失。现存最早的"家训"是魏晋南北朝时期北齐颜之推的《颜氏家训》。如古人所说："古今家训，以此为祖。"据《中国丛书综录》所列的书目记载，我国古代"家训"一类的著作总共公开出版117种之多。上起魏晋南北朝，下至民国初年，几乎历朝历代都有此类著作问世。其分布情况如下：南北朝1部，唐朝2部，宋朝16部，元朝5部，明朝28部，清朝61部，民国初年4部。这样多的家庭教育论著，是世界上任何一个国家都不能比拟的。它反映了我国古代重视家庭教育和家庭教育科学理论研究的程度；同时，也说明从封建社会中期开始，我国的家庭教育科学逐步形成了自己独立的理论体系，具有相当高的水平。中国古代的"家训"，对中国乃至世界的家庭教育理论研究来说，是非常宝贵的历史资料。

众多的"家训"，大体可以分为两类：一类是家庭教育的通俗读本，其内容主要是对家人进行教育，此类是"家训"中的绝大多数。其特点是语言通俗浅显易懂，易记易背，常常引用名言、警句。其代表作有唐朝无名氏的《太公家教》、宋朝陆九韶的《居家正本》、袁采的《袁氏世范》、包拯的《包拯家训》、司马光的《训俭示康》、陆游的《放翁家训》、明朝姚儒的《教家要略》、庄元臣的《治家条约》、吴麟征的《家诫要言》，清朝孙奇逢的《教子家训》、朱柏庐的《治家格言》、李元春的《教家训言》、李毓秀的《弟子规》，民国初年屈凤竹的《治家要义》、邬庆时的《齐家浅说》，以及专门为教育女子所写的家庭教育读本如《女戒》、《女儿经》、《女小儿语》等。另一类是有一定理论深度的家庭教育著作，探索并在一定程度上揭示了家庭教育的规律。这类著作不单讲家庭教育的内容，传播教育子女的经验，还对家庭教育的基本理论，如家庭教育的重要意义和特殊作用，家庭教育的原则、方法、内容，以及家长的修养等问题，作了较为系统的论述，对家庭教育实践具有更广泛更深刻的指导意义。其代表作：一是颜之推的《颜氏家训》，此书可以说是我国古代、甚至是世界古

代第一部具有独立体系的家庭教育学论著。其作者颜之推是研究家庭教育理论的先驱者，开创家庭教育理论之先河。二是宋朝司马光的《温公家范》，此书几乎与《颜氏家训》齐名。该书是从伦理学的角度，论述了祖辈、父亲、母亲、兄长、姑舅等对家庭中未成年子弟的教育问题，是一部很有特色的家庭教育专著。

除"家训"类的家庭教育论著以外，中国古代历朝历代的文人学者，还撰写了大量的教子诗、文、书信，流传也很广泛，对后世影响也很大。著名的有汉高祖刘邦的《手敕太子文》，东汉马援的《诫兄子严、敦书》，东汉郑玄的《戒子益恩书》，三国曹操的《诸儿令》、《诫子植》、《曹植和开金马门下令》、《内诫令》、《遗令》，诸葛亮的《诫子书》、《与兄瑾言子乔》，晋朝陶渊明的《与子俨等疏》，南齐萧巋的《临终诫子》，唐朝杜甫的《宗武生日》、《又示宗武》，韩愈的《符读书城南》，宋朝陆游的《示儿》诗8首、《送子龙赴吉州掾》，宋朝赵卯发的《裂衣书诗寄弟》，明朝史桂芬的《与言儿稽孙》，明朝史可法的《遗书》，金圣叹的《教子读"水浒"》，清朝郑板桥的家书，曾国藩的《曾文正公家书》，等等。

上述"家训"以及教子诗文书信，不仅在内容上影响后人，在形式上也对后人产生深远的影响。如20世纪60年代初，无产阶级革命家陈毅同志在《示丹淮，并告昊苏、小鲁、小珊》教子诗中，告诫儿女努力学习马列主义，学政治，钻研业务技术，"勿学纨袴儿，变成百痴聋。少年当切戒，阿飞客里空。"要他们牢记："人民培养汝，报答立事功。祖国如有难，汝应做前锋。"在《示女儿》诗中，谆谆告诫女儿说："应知重理想，更为世界谋。我要为众人，营私以为羞。""接班望汝等，及早作划筹。天地最有情，少年莫浪投。"董必武同志于1962年在写给翚儿的诗中，写下了党领导革命的历史和自己献身革命的经历，并且告诫翚儿说："做人与求学，母训谨遵守；小学到大学，读书辰及西。纺织诸女红，仍须屈伸时；遇事莫逞性，责己严于友。青春难再得，植根宜深厚；同群众前进，立功自不朽。"

中国古代的"家训"以及教子诗文书信，是极其宝贵的文化遗产，我们应挖掘、整理，继承其有积极意义的东西，摒弃其糟粕，以"古为今用"，作为加强和改善我们今天家庭教育的借鉴。

二、古代"家训"积极的思想内容

中国古代的"家训"，多是封建文人学者和士大夫阶层的人所撰写，是封建社会的产物，不可能不宣扬封建伦理道德和剥削阶级的处世哲学。那些道德说教，体现了封建地主阶级的基本道德原则和社会原则，其实际作用主要是为统治阶级培养统治人才和顺民，为巩固封建宗法秩序服务。同时，由于那些道德说教，在社会上广为流传，起着束缚和麻醉人民群众的作用。对于这些封建性的糟粕，毫无疑问，我们应当摒弃。但是，经过历代历年广泛深入的流传，这些封建性的糟粕至今仍旧在不少人思想上残留，继续侵蚀着；而这些道德观念，与我们今天所处的时代，格格不相容。我们有责任，也必须清除旧道德观念的影响。不认真研究那些旧的东西，不彻底批判那些旧的东西，它们是很难彻底从人们头脑里清除出去的。

特别应当引起我们注意的是，中国古代的那些"家训"，虽然绝大多数是出自封建文人学者和士大夫之手，但是，也确有不少"家训"以及教子诗文书信，继承、宣扬了许多积极的道德行为准则，传播了中华民族长期以来形成的传统美德。其中有不少思想内容至今仍具有积极意义，是我们今天在家庭教育中可以继承发扬的。这是非常宝贵的历史文化遗产，我们必须珍惜。

中国古代"家训"有哪些积极的思想内容呢?

1. 勿骄恣自恃,要自立自力

古代许多有见地的"家训"作者,看到社会上有一些人依仗自己出身高贵,物质条件丰厚,而不求上进,自甘堕落,深感应教导子孙后代吸取教训,不要骄恣自恃。唐朝柳玭在《戒子弟书》中说:"夫门第高者,可畏不可恃","余见名门右族,莫不由祖先忠孝勤俭以成立之,莫不由子孙顽率奢傲以覆坠之,成立之难如升天,覆坠之易如燎毛,言之痛心,尔宜刻骨。"明朝马中锡的《示师言》中说:"近时公卿之子,鲜有不败家辱亲者,盖由安于豢养,不知稼穑之艰难,习于骄恣,不遵礼仪之轨度故尔。至登科第,作美官,亦有愈肆放纵,卒至丧其名检,陨其家声,贻笑于世,反不如白身人、贫家子,犹有一节一行之可观也。"封建社会士大夫阶层的人希望子孙后代接受这些教训,不要辱亲败家,当然是为了维护他们已经取得的富贵地位。但他们教导子孙不要骄恣自恃,还是很有积极意义的。

许多"家训"告诫子孙后代,不要靠父祖的地位和财产过生活,要自立,用自己的努力去争取前途。《颜氏家训》说:"父兄不可常依,乡国不可常保,一旦流离,无人庇荫,常自求诸身耳。"《温氏母训》说:"岂有子孙专靠祖父过活之理,天生一人,自有一人衣禄,若肯立志,大小自成结果;若只逸乐自娱,惟恐前人遗产不充裕者,吾恐虽得前人百万家资,必有坐困之日矣。"清朝金敞的《宗范》说:"为子孙作富贵计者,十败其九。"明朝赵民献的《萃古名言》说:"教贵家子弟,尤须痛绳,不容轻贷","凡课儿者,须使他知贫贱底意味……惟贫贱则思自力,思自力则百事为。"这些"家训"要求子孙不依靠父祖过活,要求做家长的不为子孙置办、遗留家产,这是很有意义的。

2. 要勤勉俭朴,不要骄奢淫逸

勤勉俭朴是中华民族的传统道德。许多古代"家训"都传播这种道德品质。宋朝司马光专门给儿子写了进行这方面教育的《训俭示康》家训。他说:"'俭,德之共也;侈,恶之大也。'共,同也,言有德者皆由俭来。夫俭则寡欲。君子寡欲则不役于物,可以直道而行;小人寡欲则能谨身节用,远罪丰家。故曰:'俭,德之共也。'侈则多欲。君子多欲则贪慕富贵,枉道速祸;小人多欲则多求妄用,败家丧身;是以居官必贿,居乡必盗。故曰:'侈,恶之大也。'"他举出一系列"成由俭,败由奢"的典型事例，告诫儿子说："其余以俭立名，以侈自败者多矣，不可遍数，聊举数人以训汝。汝非徒身当服行，当以训汝子孙，使知前辈之风俗云。"不仅要儿子记住这个道理，而且要求儿子也用这种品德教育子子孙孙。

明朝吴麟征在《家诫要言》中说："家用不给，只是从俭，不可搅乱心绪"；"治家舍节俭，别无可经营"；"勤俭作家保身为上。"朱柏庐的《治家格言》说："黎明即起，洒扫庭除"，"一粥一饭，当思来之不易；半丝半缕，恒念物力维艰。宜未雨而绸缪，勿临渴而掘井。自奉必须俭约，宴客切勿流连。"赵民献的《萃古名言》说："骄奢淫逸，反天地之性，悖阴阳之宜，不祥莫大焉。"陆游在《放翁家训》中说："天下之事常成于困约，而败于奢靡。"许多家训还通过讲家史，以祖先的勤勉俭朴的生活作风教育后代。

3. 严于律己，清廉宽厚

范仲淹的儿子范纯仁常训诫子弟说："人虽至愚，责人则明，虽有聪明，恕己则昏。苟能以责人之心责己，恕己之心恕人，不患不至圣贤地位也。"这是教导子弟严以律己，宽以待人。吴康斋的《日录》说："君子常吃亏，方才做得。"清朝涂天相的《静用堂家训》说："贤奸霄壤，无他，能吃亏与不能吃亏而已矣。吾家子弟，一切应事接物，但能吃亏，便是好消息。"教导子弟牺牲个人利益，也是严于律己，宽以待人。

许多"家训"还特别教导为官的子弟，要清廉自守，不要贪赃枉法。景暹的《景氏家训》载胡康公教诲诸子的话说："予居官四十余年，无他长，但清白二字，平生守之不失，尔曹今日虽未有官守，务全名节，金帛易动人，远而勿亲，自然神清气壮，他日必有用处。"明朝高攀龙的《家训》说："世间惟财色二者，最迷惑人，最败坏人……吾见世人非分得财，非得财也，得祸也。积财愈多，积祸愈大，往往生出异常不肖子孙，作出无限丑事，资人笑话。"这是告诫子弟不要贪财好色。宋朝包拯对子孙后代在这方面的要求更为严格，在"家训"中他向子孙后代提出："后世子孙仕宦有犯赃滥者，不放归本家；亡殁之后，不得葬于大茔之中。不从吾志，非吾子孙。"整个家训只有 36 个字，这却是包拯所制定的极严明的家规，任何子孙都不可违背。

4. 要学以致用，不徒空谈虚论

古代"家训"不但都教导子孙后代要刻苦读书，而且教导子孙读了书，要应世经务，学以致用，不要空谈虚论。

《颜氏家训》中说:"夫所以读书学问,本欲开心明目,利于行耳。"又说:"士君子之处世,贵能有益于物耳,不徒高谈虚论,左琴右书,以费人君禄位也。"吴麟征说:"士人贵经世,经史最宜熟,工夫逐段作去,庶几有成。"陆游教导儿子注重躬行实践,有更深刻的意义。他在《冬夜读书示子聿》诗中说:"古人学问无遗力,少壮功夫老始成。纸上得来终觉浅,绝知此事要躬行。"他是说只有亲身实践,才能把书本上的知识理解深透,变成自己的东西。

那么,学以致用体现在哪些方面呢? 首先,读书要学做好人。吴麟征在《家诫要言》中说:"世变日多,只宜杜门读书,学做好人……"清朝郑板桥在家书中告诫儿子说:"夫读书中举中进士作官,此是小事,第一要明理做个好人。"明朝杨继盛教导儿子说:"读书见一件好事,则便思量吾将来必定要行;见一件不好的事,则便思量吾将来必定要戒;见一个好人,则思量吾将来必要和他一般;见一个不好的人,则思量吾将来甚休要学他,则心地自然光明正大,行事自然不会苟且,便为天下第一等人矣。"

其次,读书要成为国家有用之材。颜之推在《颜氏家训》中批评那种只会读书不能应世经务的文学之士说:"品藻古今,若指诸掌,及有试用,多无所堪。居承平之世,不知有丧乱之祸;处庙堂之下,不知有战陈之急;保俸禄之资,不知有耕稼之苦;肆吏民之上,不知有劳役之勤,故难可以应世经务也。"他揭露当时许多士大夫的腐败无能,希望子孙后代能成为国家有用之材。他说:"国之用材,大较不过六事:一则朝廷之臣,取其鉴达治体,经纶博雅;二则文史之臣,取其著述宪章,不忘前古;三则军旅之臣,取其断决有谋,强干习事;四则藩屏之臣,取其明练风俗,清白爱民;五则使命之臣,取其识变从宜,不辱君命;六则兴造之臣,取其程功节费,开略有术。此则皆勤学守行者所能办也。人性有长短,岂责具美于六涂哉?但当皆晓指趣,能守一职,便无愧耳。"

5. 尊师敬长, 慎择朋友

古代"家训"普遍教导子弟尊敬师长。《太公家教》说:"弟子事师,敬同于父。习其道也,学其言语。""一日为师,终生为父。"朱熹在《与长子受之》中说:"早晚受业请益,随众例不得怠慢。日间思索有疑,用册子随手札记,候见质问,不得放过。""初到,问先生有合见者见之,不合则不必往。人来相见,亦启禀然后往报之……"这是教导儿子外出为学要处处事事听从老师的教导。清朝郑板桥在家书中说:"夫择师为难,敬师为要。择师不得不审，既择定矣，便当尊之敬之，何得复寻其短？……其所延师，不过一方之秀，未必海内名流。或暗笑其非，或明指其误，为师者既不自安，而教法不能尽心；子弟复持藐忽心而不力于学，此最是受病处。不如就师之所长，且训吾子弟之不逮。如必不可从，少待来年，更请他师；而年内之礼节尊崇，必不可废。"

古人特别注意子弟的交友："居必择乡，慕近良友。"因为朋友对人的影响作用非常大，所以，古代"家训"很重视子弟交友的选择。《太公家教》说："近朱者赤，近墨者黑。蓬生麻中，不扶自直。近佞者诌，近偷者贼。近愚者痴，近圣者明。近贤者德，近淫者色。"吴麟征说："师友当以老成庄重实心用功为良，若浮薄好动之徒无益有损，断断不宜交也。"朱柏庐的《治家格言》说："狎昵恶少，久必受其累；屈志老成，急则可相依。"朱熹教育儿子说："交游之间，尤当审择，虽是同学，亦不可无亲疏之辨……大凡执厚忠信，能言吾过者，益友也；其诌谀轻薄，傲慢亵狎，导人为恶者，损友也。推此求之，亦自合见得五七分，更问以审之，百无所失矣。但恐志趣卑凡，不能克己从善，则益者不期疏而日远，损者不期近而日亲。此须痛加检点而矫革之，不可苟且渐习，自趋小人之域。如此则虽有贤师长，亦无救拔自家处矣。"朱熹不仅强调了择友要慎重，而且还谈到如何才能得到益友。

颜之推深刻地论述了朋友的潜移默化的作用。他说："是与善人居，如入芝兰之室，久而自芳也；与恶人居，如入鲍鱼之肆，久而自臭也。墨子悲于丝染，是之谓矣。君子必慎交游焉。"

有的"家训"强调欢迎品学兼优的人到家里作客，不欢迎品学不好的人进入家门，教导子弟要近良善，远邪佞。王阳明在《客坐私祝》中说："但愿温恭直谅之友，来此讲学论道，示以孝友谦和之行，德业相劝，过失相规，以教训我子弟，使毋陷于非僻。不愿狂躁惰慢之徒，来此博弈饮酒，长傲饰非，导以骄奢淫荡之事，诱以贪财黩货之谋。冥顽无耻，扇惑鼓动，以益我子弟之不肖。呜呼，由前之说，是谓良士，由后之说，是谓凶人。我子弟苟远良士而近凶人，是谓逆子，戒之戒之。"

总之，古代"家训"所传播的积极的道德行为准则是相当广泛的。这里所介绍的只是古代"家训"里一些共同的东西。不同的"家训"，由于作者的出身、经历、社会地位、社会实践不同，他们对社会生活的体验，其深度、广度和侧重点，都因人而异。在本书后边的章节中，对那些具有代表性的、影响广泛而深远的"家训"，做了较详细的介绍。

三、古代"家训"消极的思想内容

我们在了解古代"家训"所传播的积极的道德思想的同时，也应该了解其宣扬的消极的道德思想。这对于我们全面认识古代"家训"，清除其对社会、对后人的消极影响，都是十分必要的。

1. 宣扬遵从的封建伦理纲常

"君为臣纲，父为子纲，夫为妻纲"，这是封建的伦理纲常。所谓"纲"，即支配的意思。就是说，君支配臣，父支配子，夫支配妻。这种伦理纲常反映了封建社会人身依附的人际关系。君、父、夫支配臣、子、妻，臣、子、妻要遵从君、父、夫，服从君、父、夫的统治。这种伦理纲常完全是为维护封建统治秩序服务的。

在这个伦理纲常的指导和影响下，古代"家训"普遍宣扬"孝道"的观念。所谓"孝"，用孔夫子的话解释，那就是"无违"二字，即绝对服从、不违背家长的意志。如有的"家训"说："天下无不是的父母。"既然父母是真理的化身，那么做儿女的就必须无条件地服从。司马光的《温公家范》说："若以父母之非，而直行已志，虽所执皆是，犹为不顺之子。"陈确的《书示两儿》说："不用父言，便是忤逆不孝。"孙奇逢的《家训》说："凡悖逆之事，皆起于见君父有不是之处。"曹端的《家规辑略》引中说："子孙受长上诃责，不论是非，但当俯首默受，毋得分理。"要求儿女在任何情况下都要坚持一个"孝"字，绝对服从父母意志，其结果是扼杀人的个性，不许独立思考，最终只能成为统治阶级俯首贴耳的奴才。

2. 宣扬男尊女卑的伦理纲常

同样是从封建伦理纲常出发，在男女之间鼓吹男尊女卑的思想，要女子绝对服从男子，受男子的支配、压迫。邓元锡的《家礼铨补》说："大戴记曰：妇人，伏于人也。是故无专制之义，有三从之道。在家从父，适人从夫，夫死从子，无所敢自遂也。故全不出闺门，事在馈食之间而已矣。"陆圻的《新妇谱》说："新妇之倚以为天者，公、姑、丈夫三人而已。故待三人，必须曲得其欢心，不可纤毫触恼。""丈夫，天也，一生须守一敬字。"明朝吕近溪的《女小儿语》对妇女提出了极为苛刻的要求："笑休高声，说要低语；下气小心，才是妇女……孝顺公婆，比如爷娘；随他宽窄，不要怨伤……任他难为，只休使性。事无大小，休自主张……

夫是你天，不可欺心；天若塌了，哪里安身。也休要强，也休撒暴；惧内凌夫，世人两笑……大伯小叔，小姑妯娌，你不让他，哪个让你。骂尽他骂，说尽他说……千忍万忍，休失体面。""打骂休得烦恼，受些气儿灾少。"《太公家教》说："女年长大，娉为人妇。不敬君家，不畏夫主。大人使命，说辛道苦。夫骂一言，及应十矩。损辱兄弟，连累父母。本不是人，状同猪狗。含血损人，先恶其口。十言九中，不语者朦。"古代关于妇女的"家训"，无一不要求女子要服从男子的统治。

3. 宣扬明哲保身、乐天知命的处世哲学

《太公家教》说："言不可失，行不可亏。他离莫越，他事莫知……忿能积恶，必须忍之。心能造恶，必须戒之。口能招祸，必须慎之。见人善事，必须赞之。见人恶事，必须奄之……非是时流，即须避之。罗网之鸟，悔不高飞。吞钩之鱼，恨不忍饥。"《弟子规》说："彼说长，此说短，不关己，莫闲管。"朱柏庐的《治家格言》说："处世戒多言，言多必失。"高攀龙的《家训》说："言语最要谨慎，交游最要审择。多说一句，不如少说一句，多识一人，不如少识一人。"《名贤集》说："安乐值钱多，休争三寸气。""饶人不是痴，过后得便宜。""即在屋檐下，怎敢不低头。"

不少"家训"还向子弟灌输乐天知命的宿命论观点。南宋学者陆九韶的《居家正本》说："富贵贫贱，自有定分。"朱柏庐的《治家格言》说："守分安命，顺时听天。"程端蒙的《性理字训》说："万事分已定，浮生空自忙。"《名贤集》说："顺天者存，逆天者亡。""百年还在命，半点不由人。"孙奇逢的《家训》说："存知足心，去好胜心，方寸中何等安闲自在。"

古代"家训"宣扬明哲保身的处世哲学，是要人们回避矛盾，调和矛盾；而宣扬"死生由命，富贵在天"的宿命论，是要人们心甘情愿地忍受压迫、统治。这一切都是为了稳固封建统治秩序。

另外，不少"家训"还向子弟灌输"万般皆下品，唯有读书高"的思想，宣扬"劳心者治人，劳力者治于人"的天然合理等观点。

尽管古代"家训"宣扬了不少封建伦理观念，但从整体上看，也不能完全否定它们的积极的一面。我们应当采取历史唯物主义的态度，实事求是地全面分析，取其精华，去其糟粕，以"古为今用"的原则，研究古代"家训"这份伟大的历史遗产。

述志教子

——郑玄的《戒子益恩书》

一个人一生所追求和为之奋斗的事业，总希望后有继承人。到晚年，往往把自己的志向、为之奋斗的经历和精神，传给后人。郑玄的《戒子益恩书》就是他晚年写给儿子的述志教子文章。

郑玄生于公元 127 年，死于公元 200 年，字康成，东汉北海高密（今山东省高密县）人，著名的经学家。世称"后郑"，以区别于东汉另外的两位经学家郑兴、郑众父子。郑玄青年时曾入太学学习，先后从师经学家张恭祖、马融，博览群书。40 岁时，聚徒讲学，弟子有成百上千人之多。当时，李膺、杜密等人同宦官结仇，发生了党锢之祸，宦官将二百余人拘而下狱。郑玄是杜密的故吏，也被牵连下狱。后来，他潜心著述，以古文经说为主，兼采今文经说，遍注群经，成为汉代经学的集大成者，因此，被称为"通儒"。他所注的书有《周易》、《尚书》、《诗经》、《论语》以及《三礼》等，还撰写了《诗谱》三卷、十五国风、三雅、三颂的谱系等。郑玄从事教育工作几十年，学生众多，影响很大。郑玄在古文经学的基础上，吸收今文经学，破除家法传统，广采众说，遍注群经，汇集汉代经学的大成，基本结束了今文、古文之争。所以，人们不仅把他称为"通儒"，还把经学中的郑玄学派称为"郑学"，视为"天下所宗"的儒学。

郑玄一生为繁荣和发展我国经学做出了巨大的努力和不可磨灭的贡献。为了把他这种治学精神传给后人，希望儿子也像他那样追求学业，在晚年，他撰写了《戒子益恩书》一文。

《戒子益恩书》向儿子介绍了作者一生为治学奋斗的经历和精神，以启发、勉励儿子深入钻研，勤于治学。文章既简明又含蓄，为后世学者赞誉。清朝刘熙载撰写的《艺概》一书称《戒子益恩书》"雍雍穆穆，隐然涵《诗》、《礼》之气。"

《戒子益恩书》全文分两部分：

一、自述追求学业的经历

郑玄首先向儿子追述了自己一生的经历。他说："家里过去生活贫寒。我年轻时，曾任乡中掌管听讼收赋税的小吏啬夫。我不喜欢走做官的道路，而乐于追求学业。后来，经父母和兄弟允许，我辞去官职，外出游学。曾经到过周、秦两朝的都会西安、洛阳、咸阳等地，来往于河北、山西、山东、河南各地。在周游求学的过程中，我不仅有幸拜见了在官位的博古通今、博学多才的人，还受教于隐居民间的有学问的大儒学者。见到这些学业上颇有成就的人，我都虚心求教。他们对我都热心给予指导，使我受益匪浅。这样，我广泛地考察和研究了《诗》、《书》、《礼》、《乐》、《易》、《春秋》等典籍，也粗略地阅读了一些传记，还时常参阅外面不易得到的藏书，领略到一些天文方面的奥秘。

过了40岁以后，才回家赡养父母，租田种植，以使父母欢度晚年。后来，遇到宦官专权，捕禁异党，我也受牵连被捕入狱，坐牢14年之久，直到朝廷大赦，才得到自由。

恢复自由后，恰逢朝廷选拔有德行有才能的人，大将军三司府征召我做官。与我同时一起被征召的人，早就做了宰相。我觉得他们几位有美德有高才，配得上为王臣，适宜于在重用之列。而我反复考虑自身的条件，觉得自己不适宜去做官。我念念不忘做的是，记述先代圣贤的思想，整理、注释诸子百家的典籍。我渴望在做学问上施展我的才华。因此，朝廷一再征召我，我也未应征去做官。"

郑玄追述自己一生的经历，其语言虽然很平淡，但却充分表现了他一心追求学业的坚定意志。他有官不做官，当朝廷征召他做官，他坚辞不应召；身陷囹圄十四载，追求学业的志向毫不动摇；他不辞劳苦，翻山越岭，长途跋涉，广拜名师，四处求学，博览群书。他这种坚韧不拔的治学精神，无疑对儿子是极大的激励。

二、教子做人

1. 教子加强自身的道德修养

郑玄撰写这个家训时，已年届七十。他感到自己老了，于是把主持家事的责任交给儿子。他希望儿子能成为道德高尚的人。他说："咨尔茕茕一夫，曾无同生相依，其勖（xù）求君子之道，研钻勿替，敬慎威仪以近有德。显誉成于僚友，德行立于己志，若致声称，亦有荣于所生，可不深念邪！可不深念邪！"这段话的意思是说，想到你孤孤单单一人，没有同胞兄弟，可以相互依靠，你更应该勉励自己努力探求君子之道，深入钻研、修养，不要有丝毫懈怠，要恭敬、谨慎、威严、讲礼仪，以便做个有道德的人。一个人要能显耀而有名誉，要靠朋友同事的推崇。然而，要成为有高尚德行的人，能立足于世上，要靠自己有志气，去努力。假如一个人因此自立于世上，名声称著，对他的父母来说，也是一件荣耀的事。这些，你能不认真、深入思考吗？

2. 教子继承父业做学问

他说："吾虽无绂冕之绪，颇有让爵之高，自乐以论赞之功，庶不遗后人之羞。未所愤愤者，徒以亡亲坟垄未成；所好群书，率皆腐敝，不得于礼堂写定，传与其人，日西方暮，其可图乎。"这是说，我平生虽然没有做高官显贵的业绩，但颇有谦让爵位的高风亮节。使我感到欣慰的是，我在论述先圣典籍的原意和褒赞先圣思想方面，还做了一些事情。在这方面，我没有留下让后人可指责而感到羞愧的地方。使我放心不下的，只是亡故亲人坟墓尚未建造完毕。我一生所特别爱好的这些书籍，都很破旧

了，现在我也无力到书房去整理定稿，只好传与后人。我已年迈，日薄西山，我还想做些什么呢？

郑玄情恳恳，意切切，热切地希望儿子继承父亲一生为之奋斗的学业。

3. 教子勤奋、节俭、自立

他最后告诫儿子说："家今差于昔，勤力务时，无恤饥寒，菲饮食，薄衣服，节夫二者，尚令我寡恨。若忽忘不识，亦已焉哉！"这是说，我们现在的家境大不如以前了，只有你勤奋努力，不荒废大好时光，方能不必担忧温饱问题。你要节衣缩食，俭朴度日，就可以使我没有什么可以惦念的了。这些你要牢记。如果你忽视、忘却了我的这些话，那只好算我白费口舌了。

郑玄在《戒子益恩书》一文中，通篇对儿子没有一句命令、强制的口吻。但在字里行间，却饱含着深沉的父子之情，充满着父亲对儿子热切的期望。文字平实无华，但情深意切，这是一篇"以情动情"的好家训。

"古今家训　以此为祖"

——颜之推的《颜氏家训》

"古今家训，以此为祖。"这是古人对《颜氏家训》一书历史地位的估价。

"家训"最早出现于三国时期，但未流传下来。《颜氏家训》则是我国现存的最古老的家庭教育范本。因此，古人说："古今家训，以此为祖。"

《颜氏家训》的作者颜之推，字介，生于南北朝时期梁中大通三年（公元531年），约卒于隋朝开皇十年（公元590年），山东琅琊临沂人。他的九世祖含，从晋元帝东渡，世代为官。父名勰，对《周官》、《左氏学》很有研究。颜之推12岁时，正值梁湘王绎自讲老庄，于是拜绎为师，很受器重。后来，又兼习礼传，博览群书，无不通晓，显露出很高的才华。他喜为词章，曾撰写《观我生赋》，文词清远，为西府所称道。但他一生"好饮酒，多任纵，不修边幅，时论以此少之"。后来，湘东王绎失败，颜之推被虏至北齐，曾为中书舍人，参与起草诏会之事，官至黄门侍郎、平原太守。齐亡入周，为御史上士。隋文帝兴起，开皇中太子召为学士，甚见礼重。不久，便染病而死。

颜氏家族的家庭教育很有章法。颜之推说："吾家风教，素为整密。昔在龆龀（指童年），便蒙诱诲；每从两兄（颜之推兄之仪、之善二人），晓夕温清（qìng 即凉），规行矩步，安辞定色，锵锵翼翼，若朝严君焉。赐以优言，问所好尚，励短引长，莫不恳笃。"（《颜氏家训》。以下引文，若不加注，均出于此书。）可见，颜之推从小就受到相当严格的家庭教育。后来，由于父母早亡，他便失于家教。再加之当时战争频繁，他到处颠沛流离，生活很不稳定，一生的经历坎坷不平。这一切，给他极为深刻的印象。他在回忆往事时说："生于乱世，长于戎马，流离播越，闻见已多。"又说："追思平昔之指，铭肌镂骨，非徒古书之诫，经目过耳。"为了"齐先王之道，治家世之业"，"整齐门内，提撕（xī）子孙"。为训诫他的子孙后代，他结合自己从小受到的家庭教育和成长的经历，撰写了家庭教育读本《颜氏家训》一书。

《颜氏家训》名曰《家训》，是为教导子孙而作；但实际上，该书内容所涉及的范围很广，诸如教育、历史、文学、训诂、文字、音韵、民俗、社会、伦理等，反映了颜之推的全部社会思想，已超出一般概念上的《家训》。

《颜氏家训》一书共有 7 卷 20 篇，作者的家庭教育思想贯穿于全书所有章节。集中体现他家庭教育观点的主要是《序致》、《教子》、《兄弟》、《后娶》、《治家》、《慕贤》、《勉学》、《涉务》等篇章。

《颜氏家训》一书，从内容到写作方法上，都有其独到之处。它"平而不流于凡庸，实而多异于世俗，在南方浮华北方粗野的气氛中，《颜氏家训》保持平实的作风，自成一家之言，所以被看作处世的良轨，广泛地流传在士人群中"（范文澜《中国通史简编》）。这部家训所及，远不限于颜氏一家的子孙后代，是"由近及远，争相矜式"，已成为中国封建社会家庭教育的典型教材，影响广泛且深远，后人对它评价极高。袁衷等所记的《庭帏杂录下》中说："六朝颜之推家法最正，相传最远。"王钺的《读书丛残》中说："北齐黄门颜之推《家训》20 篇，篇篇药言（劝人改过的话），言言龟鉴（借鉴），凡为人子弟者，可家置一册，奉为明训……"后来的许多家庭教育专著，如唐代无名氏的《太公家教》，宋代司马光的《家范》，清代孙奇逢的《教子家训》，以及朱柏庐的《治家格言》等，无不受到《颜氏家训》的启示和影响，反映出一脉相承的关系。所以，《颜氏家训》可以称为我国古代家庭教育理论的奠基之作和代表之作，颜之推当之无愧为我国古代家庭教育理论研究的先驱者。

《颜氏家训》的主要家庭教育理论是：

一、家庭教育的特殊作用

自古以来，人们都特别重视家庭教育。历代的封建统治阶级也相当重视家庭教育，把"治家"、"齐家"视为"治国平天下"的根本，宣扬"圣人教先从家始，家正则天下化之"（三国陆绩语）。颜之推通过自己的亲身体验和观察研究，认为人们历来之所以特别重视家庭教育，是因为家庭教育对人的成长发展起着特殊的作用。

他指出："夫同言而信，信其所亲；同命而行，行其所服。禁童子之暴谑，则师友之诫，不如傅婢之指挥；止凡人之斗阋（xì），则尧舜之道，不如寡妻之诲谕。"这段话的意思是说，同样的话，人们一般是相信谁的呢？是相信关系亲近的人所说的话。同样的指令，人们又听从谁的呢？一般是听从所敬佩的人所发出的指令。禁止儿童的放肆不轨行为，老师或朋友的良言相劝，还不如家里的保姆或家庭教师所说的话更有效；一般人在外打架斗殴，旁人用尧舜的天理之道规劝，都不如自己的妻子制止更有效。在这里，颜之推是从家庭这个特殊的社会组织中的人与人之间的关系出发，指出了关系越亲近的人所说的话更容易使人信服，越是有威望的人所说的话就更有分量，更容易使人理解、接受和听从这样一个道理。这就

是人们历来之所以重视家庭教育的根本原因。这种分析是很实际的，也是很深刻的。也正是基于这种原因，颜之推才亲自撰写了这本《家训》。他深信自己的话，比"傅婢"、"寡妻"的话，更容易为子孙后代所接受、听从，如他所说："吾望此书为汝曹之所信，犹贤于傅婢寡妻耳。"

颜之推从家庭成员之间的亲近关系和父母在子女心目中的天然威望的角度，分析家庭教育的特殊作用，在我国家庭教育理论发展史上，这还是第一次。它符合现代社会学中的血缘群体或首属群体对人的成长有重要的和直接的作用的理论，因此，也是科学的。

二、家庭教育的原则

《颜氏家训》第一次较为系统地提出了家庭教育必须遵循的基本原则。

1. "固须早教"

颜之推认为，家庭教育抓得越早越好，甚至主张从十月怀胎开始。他说："古者，圣王有胎教之法：怀子三月，出居别宫，目不邪视，耳不妄听，音乐滋味，以礼节之。"这一段话是说，古时候，帝王家庭都讲究胎教：孕妇怀子三个月，就要迁居别室，耳目要清静，不看邪恶的事物，不听不好的声音，而是用优美的音乐陶冶性情，以礼仪支配自己的言行，这对于胎儿的成长发育很有益处。他还指出，那时候帝王家里，"生子咳嗯

（hái 即孩提），师保固明孝仁礼义，导习之矣。"是说孩子刚刚生下来不久，就设专人"少师"、"少保"教导训练孝仁礼义。

颜之推从一般人家的实际可能出发，认为即或是不能做到像古代圣王家庭那样实行胎教，进行超前教育，也应当尽一切可能及早施教。他说："凡庶纵（即老百姓）不能尔，当及婴稚，识人颜色，知人喜怒，便加教诲，使为则为，使止则止。"就是说，一般人家至少应当在孩子能感知喜怒哀乐，能与别人沟通交流感情时，就要开始实施教育，告之以什么可以做，什么不可以做，进行最初步的行为规范训练。他认为，这样坚持数年，儿童就会越来越懂事，"比及数岁，可省笞（chī）罚"。免得养成不良习惯再用体罚手段去纠正。他还引用古时候的俗话说："教妇初来，教子婴孩。"就像公婆教育训练儿媳妇那样，为立下规矩，从儿媳妇一进门就严加管教；同样的道理，对孩子进行教育，要从婴幼儿时期开始，这样教育效果就会好。

为什么要主张及早施教呢？颜之推有他的理论根据。他说："人生幼小，精神专利，长成以后，思虑散逸，固须早教，勿失机也。"他认为，孩子小时候，思想单纯，精神专一，感受敏锐，容易教育。等长大以后，思想复杂，感受迟钝，就难以教育。应该抓紧进行早期教育，不可坐失大好的教育时机。这种理论符合儿童心理发展的规律。

颜之推还认为，早期教育之所以很重要，是因为抓紧早期教育和训练，有利于儿童形成良好的习惯。他说："人在年少，神情未定。"有很强的可塑性。他引用孔子的话说："少成若天性，习惯如自然。"他认为，早期教育和训练养成的习惯，就像与生俱来的那样稳固，像自动化了一样，不须任何努力。他指出，不抓紧早期教育，"骄慢已习，方复制止，捶挞至死而无威，忿怒日隆而增怨，逮于成长，终为败德"。是说等到儿童已经养成恶习，再去纠正，就是打死他也没用，还会加深孩子的逆反心理，一辈子都难以改正，最终成为无德无用之人。

为了进一步说明早期家庭教育的重要性，颜之推还现身说法，在《颜氏家训》中回顾了自己一生成长的经验教训。他谈到，他小时候所受到的家庭教育本来是很严格的，只是到了9岁时，父母不幸双亡，"便丁荼蓼（tú liǎo 意为处境困难），家涂离散，百口索然"，一家人无依无靠，他只好由哥哥抚养教育。哥哥看他年幼，只是可怜他，心疼他，对他是"有仁无威，导示不切"，舍不得严格要求他。那时候，虽然他也读过《礼记》之类的儒家经典著作，但并没有什么长进，却受到不良社会环境的影响，沾染了一些不良习气，"肆欲轻言，不修边幅"，性情放荡不羁，行为不受约束。到十八九岁的时候，形成顽习，"习若自然，卒难洗荡"，实难消除。到 20 岁以后，尚才懂得了一些事理，虽"大过已稀"，不犯什么大错，但内心却矛盾重重，"每常心共口敌，性与情竞，夜觉晓非，今悔昨失"。往往是言行不一，缺乏理智，反复无常。有时晚上想明白了，早晨一起床又糊涂了；昨天刚做完的事，今天又后悔，心里非常烦燥。他认为自己之所以在成长过程中出现这样的问题，就是因为早年失去父母，没有得到良好的早期家庭教育。

颜之推从自己成长过程的教训中，不仅谈到早期教育在品德习惯形成中的作用，还论述了早期教育对知识学习的重要作用。他回忆道："吾七岁时，诵《灵光殿赋》，至于今日，十年一理（温习），犹不遗忘"；而到了"二十（岁）之外，所诵经书，一月废置，便至荒芜矣"。是说他在小时候读过的书，每隔 10 年稍加温习，几十年内还都没有忘记；而过 20 岁以后读过的书，即便是一个月不温习，就都忘记了。

颜之推对早期家庭教育的重要意义，通过摆事实，讲道理，论述得非常深刻，有理有据，令人信服。他所提出的早期教育的理论根据也是科学的。

2."威严而有慈"

家长对待子女应该是一个什么样的态度，这个问题很重要，它直接影响家庭教育的效果，甚至决定家庭教育的成败。

颜之推认为，父母在教育子女时，态度应当是既要有威严，也要慈爱，二者不可偏废，要做到严慈结合。他说："父母威严而有慈，则子女畏慎而生孝矣。"是说父母对子女态度严明且慈爱，子女才会言行谨慎，听从父母的教诲。

因此，他主张父母对子女的态度要掌握好分寸，严和爱都要适度。他告诫父母说："父子之严，不可以狎（xiá）；骨肉之爱，不可以简。"就是说，父母与子女之间的关系应当严肃，不可以过分亲昵而失于态度不庄重；父母应该慈爱自己的亲骨肉，不可对子女无理，要求过苛过严。他认为，如果在态度上掌握不好分寸，"简则慈孝不接，狎则怠慢生焉"。就是说，对子女无理，滥用父权，子女不会敬孝；而过分宠爱，子女就不会听从教诲。

颜之推为了说明他主张的正确性，还列举历史事实给予佐证："由命士以上，父子异宫，此不狎之道也；抑骚痒痛，悬衾箧枕，此不简之教也。"大意是说，相传过去士大夫以上的家庭，平时父母和子女分室而居，为的是不使父母和子女之间过分亲昵而失于庄重；那时的子女孝敬父母，为父母按摩保健、整理床铺，是因为父母没有对子女过苛过严而没有使子女怠慢的缘故。

父母对子女的态度，即人们常说的教养态度，这是家庭教育中最难解决好而又必须解决好的一个问题。由于父母和子女具有血缘关系，关系特殊，在对待子女的态度上，不是严得过分，有严无慈，就是不分父母子女界限，有慈无严，这是家庭教育中常常出现的偏向。而这些偏向，往往是导致家庭教育失败的重要原因或直接原因。颜之推提出"威严而有慈"的教育原则，反映他对家庭教育的特点有很深刻的认识，这个见解非常正确。

3. 严格要求，不要娇惯溺爱

颜之推从他的切身体验和观察中认识到，在家庭里由父母亲自教育子女，最容易出现也最普遍存在的问题是娇惯溺爱子女。他说："吾见世间，无教而有爱，每不能然；饮食运为，恣其所欲，宜诫反奖，应诃反笑，至有识知，谓当法尔。"颜之推发现，人世间有许多父母对子女只知道"爱"，而不知道"教"，放任自流，任其为所欲为。甚至有的是该批评的，反而给予奖赏；有的本应斥责的，却大加赞赏。这样是非颠倒，久而久之，孩子就会误以非为是，以恶为善，把错误的事当成是合理合法的，很难纠正过来。颜之推所批评的这种现象，在今天的家庭里也还存在，他对父母的告诫现在仍有实际意义。

颜之推主张对子女严格要求，不能娇惯溺爱，为了让做父母的深刻理解并接受这种主张，他还列举了当时社会上正反两个方面的实例。

一个是正面的例子：梁朝时期，车骑大将军王僧辩的母亲魏夫人，"性甚严正"，从小就对儿子要求十分严格，毫不娇惯溺爱。以至王僧辩长大成人，"为三千人将，年逾四十（岁）"的时候，其母看到他在执行公务中有过错，"少（稍）不如意，犹捶挞之"。因此，王僧辩"能成其勋业"，很有作为。

另外一个是反面的例子。也是在梁朝："有一学士，聪敏有才，为父所宠，失于教义：一言之是，偏（遍）于行路，终年誉之；一行之非，掩藏文饰，冀其自改。"这位学士的父亲对儿子宠爱至极，要是儿子说对了一句话，便走到哪里夸到哪里，终年夸耀不绝于口；要是儿子做了错事，则是极力文过饰非，替儿子隐瞒，指望他偷偷地改正过来。由于父亲的娇宠放纵，他养成了骄横无理的毛病，长大做官以后，出口伤人，结果遭到别人反对。

这两个事例的鲜明对照，表明颜之推认为严是爱，惯是害。严格要求，能促其成人成才；娇惯溺爱，有害无益。惯子必骄，骄子必败，这种教训非常深刻。

4. 一视同仁，不要偏憎偏爱

在多子女家庭里，父母对子女不能一视同仁，而是偏憎偏爱，这是古今中外家庭教育中常见的问题，也是导致家庭教育失败的重要原因。颜之推注意到了这个带有普遍性的弊病。他指出："人之爱子，罕亦能均；自古及今，此弊多矣。"

他指出，对子女偏宠偏爱的现象相当普遍，其危害相当大。他说："贤俊者自可赏爱，顽鲁者亦当矜怜。有偏宠者，虽欲以厚之，更所以祸之。"他是说，对于有德行才智的子女，父母自然应当赞赏爱护，对于德行才智不太好的子女，父母同样应当加以同情怜惜。有的家长偏爱某个子女，其用意是为了孩子好，但结果却是害了他。颜之推的这种观点，是很有道理的。被父母偏宠偏爱者，往往会形成骄横放任的毛病，因为偏宠偏爱已经超过了有益的限度，是一种不清醒的爱，是溺爱。

父母偏宠偏爱某个子女，同时又往往偏憎另外的子女。偏爱和偏憎往往同时存在。这样会人为地造成子女之间的隔阂和矛盾。这种情况，如果发生在一般的家庭，会使家庭气氛不和谐，勾心斗角，弄得一家人不得安宁。而这种情况如果发生在掌权者的家庭里，所造成的危害那就不仅仅是一个家庭了，而会酿成你死我活的极为尖锐的矛盾斗争。

颜之推为了说明偏爱偏憎子女的巨大危害，他列举了我国古代历史上四个真实的故事。他说："共叔之死，母实为之。赵王之戮，父实为之。刘表之倾宗复族，袁绍之地裂兵亡，可为灵龟明鉴也。"

这四个故事的实际情况是这样的：

"共叔之死"——据《左传·隐公元年》记载，周朝郑武公妻姜氏生有二子。生长子庄公时难产，姜氏遂不喜欢他；生次子共叔段时很顺利，姜氏就偏爱共叔段。她请求立共叔段为嗣。古代时一般确立长子为继位者，因此郑武公不允许，还是立庄公为继承人，于是庄公继承王位。其母不甘心，破例让共叔段掌管京都大权，他多行不义，企图篡位，后被庄公所克。

"赵王之戮"——据《史记·吕后传》记载，汉高祖的戚姬生赵隐王如意，戚氏偏宠。她日夜哭哭啼啼，非得要将其子如意立嗣，代替太子。高祖刘邦死后，吕后乃令永巷囚禁戚夫人，又毒死了赵隐王如意。

"刘表之倾宗复族"——据《后汉书·刘表传》记载，刘表有二子：刘琦、刘琮。刘表看到刘琦的相貌酷似他自己，尤为爱之。于是，刘琮、刘琦之间就发生了矛盾。刘琮依靠母族的势力，诬蔑、攻击刘琦，并将他排挤到外地做官。刘琦是长子，本应立他为嗣，结果刘琮反被立为嗣，刘琦受到陷害。就在他们兄弟之间争权夺利时，曹操趁机进攻，刘琦逃走，刘琮投降，造成"刘表倾宗复族"的彻底失败。

"袁绍之地裂兵亡"——据《后汉书·袁绍传》记载，袁绍有三子：袁谭、袁熙、袁尚。袁谭、袁熙德行好，袁尚长得英俊漂亮。袁绍的后妻刘氏偏爱袁尚，排挤袁谭、袁熙。官渡之战，袁绍失败，发病而死，未来得及立嗣，兄弟之间相互争执不下，自相残杀，遂在曹操攻击下，"地裂兵亡"，惨遭失败。

从这四个历史故事中，可以清楚地看到，父母偏爱偏憎子女，有百害而无一利。因此，颜之推主张父母对子女要一视同仁，不能偏爱偏憎。

5. 以身作则建立良好家风

颜之推认为，在家庭教育中，父母兄长的以身作则非常重要。他指出："夫风化者，自上而行于下者也，自先而施于后者也。是以父不慈则子不孝，兄不友弟不恭。"颜之推针对家庭教育是在家庭日常生活中，由父兄言传身带进行的这一特点，指出上行下效，先施后学，这种家庭风俗教化的作用，对儿童影响极大。父慈，子才知孝，兄长讲友爱，弟弟才知恭敬。否则，上梁不正，下梁必歪。

要建立良好的家风，就要求家庭中的长者都能做到以身做则。他说："兄弟不睦，则子侄不爱；子侄不爱，则群从疏薄；群从疏薄，则僮仆为仇敌矣。"他提出这样的问题，是很有针对性的。中国封建社会的家庭，一般都是"三代同堂"、"五世同居"，家庭成员序列多，结构复杂。长者的一言一行一举一动，时刻都影响着晚辈。作为长辈的兄弟之间不和睦，子侄辈就不会友好，子弟之间相互疏远，到最幼小的一辈甚至会相互视为仇敌，影响极坏。

颜之推强调长辈对后代的影响，是认识到家庭长者自己的品行和人格是一种非常重要的教育因素，是无声的语言，对后代教育作用极大。中国古代的家庭教育理论，向来认为"治家"是"教子"的前提和基础。家不"治"，不能形成良好的"家风"，就会给子孙后代以不良的影响。颜之推提出风俗教化的问题，指出父兄之间关系不好会对后代产生不良影响，实际上是在强调"治家"对形成良好家风的重要性。

6. 重视环境熏陶

孩子们不仅在家庭里生活，和家庭成员朝夕相处，还要和家庭以外的各种人接触、交往。家庭成员的言行，对子女有影响；同样，家庭以外的社会生活，家庭成员以外经常接触的人，对儿童少年也有很大的影响。

颜之推清楚地认识到了这一点，他认为："人在年少，神情未定，所与款狎，熏渍陶染，言笑举动，无心于学，潜移默化，自然似之。"这一段话的意思是，人在幼小的时候，思想尚未定型，可塑性很强，周围环境对其渐渍、濡染、熏陶，影响作用很大。周围人的言行举止，孩子虽不是有意识地去用心学习、模仿，但久而久之，耳濡目染，潜移默化，就会"自然似之"。

他还进一步阐述说："是以与善人居，如入芝兰之室，久而自芳也；与恶人居，如入鲍鱼之肆，久而自臭也。"是说和德行好的人一起相处，就像进入芝兰花房一样，"久而不闻其香"，自己也会形成良好的德行；同德行不好的人一起相处，就像生活在卖咸鱼的铺子里，"久而不闻其臭"，自己的德行也会变坏。颜之推还引用墨子对环境影响作用的论述说："染于苍则苍，染于黄则黄，所入者变，其色亦变，五入而已则为五色矣：故染不可不慎也。"这是告诫家长以"近朱者赤，近墨者黑"的道理。

在梁朝全盛时期，"贵游子弟，多无学术"，是什么原因呢？颜之推指出，其主观原因是"以其骄奢自足，不能克励也"；其客观原因就是周围环境不好："吾见王侯外戚，语多不正，亦由内染贱保傅，外无良师友故耳。"

因此，颜之推要求家长要教育子女"必慎交游焉"，慎重选择朋友交往。他从周围环境对儿童少年成长的重大影响作用出发，指出"慎交游"的问题，是非常中肯的。

三、家庭教育的内容

颜之推所主张的家庭教育内容很丰富，很全面，而且都是具有积极意义的。

1. 勤学

对子孙后代的教育主张"勤学",主要体现在《颜氏家训·勉学》篇中。在这一篇的一开头,颜之推就说:"自古明王圣帝,犹需勤学,况凡庶乎?"连古代的圣明帝王尚且要勤学,那么普通百姓更应刻苦学习。

颜之推主张人生世间,无论是农、工、商、学,都必须勤于学习,以求得进步。他厌恶像士大夫那样饱食终日,无所事事,消磨岁月。他告诫子孙后代,与其不学无术,一生愧辱,不如数年勤学。他说:"多见士大夫耻涉农商,差务工伎,射则不能穿,笔则才记姓名,饱食醉酒,忽忽无事,以此销日,以此终年。或因家世余绪,得一阶半级,便自以为足,全忘修学,及有凶吉大事,议论得失,蒙然张口,如坐云雾;公私宴集,谈古赋诗,塞然低头,欠伸而已。有识旁观,代其入地。何惜数年勤学,长受一生愧辱哉!"

他深刻分析了当时贵族子弟不学无术的原因。他说:"梁朝全盛之时,贵游子弟,多无学术,至于谚云:'上车不落则著作,体中何如则秘书。'""治官则不了,管家则不办,皆优闲之过也。"这是说,当时贵族子弟不学无术的根本原因在于沉溺于养尊处优的生活。

他要求子孙后代,要像古人那样勤学:"古人勤学,有握锥投斧,照雪聚萤,锄则带经,牧则编简,亦为勤笃。"颜之推列举了中国古代许多勤学苦读的故事,勉励子孙后代效法。

2. 自立

他要求子孙后代要学习、掌握一技之长,以为自立之本,反对依赖父母。他说:"人生在世,会当有业:农民则计量耕稼,商贾则讨论货贿,工巧则精致器用,使艺则沈思法术,武夫则惯习弓马,文士则讲义经书。"不论是农民、商贾、工巧,还是使艺、武夫、文士,都具有自己专门的技能技艺。他告诫子孙后代说:"有学艺者,触地而安。"有一技之长,才能立足于社会。

他严肃指出:"父兄不可常依,乡国不可常保,一旦流离,无人庇荫,常自求诸身耳。"即不能依赖父母,必须要自立。他借用中国古谚说:"积财千万,不如薄伎在身。"这是千真万确的真理。颜之推教导子孙后代树立自立的思想和具备自立的能力,这是很有价值的。

3. 务实

他认为，读书的唯一目的就在于"利行"。他说："夫所以读书学习，本欲开心明目，利于行耳。"

他尖锐地批评当时社会上某些读书人，书读得不少，满腹经伦，但只会夸夸其谈，不做实事，光会说不会练。他说："吾见世中文学之士，品藻古今，若指诸掌，及有试用，多无所堪……保俸禄之资，不知有稼穑之苦；肆吏民之上，不知有劳役之勤。""但能言之，不能行之，忠孝无闻，仁义不足；加以断一条讼，不必得其理；宰千百户，不必理其民；问其造屋，不必知楣横而棁竖也；问其为田，不必知稷早而黍迟也；吟啸谈谑，讽咏辞赋，事既优闲，材增遇诞，军国经论，略无施用。"

他要求子孙后代："学之所知，施无不达。"是说读书所掌握的学问、知识，要能用来解决实际问题。不能只会坐而论道，而不会躬行实践。颜之推尖锐地提出读书的风气问题，是很有进步意义的。

4. 节操

在《颜氏家训》中，颜之推给其子孙讲了这样一个故事："齐朝有一士大夫，尝谓吾曰：'我有一儿，年已十七，颇晓书疏，教其鲜卑语及弹琵琶，稍欲通解，以此伏事公卿，无不宠爱，亦要事也。'吾时俯而不答。异哉，此人之教子也！若用此业，自致卿相，亦不愿汝曹为之。"

这个故事，是颜之推在《教子》篇里讲述的。那位士大夫要儿子学鲜卑语、弹琵琶，目的是要服务于异族鲜卑统治者，对此，他非常反感。他正气凛然地说，即使当上卿相，也绝不许自己的子孙去干那种卖国求荣的勾当。这个故事的字里行间，表现了颜之推重视子孙后代的节操教育。

5. 重农事

他说："古人欲知稼穑之艰难，斯盖贵谷务本之道也。夫食为民天，民非食不生矣。三日不粒，父子不能相存。耕种之、刈获之、载积之、打拂之、簸扬之，凡几涉手而入仓廪，安可轻农事而贵末业哉？"

在"劳心者治人，劳力者治于人"的轻视体力劳动的世俗观念占统治地位的封建社会，颜之推认为"贵谷"是"务本之道"，教育子孙后代不要"轻农事"，这是难能可贵的。

6. 勤俭而不吝啬

他引用孔子的话说："奢则不逊，俭则固；与其不逊也，宁固。"表明他反对奢侈浪费，主张讲究俭朴。

与此同时，他又指出："然则可俭而不可吝也。俭者，省约为礼之谓也；吝者，穷急不恤之谓也。"他教导子孙要分清俭朴与吝啬的界限：对己生活节省，是俭朴；对穷人不抚恤，那是吝啬。他要求子孙做到"俭而不吝"。这是中华民族的传统美德，今日也应继承发扬。

7. 婚姻勿贪世家

这是颜氏家族的家传。颜之推的九世祖靖候曾经告诫子侄说："自今仕官不可过两千石（官名），婚姻勿贪世家。"在子孙婚嫁时，不可高攀，一味考虑对方家产多少。颜之推继承祖上规矩。他说："婚姻素对，靖候成规。"门当户对即可，万不可贪图富贵钱财。

颜之推特别鄙视那种在婚姻嫁娶时，只重对方家产多少的庸俗观念，指出："近世嫁娶，遂有卖女纳财，买妇输绢，比量父祖，计较锱铢（金银财宝）。"这样是"责多还少，市井无异"，讨价还价，和商人做买卖一样。他严肃地告诫子孙后代说："贪荣求利，反招羞耻，不可不慎与!"

另外，颜之推还注意到，搞好家庭教育，关键在于家长自身的修养。在《颜氏家训》中，颜之推对做家长的提出了许多要求，诸如兄弟之间要互相团结友爱，妯娌之间要和睦相处，做继父的不可宠惯后妻的前夫之子，做继母的不可虐待后夫的前妻之子等，这些问题是家庭生活中常常出现的，家长加强这方面的修养是很必要的。

综上所述，我们可以看到，颜之推的家庭教育理论已经形成一个完整的体系，这是我国古代家庭教育理论的一份珍贵遗产，对于我们今天建立有中国特色的社会主义家庭教育科学理论体系，是很有借鉴意义的。

当然，我们也必须看到，在颜之推的家庭教育思想中，不可避免地表现出他的阶级局限性，有封建糟粕和唯心主义的东西，如宣扬"上智不教而成，下愚虽教无益"的天才论，"牝鸡晨鸣，必致祸也"的贱视妇女的思想，以及鄙视劳动人民为"小人"等等。这些都应摈弃。毫无疑问，颜之推教育子孙后代的目的也是为了做官，为巩固封建统治服务，他希望子孙将来能成为"朝廷之臣""文史之臣"，以便"务先王之道，绍家世之业"。对于这些，我们应有清醒的认识。

尽管如此，从整体看，颜之推不愧为我国古代家庭教育理论的先驱者和奠基人，他的《颜氏家训》一书不愧为我国家庭教育理论发展史上的一座丰碑。

名门子弟的座右铭

——柳玭的《戒子弟书》

柳玭是唐朝人，出身唐朝后期高官世家。其祖父柳公绰（著名书法家柳公权的哥哥）当过刑部尚书、兵部尚书；父亲柳仲郢当过剑南东川节度使和刑部尚书；哥哥柳璧担任过谏议大夫；他自己也官至御史大夫。

柳家世世代代治家很严，在社会上很有影响。如《旧唐书》所说："初公绰理家甚严，子弟光禀诫训，言家法者，世称柳氏。"柳玭的祖母非常严于教子，为促使儿子柳仲郢发愤苦读，曾令其子在夜里读书时，咀嚼用黄连、苦参、熊胆制成的苦药丸，使其体味其苦。柳玭从小也接受了严格的家庭教育和家风的熏陶。

唐代后期，许多权贵子弟斗鸡赛马、花天酒地、勾心斗角、仗势欺人，风气很不好。有的家庭，先辈为官正直，不畏强暴，很有骨气，可子孙却是胡作非为，别无其他本领；有的家庭，父辈待人谦逊和顺，家风很好，可到子孙辈，却是为非作歹，家风衰败。看到这些情况，柳玭感到很有必要加强家庭教育，告诫子孙决不要依仗门第高贵而骄奢淫逸，无所不为，要继承和发扬优良家风，把自己造就成品德高尚的人。因此，柳玭依据当时的所见所闻和柳家世代家庭教育的经验，针对出身门第高贵人家子弟的思想行为特点，写了这篇《戒子弟书》。

当然，封建社会高官子弟的剥削阶级本能，决定了他们要利用父辈的地位与权势追求享乐，他们之中极少会有人接受柳玭的告诫。同时，柳玭的后代也不见得都会按他讲的那样去做。然而，柳玭能在当时的社会里写出专门告诫名门子弟的文章，而且见解相当深刻，足以作为名门子弟的座右铭，这的确是十分难得的。柳玭在文章中对名门子弟思想特点的分析，虽然不是用阶级观点来分析的，但其分析却是很实际的，连一些有见地的名门子弟也不得不心服口服。

《戒子弟书》谆谆告诫出身高贵门第的子弟如何作人、为官，在当时很有现实意义，对于今天的父母来说，也不无借鉴价值。

《戒子弟书》的内容，大体如下：

一、出身门第高贵者尤需严于律己

在封建社会，门第高贵，家庭社会地位高，即有权有势。出身于门第高贵的人，往往依仗家庭社会地位高而忘乎所以。针对这种情况，柳玭在《戒子弟书》一开头便告诫子弟说："夫门第高者，可畏不可恃。"这是说，出身门第高贵的人，应该时刻警惕自己，言行谨慎，严于律己；而不能依仗自己出身高贵，为所欲为。

为什么要警惕自己呢？

因为这样的人社会地位高，社会影响大，一旦他立身处世、言论行动，有一件事违背先贤的遗训，其危害要比别的人大得多。这种人依仗他高贵的门第，活着的时候虽然可以勉强维护名誉地位，但死后有什么脸面去见他已经故去的祖先呢？

为什么不可依赖自己的门第高贵呢？

因为出身门第高贵的人，自己往往很容易骄傲自大，不可一世，盛气凌人。而且，家族兴旺发达，本来别人就会嫉妒，巴不得你出差错。由于出身名门，社会地位显赫，容易成为众矢之的，人们对你就要求过高，责之过切。即使你有真实的本领和美好的德行，别人都未必相信；如果你有细小的缺点和过失，大家都会争先恐后地指控你。因此，凡是承袭世家门第的人，修养自己不能不恳切，要求自己不能不严格，做学问的功夫不能小非常坚头。

人生在世，自己没有真实的本领，却要求别人重用；自己没有美好的德行，却企望别人钟爱。倘若别人不重用、不钟爱，就怨天尤人说："我是生不逢时呀，当今不需要贤者。"这种人正像一个懒惰的农夫，自己马马虎虎地种庄稼，庄稼苗长得不好，不责怪自己，却反而埋怨老天不下雨滋润禾苗。像这样的人，虽然不想受饥挨饿，但怎么能办得到呢？

柳玭这是告诫子弟说，越是出身门第高贵，就越是要严格要求自己，加强自身的修养，否则，很难立足于社会。

二、出身门第高贵者如何做人为官

柳玭结合自己的切身体会，教育子弟做人为官之道。

1. 立身做人

柳玭用柳家的先训和家法教育子弟说："立身以孝悌为基，以恭默为本，以畏怯为务，以勤俭为法，以交结为末事，以义气为凶人。"这是柳家传统的立身做人的规矩。这是说，立身做人要以孝敬父母、友爱兄弟为立足点，以对人恭敬有礼和不议论别人为本分，以办事兢兢业业、谨慎小心为原则，以勤劳俭朴为行为准则，要把拉拉扯扯、吹吹拍拍看做是没出息的人，把那些性情暴躁、气量狭小、爱与别人在小事上明争暗斗的人，看成是凶险的人。

他还教导说："肥家以忍顺，保交以简敬。百行备，疑身之未周；三缄密，虑言之或失。广记如不及，求名如偈来。去奢与骄，庶几减过。"这是说，要想家庭兴旺发达，全家人应该相互忍让和顺；要想和亲戚朋友保持良好的关系，相互之间要敬重。即使自己已具备百样善行，也应当常想想自己待人接物是否还有不周到的地方；虽然自己能做到再三要求自己注意言行谨慎，遇事还应该常考虑自己的言语行为有失误之处。在读书学习时，虽然能做到广闻博记，还须看到自己学得不够；假如自己求得功名，应当意识到这是偶然得来，不是长久之事，切莫把它看得太重。一定要去掉吝啬之心和骄傲情绪，这样也许可以减少自己的过失。

2. 为官执政

柳玭指出："莅官则洁己省事，而后可以言守法，守法而后可以言养人。"这是教导子孙说，做官要洁身自好，亲自省察公事。惟其如此，才能算得上忠于职守；只有忠于职守，才能服人。这是做官的最起码的要求。

其次，为官要廉正清明，不可滥用权力。他说："直不近祸，廉不沽名。廪禄虽微，不可易黎甿（氓）之膏血；榎楚虽用，不可恣褊狭之胸襟。"这是说，应使自己正直而不去接近那些肇事闯祸的人，廉洁自守而不沽名钓誉。做官虽然食廪俸禄很少，但不可任意搜刮黎民百姓的血汗；

虽然有权使用公堂上的刑具，但不可胸襟狭窄，依仗手中的权力发泄私愤。

最后，柳玭以社会上一些豪门子弟为官的教训，告诫子孙为官一定要慎而又慎，不要重蹈那些人的覆辙。他说："忧与福不偕，洁与富不并。"是说忧和福不是同时来到的，廉洁和豪富是不相容的。弄不好福也会引出忧来，豪富而不廉洁也会遭灾。有不少豪门子孙，很不争气，虽然他们的先辈为官正直，不畏强暴，很有骨气，但到了他们这一代，门庭衰落，他们自己只知道一味地犯上作乱，别无其他能耐。还有的家庭，他们的祖先谦逊和顺待人，洁身自好，既无悔恨又无什么忧虑；而到他们这一代，丢尽祖宗的传统，身上常常隐藏着一些劣迹，不知道怎么办才好。像这样的豪门世家，现在已经极度衰落了，在他们的后人中，如果没有真正贤能的人出现，是不可能重新恢复祖先那显耀鼎盛的景况的。

三、出身门第高贵者要戒除五种陋习

柳玭从名门子孙不注重加强自身修养的教训中，告诫子弟说："夫坏名灾己，辱先丧家。"一个人有过失，不但毁坏自己的名声，使自己遭灾，而且还会辱没祖先，败坏门风，使家族衰落，其危害极大。

柳玭认为，在名门子弟身上有五种陋习危害最大。他要求子弟要牢牢记住，引以为戒。

"其一，自求安逸，靡甘澹泊，苟利于己，不恤人言。"即自己一心追求安逸，不甘心过清贫淡泊的生活。为了求得功名厚禄，只要是对自己有利的事，什么都干，从不考虑顾忌别人如何议论。这是第一种陋习。

"其二，不知儒术，不悦古道，懵前经而不耻，论当世而解颐，身既无知，恶人有学。"即不懂得儒家学说，不喜欢古代圣贤的道理。对先贤的经籍，懵懵懂懂无所知，也不觉得是耻辱，却喜欢妄论当世时事以自我解嘲。自己不学习，知识少得可怜，却嫉妒别人有学问。这是第二种陋习。

"其三，胜己者厌之，佞己者悦之，唯乐戏谭，莫思左道，闻人之善嫉之，闻人之恶扬之，浸渍颇僻，锁刻德义，簪裾徒在，厮养何殊。"即对于超过自己的人表示厌恶，对于能够巴结自己的人，却非常喜欢。只是热衷于嬉戏和空谈，就是不肯下功夫钻研古代圣贤之道。听到别人做了好事就嫉妒，听到别人有了过失就到处张扬。这种人整个身心都被偏颇邪恶

的思想和习惯浸泡透了，虽然他们也标榜自己的仁义道德，家中同样妻妾俱在，但是这些对他们来说都是徒有其名，他们照样干偷鸡摸狗伤风败俗的事情。他们和那些地位低贱的人有什么两样呢？这是第三种陋习。

"其四，崇好漫游，耽嗜曲蘖，以衔杯为高致，以勤事为俗流，习之易荒，觉己难悔。"即喜好漫游，嗜酒贪杯，以饮酒为高贵雅致，视勤快做事的人为粗俗下流，怠惰成性，自己也觉得难以改正。这是第四种陋习。

"其五，急于名宦，昵近权要，一资半级，虽或得之，众怒群猜，鲜有存者。"即急切地谋求高官，讨好权贵显要。这样的人，即使捞到一官半职，也要受到众人的怨怒和猜忌，很少有不垮台的。这是第五种陋习。

在列举上述五种陋习以后，紧接着，柳玭指出其严重的危害性说："兹五不是，甚于痤疽。痤疽则砭石可瘳，五失则巫医莫及。"是说上述五种陋习，比毒疮还要厉害。毒疮尚可以用药物治疗，而这五大陋习一旦染上，巫师和医师都是无能为力的。柳玭谆谆告诫子弟说，先代圣贤关于提醒人们戒除五种陋习的典籍都在，近代人们因有上述陋习而跌跤失足的教训，屡屡可以听到、看到，你们一定要引以为戒啊！

四、出身门第高贵者要加强自身修养

柳玭指出，一般讲，中等以下智力的人，注重修辞努力读书学习的，容易急躁冒进，患得患失，总是急于施展自己的才能，为朝廷所重用；善于审观自己的命运、知道后退的人，又往往学业和文章荒芜。这两种态度，都不足取。只有那些上智的人，能够审察并磨练自己的思维能力，使自己的见闻更广博，坚定自己的志向，精通自己的学业。这种人，如果被重用，他能推行自己的主张；如果不被重用，他就把学问收藏于自身。如果不能做到这样，怎么能够成为君子呢？

柳玭要求子弟要加强自身修养，努力成为上智的人，成为有德行的人。

《颜氏家训》之亚

——袁采的《袁氏世范》

"古今家训，以此为祖。"这是古人对北齐颜之推的家庭教育专著《颜氏家训》的誉称。《颜氏家训》是我国古代现存最早的家训，也是最有名的家训。在中国古代众多的家训中，仅次于《颜氏家训》的是袁采的《袁氏世范》，被后人称之为"《颜氏家训》之亚"。

该书作者袁采，生卒年不详，宋朝信安（今属广东省）人，字君载，曾中进士。起初为县令，以廉明刚直著称。官至监登闻鼓院。

《袁氏世范》，顾名思义，即袁氏家族为人处世之规范，是用来教育子孙后代如何为人处世的家庭教育读本。该书共三卷，分睦亲、处己、治家三门。其内容有对做父母的要求，但主要是教导子孙如何为人处世，进行伦理道德和行为规范教育。

一、人不可不孝敬父母

《袁氏世范》首先告诫子孙，一定要孝敬父母。为什么呢？

因为我们每一个人，从小到大，都得益于父母真诚的爱抚、无微不至的关怀和舍身忘我的保护。该书说："人当婴孺之时，爱心父母至切，父母于其子婴孺之时，爱念尤厚，抚育无所不至。"之所以如此，"盖由于气血初分，相去未远，而婴孺之声音笑貌，自能取爱于人"。另外，"方其子初脱胎卵之际，乳饮哺啄，必极其爱，有伤其子则护之，不顾其身。"不仅人是如此，连飞禽走兽、微小的生物亦是这样。

飞禽走兽长大之后，能独立生活，"则母子不相识认"，那因为它们是动物，不具备人的情感。而作为人，却绝不能像动物那样。我们做儿女的，时时刻刻都要想到，"父母于其子幼时，爱念抚育，有不可以言尽者"，那种爱抚子女之情是难以用语言表达的。父母对儿女"尽其慈"，儿女理应对父母"尽其孝"，即使"终身承欢尽养，极尽孝道，终不能报其少小爱念抚育之恩。"

那么，假如有人不孝敬父母，怎么办？袁采说："凡人之不能尽孝道者，请观人之抚育婴孺，其情爱如何，终当自悟。"让那些不孝敬父母的人，去亲眼看一看别的父母是怎样抚育、关怀、体贴自己的孩子的，就会领悟到儿女为什么要孝敬父母的道理。

袁采还用天地养育万物来比喻父母养育子女。他说，人们为了感激天地养育万物之恩，"有对虚空焚香跪拜，或召羽流斋醮上帝"，不管采用什么形式祭祀供奉，最多只能报答"万分之一"的养育之恩。以此推理，对自己父母的养育之恩，无论怎么孝敬赡养都不为过。

袁采教育子孙后代要孝敬父母，道理讲得入情入理，很有说服力。我们应当从儿女孝敬赡养父母是理应尽到的社会义务这样一个高度去认识儿女孝敬赡养父母的问题。尽管这种"有恩必报"的思想是陈旧的，但袁采重视子孙的"孝道"教育，是继承了中国家庭教育的优良传统，可以借鉴。

二、父母不可妄憎爱

这是对做父母说的。告诫父母对子女应有一个正确的态度，不要胡乱疼爱，也不要任意憎恶。

袁采首先指出父母对子女态度的第一种偏向是"曲爱"，亦即娇惯溺爱。他说："人之有子，多于婴啼之时，爱忘其丑，恣其所求，恣其所为，无故叫号，不知禁止，而以罪保姆。凌轹同辈，不知戒约，而以咎他人。或言其不然，则曰小未可责，日渐月渍，养成其恶，此父母曲爱之过也。"意思是说，在孩子小时候，做父母的往往看不到孩子的过错，放任自流，有求必应，百依百顺，任其为所欲为，从不加教诲。孩子有过错，不批评孩子，而是加罪于保姆。假若孩子欺压别人，不去管教，反而责怪是别人不好。如有人提出，做父母的不能这样放任、娇纵孩子，有些父母则说："孩子还小，不懂事，不能管得太严。"在这种思想的纵容庇护下，久而久之，孩子就会渐渐养成许多坏毛病，这完全是父母娇惯溺爱造成的。

袁采又指出父母对子女态度的第二种偏向，与第一种偏向恰恰相反，那就是"妄憎"，亦即过分憎恶。他说："及其年齿渐长，爱心渐疏，微有疵失，遂成憎怒，撝（zhí）其小疵，以为大恶。如遇亲故，妆饰巧辞，历历陈数，断言以大不孝之名加之，而其子实无他罪，此父母妄憎之过也。"

意思是说，随着孩子年龄一天天增长，父母对孩子的爱心也日渐淡薄。孩子的言行稍有过失，便大发雷霆，抓住一点小毛病，就大作文章，吹毛求疵，任意夸大。如有亲戚朋友到家里来，则是捕风捉影，无中生有，添油加醋，把孩子说得一无是处，数落个没完没了，硬说孩子是大逆不道。其实，孩子并不是像父母所说的有那么多、那么大的过错，这完全是父母对孩子过于苛刻。

　　我们说，父母对孩子爱和严都是应该的。但是，正如袁采所指出的那样：往往失之过分。小时候，父母往往过分地爱；长大了，又往往过分苛刻。这种"曲爱"和"妄憎"的现象，在许多父母身上普遍存在。这都是不正确的态度。袁采告诫做父母的，对待子女的正确态度应当是："子幼必待以严，子壮无薄其爱。"即在孩子小的时候，要严格要求；孩子长大了，也不要完全丧失爱心。做父母的应当有意识地注意避免两种不正确的态度。袁采的这种教育思想是很正确的，也是很有实际意义的。

二、子女要懂得为人处世之道

　　中国过去的家训，一般多是教导子孙以为人处世之道。其他的家训，宣扬封建的伦理道德较多，而惟此《袁氏世范》则主要继承和宣扬中华民族优秀的传统道德，至今仍大有发扬之必要。

1. 背后之言不可听

　　在一个家庭里，家庭成员中有"好传递言语"的人，就很难避免闹矛盾、争吵，就会出现不团结的现象。袁采指出："且人之作事，不能皆是，不能皆合他人之意。"即说作事很难完全避免旁人背后议论。而背后议论，如不传递，被议论的人不知道，就不会引起忿争；假如有人传递，则会使议论的人和被议论的人"积成怨恨"；如果有人从中来回传递，而且传话时还"增易之"，添油加醋，随意更改原话，那两家结成的怨恨就很难再解开了。

要避免结下怨恨，最好是"有言不听"，不听信传言，这样，"此辈（指好传递言语的人）自不能离间其所亲"。袁采认为，不听信背后传言是高明之举。

2. 处富贵不宜骄傲

袁采告诫子孙后代，生活富裕，地位显贵，不要以此傲视乡亲邻里。他指出："若本自贫窭（jù），身致富厚；本自寒素，身致通显，此虽人之所谓贤，亦不可以此取尤于乡曲。"这是说，即使靠自己的努力、奋斗由贫寒变富贵，也不应该作为傲视别人的资本。假如是靠"祖父之遗资而坐餍肥浓，因父亲之保任而驯至通显"，也就是说，是继承祖业而富贵，受父辈庇荫而升官，欲以此"骄傲乡曲"，这种人更是可耻、可怜。

这实际上是教导子孙"富贵不能淫"。这是一种美德，应当提倡。但袁采又认为"富贵乃命分（fèn）偶然"，是命中注定，这就是"宿命论"的唯心思想了。

3. 礼不可因人分轻重

袁采指出，有一些无知识无修养的人，对于乡亲邻里不是一视同仁，以礼相待，而是以"富贵贫贱"、"高下等级"区别对待。"见有资财有官职者，则礼恭而心敬，资财愈多，官职愈高，则恭敬又如焉。至视贫者贱者，则礼微而心慢，曾（更）不少愿恤。"这是一种典型的"势利眼"习气，是很要不得的。凡"长厚有识君子，必不然也"，凡是有知识有修养的人，绝不会这样。

袁采告诫子孙说："殊不知彼之富贵，非我之荣；彼之贫贱，非我之辱。"为什么要以富贵贫贱为依据，去对待别人呢？这种告诫非常中肯。

4. 人不可怀慢伪妒疑之心

袁采告诫子孙，不要对别人怀有傲慢之心、虚伪之心、嫉妒之心、猜疑之心。凡是品德高尚的"盛德君子"，都不会这样对待别人。

袁采对慢心、伪心、妒心、疑心的具体表现及其后果，分别进行了剖析：

"慢心之人，自不如人，而好轻薄人，见敌己以下之人及有求于我者，面前既不加礼，背后又窃讥笑，若能回省其身，则愧汗浃背矣。"这是说，自以为比别人强，瞧不起别人，嘲笑别人。其实，冷静思考一下，自己还不如别人，为此，应自惭形秽，感到无地自容。

"伪心之人，言语委曲，若甚相厚，而中心乃大不然，一时之间，人所信慕，用之再三，则踪迹露见，为人所唾去矣。"这是说，对人虚情假意，貌似厚道，表里不一。这样，一时一事尚可蒙骗于人，但早晚得露马脚，终将被人所唾弃。

"妒心之人，常欲我之高出于人，故闻有称道人之美者，则忿然不平，以为不然；闻人有不如己者，则欣然笑快，此何加损于人，只厚怨耳。"这是说，总想自己要高别人一头，所以，只要听到有人称赞别人，则忿忿不平；而听到有人不如自己，则喜形于色，暗自高兴。有这种思想作风，对别人不会有什么损害，而只能增加别人对你的怨恨。

"疑心之人，人之出言，未尝有心，而反复思绎曰：此议我何事，此笑我何事，则与人缔怨，常萌于此。贤者闻人讥笑，若不闻焉，此岂不省事？"这是说，见别人说笑，总是胡乱猜测：他们说我什么？笑我什么？其实，别人说笑与他并无关系，这种人完全是自寻烦恼。这样疑神疑鬼，只能跟别人无缘无故地结下怨恨。心怀坦然的人，即使果真听到了什么议论，也漠然置之，这怎么会自寻烦恼或结下怨恨呢？

5. 人贵忠信笃敬

袁采告诫子孙，对人忠、信、笃、敬，就可以取得乡亲邻里的敬重。他说："言忠信，行笃敬，乃贤人教人取重于乡里之术。"

何谓忠、信、笃、敬呢？

袁采分别做了解释：

忠——"盖财物交加，不损人而利己；患难之际，不妨人而利己，所谓忠也。"即在物质利害关头，不能见利忘义，为占便宜而损害别人的利益；在遇到危难时，不能以邻为壑，为保全自己而嫁祸于人。

信——"有所许诺，纤毫必偿；有所期约，时刻不易，所谓信也。"即与人交往，要做到言而有信，答应了的事要兑现；与人约会，要守时守信，不能失约。

笃——"处事近厚，处心诚实，所谓笃也。"即与人交际，要亲近厚道，实实在在，不虚情假意。

敬——"礼貌卑下，言辞谦恭，所谓敬也。"即与人交际，要谦虚谨慎，尊重别人。

袁采指出，能做到忠、信、笃、敬，就会处处受到尊重。在这四者之中，"笃"最重要，也最难以做到。因为"笃"即言行一致，表里如一，这是最高尚的品德。

6. 厚于责己而薄责于人

袁采指出，说到忠、信、笃、敬，要首先自己做到，做好，然后再去要求别人，绝不能"在己者未尽而以责人"。就是说，自己尚未做到做好，却去用这个道德标准要求别人。

他说，当今能自觉地用忠、信、笃、敬的道德标准要求自己的人，相当稀少；而用这种道德标准去要求别人的人，却处处皆有。这是很不正常的。

袁采告诫子孙说，正确的态度是："在我者既尽，在人者亦不必深责。"就是说，即使自己已经做得很好了，也不要过多地去责怪别人。因为自己做好了，也要求别人必须做得和自己一样，或者是总觉得别人做得不合我意，这样，就会厌恶别人，造成怨恨，这不是品德高尚的人的所作所为。

袁采要求子孙对己严，对人宽，是很可贵的。

7. 君子有过必思改

这是讲如何对待自己的过错。袁采指出："圣贤犹不能无过，况人非圣贤，安得每事尽善?"是说人非圣贤，不可能一点过错都没有，也不可能事事做得都那么得体。人有过错，除非父兄，别人谁会去管教呢？除非关系不错的人，还有谁对你提出批评建议呢？一般人，见到你的过错，只"不过背后窃议"罢了。

他告诫子孙说："君子惟恐有过，密访人之有言，求谢而思改；小人闻人之言，则好为强辩，至绝往来，或起争讼者有矣。"是说品德高尚的人，恐怕自己有什么过失，经常主动暗地里访查别人对自己有什么议论，听到别人的意见，感谢别人，并且主动改正。而无德行的人，听到别人指出自己的过错，则是强词夺理，极力为自己辩护。这种人不是弄得和别人断绝往来，就是和别人争吵起来，千万不能做这种人。

袁采要求子孙做到"闻过则喜"、"闻过则拜"、有过必改，这是很高的思想境界，难能可贵。

8. 睦邻里以防不虞

中国古人很注重有好的邻居。常言说：远亲不如近邻。亲戚再好，遇有意外危难，"远水也难解近渴"。袁采举例说，有一个做官的人，平时仗势欺压邻里，一次家里失火，邻人无一人去救火。大家都说，你去帮他家救火，火灭之后，不但无功，反而诬告你要偷他家的财物，让你吃官司坐牢。而不去救火，最多是因见死不救而挨一百板打而已。因此，邻居眼看着这家的房屋、财产化为灰烬，也不去救助。袁采用这个事例，告诫子孙平时要和邻里搞好关系，尽可能救济帮助有困难的邻里。

9. 造桥修路宜助财力

袁采教导子孙，要资助公共事业。他说："乡人有纠率钱物，以造桥修路及打造渡航者，宜随力助之，不可谓舍财不见获福而不为。"这是说，如果村里有人张罗大家出钱出物，造桥、修路或打造渡船，要尽力帮助，不能以为出钱出物而未得实惠就不去帮助。

他说，如果出钱出物资助兴办公共交通，你走路、过桥、乘船，就不会有不安全的感觉了，这不就是得到实惠了吗？

出钱出物，帮助乡里造桥修路，这是中华民族的传统美德。与人方便，亦与己方便，何乐而不为？

《袁氏世范》对子孙的教诲，较为全面地继承发扬了中华民族的传统美德，对子孙的道德要求标准也是相当高的。不仅对子孙提出了要求，而且对做父母的也提出了要求。其中对子孙的道德要求，有对人、对己、对事诸方面，均体现了严要求、高标准。袁采不仅告诉子孙应当怎样做，而且对于为什么要这样做，而不要那样去做，做了深入浅出、入情入理的说明，很有说服力。充分体现了袁采对子孙后代的殷切期望。

封建家庭教育的轨范

——司马光的《温公家范》

在九百多年前，河南光山县发生了这样一件远近闻名的事：几个六七岁的孩子在场院里玩耍。场院里放着一口存满水的大缸。有一个孩子攀上缸沿，一不小心掉进了水缸里，大家一看不好，都吓跑了。只有一个小男孩没有跑，而是当机立断搬起一块石头往水缸砸去，缸破了，水流出来，掉进缸里的孩子得救了。这件事传播开来，有人把它画成《小儿击瓮图》，一直流传至今。那位机智的小朋友就是宋朝伟大的史学家、《温公家范》的作者司马光。

司马光，北宋大臣、史学家。字君实，陕州夏县（今属山西）涑水乡人，世称涑水先生。生于 1019 年，死于 1086 年，宋哲宗赐以"文正"的美谥，封为"太师温国公"。

司马光其家世代贵胄。北齐初年，司马光的祖父司马炫考中进士。司马光的父亲司马池，官居四品，为兵部郎中、天章阁待制，以清廉仁厚闻名于天下，被称为一时名臣。司马光的先辈和堂兄们多是好学之士，爱好诗文，从祖父司马炫到司马光这一辈有六七人当官，都是进士出身。这个家庭是一个颇具政治经验和学问素养的家庭。司马家族累世聚居，人口众多，常常是几十口人，却都能和睦相处，宗族间也从无闻言。对内，这个庭族勤俭自励，辛苦经营，治家有方；对外，这个家族慷慨尚义，关心乡里，抚恤孤寡，很受乡里尊重。

司马光于天福三年（即 1019 年）10 月 18 日生于光州光山县（今属河南），当时他的父亲在那里当县令，便以出生地名给他起名为"光"。司马光出生那年，父亲虽然已经 51 岁，是老来得子，但对于这个"老来幼子"并不溺爱，而是从小就进行严格的家庭教育。在父亲的教育下，司马光聪明伶俐，刻苦读书，勤于思考，20 岁时一举考中进士甲科。庆历五年（1045 年）进京，升任馆阁校勘，负责编校图书典籍。皇祐五年，迁任殿中丞，是专职史官。仁宗末年任天章待制兼侍讲知谏院，专事批评君臣过错，任此职他一直是忠于职守，是宋王朝忠实的谏臣。

为了借鉴古人安邦治国的历史经验，在宋英宗、宋神宗的支持下，司马光用了 19 年时间，主持编撰了编年体巨著《资治通鉴》。

《温公家范》简称《家范》，是一部比较完整地反映我国封建社会家庭道德关系的伦理学著作。书中宣扬了儒家的修身、齐家、治国的思想，完全是为维护封建礼教和封建道德服务的。

该书以丰富的史实为论据，阐述了司马光的封建伦理道德观点。语言精练，层次清晰。全书分上下两册，共 10 卷。首先引证《易经》、《诗经》、《大学》中有关家范的论述，得出家正而天下定、礼为治家之本的中心思想。在此思想指导下，对父母、子女、兄弟、姑嫂等关系做了符合礼的粗略解释。继后，从第二卷到第十卷，分别对祖、父、母、子、女、夫、妻等家庭成员提出了详细的、符合封建社会需要和家庭需要的道德要求。纵观全书内容，既有反映封建地主阶级的正统思想和浓烈的政治要求，也有继承中华民族传统美德的伦理范畴。从具体的历史条件出发进行评价，也不无合理、可取的成分。特别是《家范》一书反映出的司马光的家庭教育思想，尤为值得有分析地加以借鉴。

《家范》一书不仅从"治家"和"治国"的关系上论述了家庭教育的

重要社会意义，也具体地论述了家庭教育的原则和方法，并且针对不同家庭成员在家庭中的不同地位和与子孙的关系，提出了不同的要求，这部著作是继《颜氏家训》一书之后的又一部影响较大的家庭教育专著，从内容到写作手法上都很有特色。

《家范》一书的主要内容有三大方面。

一、家庭教育的社会意义

司马光在《家范》卷之一的一开头，首先引用了《周易·家人》这卦卦辞的一句话说："利女贞。"《经彖下》解释这卦辞说："父父子子，兄兄弟弟，夫夫妇妇，而家道正。正家而天下定矣。"意思是说，在家庭里，每个家庭成员都遵守自己的道德规范，家道就正了。而家道正，国也就安定了。三国时陆绩对此卦辞进一步解释说："圣人教从家始，家正则天下化之。"认为家庭教育搞好了，家道正，整个国家也就安定了。

司马光为进一步说明家庭教育和国家、社会的关系，又详细引述了《礼记·大学》篇里对于家庭、国家、天下三者关系的论述：

"古之欲明明德于天下者，先治其国。欲治其国者，先齐其家。欲齐其家者，先修其身。欲修其身者，先正其心。欲正其心者，先诚其意。欲诚其意者，先致其知。致知在格物，物格而后知致，知致而后意诚，意诚而后心正，心正而后身修，身修而后家齐，家齐而后国治，国治而后天下平。"（《家范》卷之一）

为什么说"欲治其国者"，必"先齐其家"呢？司马光继续引述《礼记·大学》篇的论述说："所谓治国必先齐家者：其家不可教，而能教人者，无之。故君子不出家而成教于国。"这里是说，之所以"治国必先齐其家"，是由于"齐家"的中心问题或基本措施是教育家人，教育好全家成员。能教育好全家成员，便可以推而广之，影响和教育全国的人。事实上，连家里人都教育不好的人，是不会教育好其他人的。掌握权力的士大夫之所以能教化全国的人，首先是由于他们教化家人有方。

司马光对于家庭教育重要社会意义的认识，继承了我国古代历来都是从"治国"、"平天下"的高度来认识家庭教育重大意义的根本观点。家庭教育必须从国家和社会的要求出发，同时，家庭教育也必须为国家和社会的需要服务。尽管《礼记》里宣扬的这种观点有其鲜明的阶级性，完全是为巩固封建统治秩序服务的，然而，正是由于历代封建统治者都毫无例外地宣扬和坚持"治国必先齐家"的理论观点，把"治国"和"齐家"结合起来，用政权和族权来统治人民，用"法治"和"德治"来治理国家，才使我国的封建社会一直延续了两千多年。这种理论观点为巩固封建统治发挥了十分重要的历史作用，这一事实正说明"治国必先齐家"是经过历史检验的一条规律，这对于我们今天认识家庭教育的社会意义，也有着极为深刻的启示。司马光把"齐家"和家庭教育当做一个关系到国家和社会的政治问题对待，而不仅仅视之为一家一户的私事，这一点是很可贵的。在这一点上，他比颜之推对家庭教育意义的认识又前进了一步。

二、家庭教育的指导思想

司马光是一个封建统治阶级的政治家、思想家。他认为，由于五代时期的藩镇割据和庆历年以后发生的数十次兵变，给人们带来了深重的灾难。要清除这种纲纪败坏的现象，巩固封建统治秩序，必须要有一条治国的最高原则，于是他提出立政以"礼"的主张。而家庭是社会的"细胞"，他又主张"治国必先齐家"，认为只有"家齐"而后才能"国治"。因此，在齐家的问题上，他明确提出"治家莫如礼"（《家范》卷之一）的思想，主张"以礼法齐其家"（《家范》卷之二）。

在司马光看来，家庭或治或乱，皆系于"礼"。他说："礼之为物大矣，用之于身，则动静有法而百行备焉；用之于家，则内外有别而九族睦焉。"（《资治通鉴》卷十一）既然如此，那么家庭教育总的指导思想就是"礼"，如他所说："教之以礼。"（《家范》卷之一）即主张以"礼"为规范来治理整个家庭和教育生家人。

根据这个总的指导思想，司马光主张对家庭成员提出如下的道德要求。

1. 对所有家庭成员的要求

司马光所说的"礼"，实际上就是指的"三纲五常"的封建伦理道德。他要求所有家庭成员都要做到尊卑有等，长幼有伦，内外有别，亲疏有序，各安其分，各尽其责。他引用春秋时齐国大夫晏婴的话说："父慈而教，子孝而箴，兄爱而友，弟敬而顺，夫和而义，妻柔而正，姑慈而从，妇听而婉。"（《家范》卷之二）这既是司马光所主张的家庭教育的出发点，也是家庭教育的归宿。

在《家范》一书中，司马光根据这个总的要求，又具体地阐述了他对每个家庭成员的具体要求："为父母者，慈严、养教并重；为子女者，孝而不失规劝；为兄者，富弟并友好待之；为弟者，恭敬而顺从；为夫者，相敬不悖礼；为妻者，谦顺且守节；为姑者（即公婆），慈爱无别；为妇者（即儿媳），屈从不苟言。"总的看，司马光对于封建家庭的每个成员所提出的行为规范，同晏婴的思想是一致的，属于封建的家庭伦理道德范畴。但他与晏婴不同的是，他对家庭里主要受教育的对象，又提出了一些新的要求。

2. 对子孙辈的基本要求

司马光对于子孙辈的要求，着重强调了两个方面。

第一，孝而不失规劝。

封建家庭教育对子孙辈人的最高要求是"孝"。"孝"也是封建道德的重要标准。司马光对于子孙辈人的首要要求也是"孝"。

他引用《孝经》的话说："夫孝，天之经也，地之义也，民之行也。天地之经而民则是之。"认为子孙孝敬父祖是天经地义的事，是人们的首要行为规范。而不孝，则是人们最大的罪过。《孝经》说："五刑之属三千，而罪莫大于不孝。"

司马光借用孟子的话，指出子孙不孝的种种表现："不孝有五：惰其四支，不顾父母之养，一不孝也；博弈好饮酒，不顾父母之养，二不孝也；好货财私妻子，不顾父母之养，三不孝也；从耳目之欲，以为父母戮，四不孝也；好勇斗狠，危父母，五不孝也。"这些表现都是和"孝"相悖的，必须戒除。

司马光认为，作为子孙孝父祖，首先应当做到"敬"。他引用孔子的话说："今之孝者，是谓能养。至于犬马，皆能有养。不敬何以别乎？"只是能赡养父祖不为敬，重要的是尊敬父祖。敬父祖，具体应该体现在：惟父是从，"父母之命勿逆勿怠"；"出必告，反必面，所游必有常"；"子妇无私货，无私畜，无私器"；不忘父母教诲，"是故先王之孝也，色不忘乎目，声不绝乎耳，心志嗜欲不忘乎心。致爱则存，致悫则著，著存不忘乎心"；对父祖应"冬温夏清，昏定则晨省"；在精神上能给父祖以安慰，"不辱其身，不羞其亲"；要在父母面前严于律己，等等。上述对于孝的这些具体要求，基本上还是儒家的道德要求，其目的是将子孙对父祖的绝对服从，推及到君臣关系上，推及到政治生活中，"移孝为忠"，为巩固封建统治秩序服务。

在强调"孝"的同时，司马光还特别强调一点："孝而不失规劝。"

司马光本人是一个勇于进谏的身体力行者。在任侍讲知谏院职务时，他经常以"上书"、"进谏"等形式，批评君臣过错，借《周易》、《道德经》等经籍古训，揭示治乱兴衰之理，替君臣出谋划策。尤其是对王安石的新法，他无所避顾，廷争疏议，一直坚持了十余年。尽管他的直谏屡屡受挫，但他一直坚持犯颜直谏，必达目的而后已。他把他对社会生活行为的体验移植到家庭伦理中，主张子孙对父祖应做到"孝而不失规劝"。

他说："进谏为救过，亲之命可以从而不从，是悖戾也。不可从而从之，则陷亲于大恶。然而不谏，是路人"（《家范》卷之三）。意思是说，子女对父母的言行进行规劝，是为了补救父母的过失。父母之命是正确的，应当听从，如若不听从，那是不对的。但是，若父母言行是不正确的，不该听从的，而子女却听从了，那就等于助长了父母的过失，这种子女就像和父母是毫无关系的人，那也是不孝。

同时，司马光又提出子女规劝父母时应注意方式方法。他主张子女要看父母情绪好坏，等到父母平心静气时，方可柔声规劝。假如父母不听子女的规劝，孝敬之情不能有丝毫减弱，反而应更加强烈，等父母高兴的时候再次去规劝。

司马光主张子女可以规劝父母以及规劝时要注意方式方法，这是可取的。这种主张对于传统的"子孙受长上诃责，但当俯首默受，毋得分理"的绝对服从的愚孝来说，确实是前进了一大步。这种主张的前提是承认父母也会有"过"，也不能不说这是对于"天下无不是的父母"的庸俗陈旧观念的一个突破。然而，司马光又提出："父母有过，谏而不逆。"规劝父母引起父母不高兴、反感，就要宁愿和父母同陷于过，再也不能去规劝。可见，司马光所主张的规劝父母是有原则的，还是受封建尊卑等级观念的限制，是在"服从"这个最高原则下进行规劝的。尽管如此，也应当充分肯定司马光这一主张的巨大进步意义。

第二，要和睦相处。

司马光强调家庭成员要和睦相处。为了说明和睦相处的必要性，司马光用通俗形象的比喻进行了阐述。他说："夫人爪牙之利，不及虎豹，膂力之强，不及熊罴，奔走之疾，不及麋鹿，飞飏之高，不及燕雀，苟非群聚以御外患，则反为异类食矣。是故圣人教之以礼，使人知父子兄弟之亲。人知爱其父，则知爱其兄弟矣，爱其祖，则知爱其宗族矣。"（《家范》卷之一）是说各种动物具有超乎于人的种种能力，它们为了防止外部的侵扰，避免为其他动物所吞食，都要群聚相处。那么，我们人更应懂得和睦相处的重要性。因此，圣人主张以礼教化家庭成员，使人们懂得父子兄弟之间相亲相爱、和睦相处是十分必要的。

他举例说，吐谷浑的首领阿豺，有 20 个儿子，在临死之前，将所有儿子叫到病床前，要每个儿子手持一只箭。首先，他让弟慕利延当众折一只箭，慕利延轻而易举地将那只箭折断；然后，又让慕利延同时折 19 只箭，他费了九牛二虎之力也未能折断。儿子们目睹此情此景，不知父亲要做什么。这时候，阿豺语重心长地对儿子们说："你们看到了吗？'单者易折，众者难摧'。我死后，只有你们兄弟 20 人团结一心，我们的国家才能巩固。"说完就死去了。司马光借这个故事引申说："作为游牧部族的首领，尚且懂得'宗族相保以为强'的道理，更何况我们中原汉族人。"

司马光又指出，自古以来的圣贤之人，没有不知先亲其九族，而后才能亲及他人的道理的。只有和睦相处团结一心才会有力量。假如有什么愚蠢之人，"弃其九族，远其兄弟，欲以专利其身"，只知考虑个人利益，这样肯定会把自己孤立起来。而"身既孤，人斯戕之矣，于利何有哉？"把自己孤立起来，就会受到外界的侵害，对自己能有什么好处呢？因此，司马光主张家庭成员一定要和睦相处。

三、家庭教育的基本原则

司马光在《家范》一书中对于家庭教育问题做了详细而深刻的论述。他的写作形式很有特点，和颜之推的《颜氏家训》不同，是采用对家庭中主要教育者分别论述的方法，即做祖父母的教育子孙容易发生什么偏向，如何纠正，应当怎样教育；做父母的教育子女又容易发生什么偏向，如何纠正，应当怎样教育，等等。不过，归纳起来，可以清楚地看到，司马光在分别论述的过程中，提出了几个带有普遍指导意义的家庭教育原则。

1. 及早施教，"慎在其始"

司马光充分肯定中国古代注意孩子早期教育的优良传统，认为抓紧早期教育对人的一生成长都是很有益的。

中国古人在孩子出生以前就注意实行胎教。他举例说，周朝文王之母太任，在怀着周文王的时候，"目不视邪色，耳不听淫声，口不出敖言，能以胎教。"虽然太任是"溲于豕牢，而生文王"，但由于太任注意实行胎教，"文王生而明圣，太任教之以一而识百"（《列女传·周母三室》）。注意实行胎教所生的孩子聪明过人，因此，司马光说："古有胎教，况于已生！"（《家范》卷之三）古人在孩子未出生的时候就注意胎教，那么，孩子出生以后更应抓紧教育。

古人在孩子尚未懂事之前，就开始进行教育。他举例说，周初周成王出生以后，"赤子而教"，即还在襁褓中就对他进行教育。那时候，圣王的太子刚出生，就设有"三公"和"三少"专事太子的教育事宜。"三公"分别负有的责任是："太保，保其身体；太傅，傅其德义；太师，导之教训。""三少"则是同太子居处出入在一起，按照"三公"的要求从事具体辅导的人（西汉贾谊《新书·保傅》）。他又举例说，据《礼记·内则》记载，古时候，"子能食之，教以右手；能言，男唯女俞，男鞶革，女鞶丝"。就是说，幼儿出生后至能够自己饮食时，先教以使用右手，能讲话时，就要对男孩女孩教之以说话的声调。男孩要系皮革制作的腰带，女孩要系丝制的腰带，以陶冶男孩女孩以不同的情操和性格。

司马光认为，中国古代"教妇初来，教子婴孩"的谚语，非常有道理。抓紧孩子的早期教育，有利于养成良好的习惯。就像孔子所说："少成若天性，习惯如自然。"

他认为，早期教育抓好了，甚至有利于人一生的成长发展。他举例说，春秋战国时期的孟轲，之所以成为中国古代著名的儒家学者，是和孟母对他实行早期教育分不开的。在孟轲小时候，孟母为了给不懂事的孟轲选择一个有利于他成长的居住环境，曾不惜"三易其家"，这就是所谓"孟母三迁"的故事。还有，孟轲小时候，一天看到东邻家杀猪，他回家问母亲："东邻家杀猪干什么？"孟母随口说："杀猪给你吃肉。"刚刚说出口，孟母又自觉后悔，自言自语地责备自己说："在孟轲还未出世时，我就很注意约束自己的言行，严格实行胎教，这都是为使孟轲成长为一个有出息的孩子。可今天，在他还不太懂事的时候，我竟然这样信口开河，我怎么能欺骗他呢?"为了挽回即将造成的言而无信的不良后果，孟母真的买了猪肉给他吃。就是因为孟轲受到了母亲严格的早期教育，所以他长大后能刻苦学习，终于成为大儒。

司马光指出，也有一些做父母的，不懂得注意早期教育的重要意义，在孩子小时候往往采取放任不管、任其自由发展的态度。其理由是孩子还小，不懂事，管教早了也没有用处，等长大了再管教也不迟。他认为这是一种十分有害的思想。他说:"俟（等到）其长而教之，是犹养恶木之萌芽，曰俟其合抱而伐之，其用力顾不多哉。又如开笼放鸟而捕之，解缰放马而逐之，曷（何）若勿纵勿解之为易也。"（《家范》卷之三）这段话的意思是说，孩子小时候不管不教，等长大了再管教，这就好比是种树，树小的时候不修剪整枝，任其自然生长，很容易长得又歪又斜，等树木长成合抱之木，再去修剪整枝，能不费很大的气力吗? 这样做，又好比是打开鸟笼把鸟放走，然后再去捉，也好比是松开缰绳把马放跑，然后再去追，哪有当初不开笼放鸟、不解缰放马更为省力呀! 司马光对于忽视早期教育的思想根源和造成的危害，进行了中肯而深刻的分析，很发人深省。

司马光主张及早施教，是继承了我国古代"慎始"的教育思想。注重"人之初"的教育，是很有道理的。如他所说:"古有胎教，况于已生? 子始生未有知，固举以礼，况于已有知? 故慎在其始，此其理也。"（《家范》卷之三）

2. 树立榜样，给予正面影响

针对儿童的心理特点，司马光认为对儿童进行早期教育的重要手段是给儿童树立正面的榜样，用正面的形象去影响儿童。他主张让儿童从小就"习其目端正"（《家范》卷之三），意思是说让儿童经常看到正面的榜样。

司马光根据儿童的模仿性相当强，而分辨是非善恶的能力又比较差的年龄特点，提出展示在儿童面前的应当是正面的形象，"尝示以正物，以正教之"的观

点。他告诫父母说："毋诳欺！"就是说千万不要欺骗孩子。在这个问题上，古代的曾参（shēn）是父母们的典范。据记载，有一天，曾参的妻子要上街，儿子哭着闹着也要跟着去。为了摆脱孩子的纠缠，妻子对孩子说："好孩子，你在家里等我，回来给你杀猪炖肉吃。"孩子信以为真，就放弃跟母亲上街的要求。妻子从街上回来，只见曾参正磨刀霍霍要杀猪。妻子赶忙阻拦说："我是哄孩子随便说的，怎么你真的要杀猪？"曾参认真地说："小孩子的一言一行都是跟父母学的。我们说话不算数，言而无信，就是在教孩子撒谎。"为不给孩子产生言而无信的不良影响，曾参还是坚持把猪杀了，兑现了妻子对儿子的许诺。司马光借用这个故事提醒做父母的，在儿童面前言行举止要谨慎，不能给儿童以不良的影响。

司马光还介绍了古代圣王对太子进行早期教育的情况。他说，过去的圣王在太子出生以后，为了不让他看到成人不良的行为举止，都是"选天下之端士，孝弟博闻有道术者，以卫翼之，使与太子居处出入"。所以，太子在出生以后，"见正事，闻正言，行正道，左右前后，皆正人也。"在这种环境里，太子从小看到的都是正面的形象，听到的都是正确的言论，所行的也必定是正理正道。由此，司马光谆谆告诫做父母的说："夫习与正人居之，不能毋正，犹生长于齐不能不齐言也。习与不正人居之，不能毋不正，犹生长于楚，不能不楚言也。"（《家范》卷之三）这是说孩子和好人生活在一起，必定学好，就像是在齐国生长不可能不说齐语；与坏人生活在一起，不可能不学坏，就像是生长在楚国，不可能不说楚语。这表明司马光特别重视用正面形象去影响儿童。

3. 不要娇惯溺爱，要爱而有教

司马光注意到，家庭教育若由父母亲自教育自己的孩子，便很容易产生娇惯溺爱的现象。他说："为人母者，不患不慈，患于知爱而不知教也。古人有言：'慈母败子。'爱而不教，使沦于不肖，陷于大恶，入于刑辟，归于乱亡，非他人之败也，母败之也。自古及今，若是者多矣，不可悉数。"（《家范》卷之三）这段话的意思是，由母亲亲自教育自己的孩子，不必担心不慈爱孩子，使人担心的是作母亲的只知道爱孩子，却不知道教育孩子。古人说过：一味溺爱肯定会败坏了孩子。只爱而不教育，就会毁掉孩子，这不是别人的过错，完全是母亲的过错。像这种教训，从古到今屡见不鲜。

父母娇惯溺爱孩子，往往是任其为所欲为，毫不加管教，这样做危害极大。司马光指出："若夫子之幼也，使之不知尊卑长幼之礼，每致侮嫚

(11) 父母，殴击兄姊，父母不加诃禁，反笑而奖之，彼既未辨好恶，谓礼当然；及其既长，习已成性，乃怒而禁之，不可复制，于是父疾其子，子怨其父，残忍悖逆，无所不至。此盖父母无深识远虑，不能防微杜渐，溺于小慈，养成其恶故也。"（《家范》）这是说，在孩子小时候，不教育孩子懂得尊卑长幼的道理，而是一味地娇惯溺爱迁就放任，甚至当孩子侮骂父母，殴打兄姐时，父母不但不加以制止，反而称赞夸奖。这样做就会使孩子误以错误的行为为理所当然的事。久而久之，会习以为常，养成恶习，到那时候再愤怒地去批评教育，不可能奏效。于是，父母子女之间相互抱怨，发生严重对抗，孩子就会更为所欲为，越陷越深。这完全是由于家长缺乏远见卓识，只知道娇惯溺爱，不懂得防微杜渐的道理才造成的恶果。

春秋时代，卫国有一个大臣叫石碏（què），他有一个儿子叫石厚，在朝为官，多行不义。石碏大义灭亲，为维护国家的利益和道义，亲自派人将石厚杀掉。他根据自己的切身体会曾进谏卫庄公说："臣闻爱子，教之以义方，弗纳于邪。骄奢淫逸，所自邪也，四者之来，宠禄过也。"司马光引用石碏的这段话是说，我认为父母爱子女，必须教之以正理正道，不能眼看着他走邪路。有的人之所以骄奢淫逸，走邪路，完全是父母溺爱的结果。司马光告诫父母们说："夫爱之当教之使成人。"是说父母若是真正爱孩子，就应当努力把他们培养教育成才，不能只爱不教育。

司马光举出许多有远见卓识、爱而知教、教之以义方的父母的例子。

孟轲的母亲对孟轲爱而知教，严格要求、严格教育，世人皆知。

汉朝丞相翟方进小时候，家境贫寒，母亲为教子成才，随儿子到长安（今西安市）以织草鞋赚钱供儿子求学进取。

唐朝赵武孟从小不好好读书，东游西荡，每天都外出打猎，打来猎物就送给母亲。母亲看他不务正业，很是伤心，对他说："你这样成天游荡，不去读书，你长大了我能有什么指望呀！"并且从来不享用他打来的猎物。赵武孟深受刺激，后来发愤读书，终于成才。

唐朝大臣李景让，其母对他严格要求，在他做了大臣、头发已斑白时，在政务中若有小过，母亲还殴打他。在母亲的严格教育下，他一生为官"终日常兢兢业业"、"简素寡欲，门无杂宾"，很受人尊敬。

晋朝陶侃在做县太令时，凭借职权将官家鱼塘之鱼遣人送给家中的老母，以示孝敬。其母将鱼原封不动地退回，并写信狠狠地批评儿子。在母亲的教育下，陶侃一生为官清廉，倍受人称道。

战国时期齐国大臣田稷子，为官期间收受部下贿赂二千两黄金，送给母亲。母亲非常生气，责令他去国王那里认罪，请求处罚。田稷子遵照母亲的意旨去请罪，国王得知田母如此深明大义，没有处分田稷子，并且奖赏了教子有方的田母。

为避免父母出现娇惯溺爱孩子的现象，司马光强调父母对孩子的态度，不要过分亲昵，要保持一定的距离。在和孩子的接触中，要保持一定的分寸。他告诫父母说："心虽爱之，不形于外；常以庄严莅之，不以辞色悦之。"（《家范》卷之三）

司马光非常赏识孔子教育儿子伯鱼的态度。他说，据《论语》一书记载，孔子有一个学生叫陈亢，他怀疑孔子教育儿子要比教育学生特别一点。有一天他问孔子的儿子伯鱼："你听到夫子对你有什么特殊的教育吗？"伯鱼说："没有。有一次遇到父亲，问我学诗没有。我说没学。父亲对我说了不学诗的害处。又有一次父亲问我学礼没有。我说没学。父亲又对我说了不学礼的害处。除此以外，没有别的。"陈亢听伯鱼这么一说，很感慨地说："我问了一个问题，却得到了三个收获：一是知道要学诗，二是知道要学礼，三是还知道了圣人对儿子没有亲教，而是'远其子也'。"

司马光对孔子的做法解释说："远者非疏之谓也，谓其进见有叶，接遇有礼，不朝夕嘻嘻褒狎也。"（《家范》卷之三）这是说孔子"远其子"，并不是疏远儿子，而是在和儿子接触中有章法，讲究分寸、尺度，不是过分亲昵，不是没有界限。

司马光又引用颜之推的话说："父子之严，不可以狎；骨肉之爱，不可以简。简则慈孝不接，狎则怠慢生焉。"父母对孩子过分严厉，孩子不会尊重父母；而过分亲昵，则容易使孩子行为放肆。因此，他主张父母对孩子严明而慈祥，这样就可以有效地避免娇惯溺爱。

4. 不要"遗之以利"，要"遗之以德"

家庭里的祖辈人给子孙后代遗留什么样的"遗产"，是物质的？还是精神的？这是两种不同的家庭教育思想，其教育后果也截然不同。司马光在《家范》卷之二中专门论述了这个问题。

人到老年，往往想得最多的是子孙后代的事。司马光对已做祖辈人的老年人进行心理分析说："为人祖者，莫不思利其后世。然果能利之者，鲜矣。"是说做了祖父母的人，都想为子孙谋利益，为的是让子孙后代生活得更好。然而，实际生活中真的对子孙后代有益处的，却是极少。

为什么这样说呢？

司马光说：做祖父母的尽一切努力为子孙积攒财产，"田畴连阡陌，邸肆跨坊曲，粟麦盈困，金帛充箧笥。慊慊然求之，犹未足；施施然自以为子子孙孙累世用之，莫能尽也。"给子孙积攒大量的土地、房产、粮食、金银财宝，总嫌不多，企图使子孙后代总也吃不完，花不尽。然而，这些做祖父母的人，却不知道"以义方训其子，以礼法齐其家"，不去兢兢业业地治家教子。结果会怎么样呢？

往往是几十年辛辛苦苦、省吃俭用，好不容易积攒的财产，"而子孙于时岁之间，奢靡游荡以散之"，时间不长就被子孙挥霍殆尽。子孙不但不念其祖父母之好，反而讥笑祖父母太傻，不知道自己享受。也有的子孙继承了祖父母遗留下来的大批财产，还不满足，却埋怨祖父母吝啬，"无恩于我"，因而虐待祖父母。在祖父母还健在，尚得不到财产时，有的子孙就偷窃家中的财产，以满足私欲；不能偷窃的，就擅自去借债挥霍，等到祖父母死后分得财产再去偿还债务。也有的为了早一点得到遗产，就责怪祖父母长生不老。更有甚者，迫不及待地要得到遗产，祖父母生病，不去千方百计地给予治疗，极个别的还在药里下毒，害死祖父母。"所以利后世者，适足以长子孙之恶，而为身祸也"。司马光这是说，只知为子孙积攒财产而不知教育子孙的祖父母，积攒的财产越多，就越助长子孙变坏，而且把自己也害了。

司马光举例说，有一位士大夫，其祖先是"国朝名臣"，"家甚富"。然而，这位士大夫却特别吝啬，"斗升之粟，尺寸之帛，必身自出纳，锁而封之"。白天把钥匙带在身上，晚上则压在枕头下边，钥匙是从不撒手。后来，这位老人身患重病，不省人事，趁此机会，他的子孙把钥匙偷了出来，"开藏室，发箧笥，取其财"。当老人苏醒以后，心里首先惦记的是那保管家财的钥匙，伸手一摸，钥匙不见了，一急之下便死去了。他的子孙们此时没有一个人痛哭，却是纷纷争抢家财，连没出嫁的姑娘也吵吵闹闹，"以争嫁资"，闹得乡亲邻里无不耻笑。之所以出现这种情况，"盖由子孙自幼及长，惟知有利，不知有义故也"。

总结历史教训，司马光指出："夫生生之资，固人所不能无。然勿求多余。"对子孙不加教育，"虽积金满沉堂"，也不会对子孙有什么好处。他认为："多藏以遗子孙。"是很愚蠢的。

司马光说，同上述那样的祖父母相反，从来圣贤之人却不是"遗子孙以利"，而是"昔圣人遗子孙以德以礼，贤人遗子孙以廉以俭"，即留给子孙后代以德、礼、廉、俭等好的风尚、品德。当初，舜从平民百姓成为一国之帝王，"子孙保之，享国百世不绝"，都是由于他留给子孙以传统美德。周朝自文王至武王"能子孙承统八百余年"，一直兴盛不衰，完全是由于历代帝王都"积德累功"，"言末德泽，明礼法，以遗后世"。因此，司马光主张为人祖者，应当遗子孙以义，而不要遗子孙以利。

司马光还介绍了许多贤明的为人祖者，以供后人效法。

春秋时期，楚国宰相孙叔敖临死之前对儿子说："国王要分封良田给我，我没有收。我死后，国王还会分封给你良田，你也不要收。"孙叔敖死后，国王果然要"以美地封其子"，其子遵父嘱，婉辞谢绝，被传为佳话。

汉朝皇太子的老师疏广，年老退休回家，皇帝赐给他黄金10千克，太子又送给他25千克。回家后，疏广每天都摆宴席，宴请乡亲、邻里、朋友、故旧，花去许多钱财。子孙希望能得到一些钱财，就托一老人劝说疏广给子孙留下一些，置些田产。疏广说："我不是不想着子孙。我是想，我家现有的田产，只要子孙能勤劳经营，就足以满足他们的衣食住行之需，能维持一般人家的生活水平。如果再给子孙多留遗产，使之不劳而获，实际上是教子孙们懒惰。恰如说：'贤而多财，则损其志，愚而多财，则益其过。'我死后，愿意给子孙留下美德，不愿留下大批财产而助长他们的过错。"疏广很有远见。

南唐时德胜军节度使兼中书令周本，从来都是"好施乐助"。有人劝他说："你年事已高，应当多少留点遗产给子孙呀。"周本说："我穿着草鞋跟随吴武王打天下，位居将相，这是谁留给我的？"他希望子孙不要依赖父祖，而要学他的奋斗精神。

唐朝涿郡太守杨震，为政清廉，生活俭朴，教子有方，子孙生活也很朴素，同普通老百姓一样。朋友劝其为子孙置办些田产，杨震不肯。他说："使后世子孙成为清白吏子孙，把清白家风留给子孙后代，比什么遗产都丰厚。"其见解非常深刻。

宋仁宗年代的宰相张文节，做宰相期间，生活朴素，"所居堂室，不蔽风雨，服用饮膳，与始为河阳书记（做小官）时无异"。有亲戚对他说："你身为一国之宰相，俸禄很多，可你却如此俭朴。在外人看来，你这样做并不是什么清俭之美德，而认为你是故意装穷。"张文节却不以为然。他说："我今日为宰相，不能说俸禄不多，也不是不够全家人享用。常言说：'由俭入奢易，由奢入俭难。'我的俸禄不可能永远是这么多，一旦我的俸禄减少了，一家人已经习惯于豪华奢侈的生活，到那时很难一下子适应较低下的生活，家人会在精神上经受更大的磨难，弄不好还会出事。现在我让全家人过俭朴的生活，将来我违世以后，他们会生活得很好。"人们都称赞张文节深谋远虑，有卓识远见。司马光高度赞扬文节公说："呜呼！大贤之深谋远虑，岂庸人所及哉！"

对上述为人祖者司马光曾评价："此皆以德业遗子孙者也"，值得后人效法。

司马光不仅从道理上论述遗子孙以德、以义的重要意义，还大力提倡这种美德，并身先士卒，以俭朴的美德教导自己的子孙。他专门为其子司马康撰写了《训俭示康》这一有名的家训。在家训中，他用司马家族世代以清白相承的家风、他自己俭朴的生活态度和古代圣人以俭为美的道德观念教育儿子，希望他继承发扬，牢记"以俭立冬，以侈自败"的道理，并且要求司马康把俭朴家风世代传下去。

司马光并不是一位教育家。他之所以如此重视家庭教育问题，是因为他认识到家庭和国家、社会的密切关系。他的这种认识是相当深刻的，不愧为一位伟大的政治家。从司马光对家庭教育问题的见解和论述中，可以清楚地看到，他的教育思想未超出儒家思想的范畴。他一方面继承了儒家的伦理道德观念，另一方面也继承了中国古代家庭教育的优良传统，尤其受颜之推家庭教育思想的影响颇深。然而，司马光的家庭教育理论，比颜之推的家庭教育理论更为深刻，如"慎在其始"、"遗子孙以德"、"习其目端正"等。而且，司马光对这些家庭教育理论的论述，摆事实，讲道理，论述深刻，说理透彻，便于理解。特别引人注目的是，他列举了中国古代许多教子有方的典型事例，使读者学有榜样，给人留下了极为深刻的印象。另外，《温公家范》从伦理学的角度出发，根据家庭长者和子孙的关系不同，分别论述祖、父、母教导子孙应注意的问题，针对每个长者的特定地位、身分分别加以具体指导，这很适合一般家长的需要，对于今天我们编写家庭教育教材，在写作方法上也是很有启示的。

成由俭　败由奢

——司马光的《训俭示康》

一个人对待物质生活的态度，直接关系到他事业的成功与失败。宋朝著名的政治家、史学家司马光以他深邃的政治眼光，敏感地洞察到了这个真理。

在司马光生活的年代，社会风俗习惯日益变得奢侈腐化，人们竞相讲排场，比阔气，社会风气很不好。他深切地感到，这种社会风气对人们，特别是对年轻人的思想腐蚀作用很大，对此，他十分担心。为使子孙后代避免蒙受这种不良社会风气的影响和侵袭，司马光特意为儿子司马康撰写了《训俭示康》这个家训，以教育儿子及后代要继承发扬俭朴家风，不要奢侈腐化。

司马光在《训俭示康》一文中，紧紧围绕着"成由俭，败由奢"这个古训，结合自己的生活经历和切身体验，旁征博引许多典型事例，对儿子进行了耐心细致、深入浅出的教诲。司马光认为俭朴是一种美德，并大力提倡，反对奢侈腐化，这种思想在当时封建官僚阶级造成的奢靡的流俗中，无疑是具有巨大进步意义的。在今天看来，司马光的见解和主张，也是很有现实的积极意义的。

一、俭朴是一种美德

家长自身的榜样，对子女来说，是最有说服力的教材。司马光首先以自己对待物质生活的一贯态度来教育儿子。在《训俭示康》一开头便说：我本来出生于清寒的家庭，清白的家风世代相传。在家庭环境的熏陶下，养成了不喜欢豪华奢侈的性格。记得小时候，大人给我穿装饰有金银的华美服装，我就觉得脸红害羞，常常脱下来，扔在一边。20岁那年，我中了进士，在皇帝亲自举办的琼林宴上，大家都戴花，唯独我不戴。是同科考中的人告我说，这花是皇帝所赐，不能不戴，我才勉强插了一枝。多少年来，平日穿的，只要能够御寒；饮食，只要能吃饱就行了，从不追求豪华奢侈生活。当然，我也不穿破旧肮脏的衣服，那样也显得与众不同，沽名钓誉。我不讲究吃喝穿戴，只不过是顺应我俭朴的性格罢了，并没有别的用意。

事实上，司马光的一生，的确是如他自己所说的那样，"于财利纷华，如恶恶臭"，虽身居高位，日常生活还是"食不敢常有肉，衣不敢纯有帛"。他编修《资治通鉴》这一历史巨著，一切费用都由朝廷供给，但我们从1961年文物出版社影印的《宋司马光通鉴稿》发现，他所用的稿纸却是用过的废纸，他用淡墨把原来的字迹涂掉，再用来写书稿。像这样注意节约的封建士大夫，实在是不多见的。

司马光教导儿子说："众人皆以奢靡为荣，吾心独以俭为美。"说当今，许多人都以奢侈浪费为荣，而我心中却坚定地认为节俭朴素是一种美德。他还说：人们都讥笑我寒碜，我却不以为这是我的缺点。对于这种讥笑讽刺，我常用古圣人孔夫子的话回敬他们："孔子说过：'与其骄奢不逊，宁愿寒碜。'又说：'一个人由于生活俭朴节约而有过失的事是很少见的。'还说：'读书人有志于追求真理，却又以穿旧衣吃粗粮为耻辱，是不值得和他谈论学问的。'"司马光感叹地说："古人以俭为美德，今人乃以俭相诟病。"以俭朴为耻辱，这真是怪事啊！

司马光坚持以俭为美，以俭为荣，身体力行，不怕讥笑讽刺，并旗帜鲜明地宣扬、倡导，足见他品德之高尚。

二、抵制社会上的奢靡之风

司马光对当时社会上的奢靡之风，深恶痛绝，进行了尖锐的批评。他说，近年来，社会上的风俗习惯更加奢侈了，连差役都穿和读书人一样的衣服，农夫也穿起丝编的鞋子。我记得，仁宗天圣中期，先父当群牧判官的时候，家里来了客人也不是不备酒菜，但劝酒只三五次，最多不过七次就算了。酒是从街上买来的本地产的酒，下酒的果品不过是梨、栗、枣、柿之类普通干鲜

果品，菜不过是干肉、肉酱、菜羹，盛酒菜的食具也只是一般的瓷器漆器。当时的士大夫都是这样接待客人，并没有人认为这样做寒碜。那时，亲友经常相聚，礼仪很勤，花费不多，情意却很深厚。

他说，现在可不同了，士大夫家里，如果没有按皇宫里酿酒的办法酿造的酒，没有从远方采购来的珍异果菜，没有多种多样的食品，没有满桌的华贵餐具，是不敢招待宾客的。常常是要经过许多日子的筹办，聚集了所需的珍贵物品，才敢发请帖。如果不是这样，旁人就会争相非议他，讥笑他鄙薄吝啬。因此，能不随着这种风气跑的人，实在是太少了。

面对这种现实，司马光说："社会风俗败坏到这种地步，我们当官的虽然禁止不了，难道我们能再忍心去助长这种风气吗？"很清楚，他是主张从自己做起，要以实际行动抵制这种不良社会风俗。

三、"由俭入奢易，由奢入俭难"

司马光认为，一个人只要是过惯了俭朴的生活，就不以为是苦，而是以俭为美，以俭为乐。为了教育儿子及后代与当时的社会风气反其道而行之，坚持俭朴的生活方式，他列举了一些品德高尚、有卓识远见的官员以俭为美、以俭为乐的事例。

他说，过去宋朝真宗时，有一个宰相叫李沆，家住在汴京城内，厅堂前面地方很小，最多只能容得一匹马转身。有人说作为一个宰相的住宅，太狭窄了。李公却不以为然，笑着说："住宅是要传给子孙后代住的，不是办公的地方。当然，这要作为宰相办公的厅堂，确实显得太狭窄了，但作为家里祭祀祖先的厅堂，已经是很宽敞的了。"

宋真宗时，户部员外郎兼右谕德鲁宗道，家境贫寒，生活清苦。有一次真宗派人紧急召他进宫，使者在酒店里找到了他。到了宫内，真宗问他从何处而来，鲁公就把从酒店来的实情告诉皇上。皇上很奇怪，问道："爱卿是当今清廉而有名望的官吏，怎么你竟在酒店中饮酒呢？"鲁公回答说："实不相瞒，臣家中贫寒，有客人来访，家里没有盛菜装酒的器皿，所以才到酒店接待。"真宗因鲁公不隐瞒家贫的事实真相，就更加重用他，后来鲁公做了副宰相。

像李沆、鲁宗道、还有上一篇介绍的张文节这些人，就实际条件来说，要过豪华生活不是做不到，而是不为也。之所以"自奉若此"，坚持过清贫生活，他们是深谋远虑，为子孙后代着想，是要给他们留下一个清白的家风啊！司马光举出这些事实，是借以教导儿子及后代明白一个真理："由俭入奢易，由奢入俭难。"

四、"成由俭，败由奢"

为了深入阐述人们事业成败和对待物质生活态度的密切关系，使子孙后代理解"成由俭，败由奢"的道理，司马光引用了春秋时期鲁国大夫御孙的话说："俭，德之共也；侈，恶之大也。"

司马光具体解释这句话的含义说，"共"即"同"，即"相通"。"俭，德之共也"，这是说，凡是有优良的道德品质的人，都是以俭朴、恭俭做基础的。因为俭朴，一个人就不会有过多的欲求。有学问的人欲求少，就不会被物质追求所奴役，就可以沿着正道行事；一般的人欲求少，就能行事谨慎小心，节约开支，避免犯罪，富裕家庭。因此说，一个人的良好品德来源于生活的俭朴。

一个人生活上追求奢侈，必然会有过多的个人欲望。有学问的人个人欲望过多，就贪图荣华富贵，走上邪路，很快招来灾祸；一般的人如果有过多的个人欲望，就会贪得无厌，任意挥霍，以致家破人亡、身败名裂。假如这种人一旦当了官，肯定会大收贿赂；要是平民的话，也必定会沦为盗贼。因此说，奢侈是最大的恶德。

为了进一步向子孙后代说明"俭"和"奢"与事业成败的利害关系，司马光又列举出历史上"成由俭、败由奢"的正反两方面的具体事例，让子孙后代品味其中的道理。

他说，春秋时宋国的上卿正考父（fǔ），生活俭朴，平时都是以米粥为食。鲁国大夫孟僖子由此推断他的后代中必定会出现贤达的人。正如孟僖子所料，正考父的后代中果然出了孔子这样赫赫有名的大圣贤。

春秋时鲁国大夫季文子，曾经连任鲁宣公、鲁成公、鲁襄公三个国君的宰相，然而他的妻妾却没有一件绢帛料子的华贵衣服，家中的马匹也不喂粮食。因此，国君认为他是廉忠的人，多次给予重用。

春秋时卫国大夫公叔文子大摆宴席宴请卫灵公，卫灵公欣然赴宴，席中挥霍浪费极大。卫国大夫史鳅得知此事，警告他说："你要大祸临头了！你讲排场，君王贪图享乐，灾祸要降临到你儿子头上！"果不出史鳅所料，在公叔文子死后，其子公叔戎贪赃枉法，卫灵公把公叔文子的儿子驱逐出国，戎逃亡鲁国。

晋朝晋武帝时丞相何曾，生活奢侈豪华，挥金如土，花天酒地，每天饮食要花去上万钱，吃饭时，菜多得无以下筷。他的子孙后代在他的影响下，也是奢侈豪华成性。他的儿子何劭，"骄奢简贵，亦有父风"。"食必尽四方珍异，一日之供以钱二万为限"。他的另一个儿子何遵，"性亦奢忲(tài)"，奢侈过度。何遵之子何绥，"自以继世名贵，奢侈过度"。何遵另一子何机，"性亦矜傲"。何遵之第四子何羨，"既骄且吝，陵驾人物，乡闾疾之如仇"。到晋怀帝"永嘉之末，何氏灭亡无遗焉"。由于何曾的影响，至使子孙后代倾家毁业，亡族灭种。

晋朝开国功臣石苞之子石崇，晋惠帝时做征虏将军、卫尉。他家"财产丰积，室宇宏丽。后房数百，皆曳纨绣，珥金翠。丝竹尽当时之选，疱膳穷水陆之珍。与贵戚王恺、羊琇之徒以奢靡相尚。"各自夸耀自己的旁富，并以珍宝等相攀比。譬如有一次王恺以珊瑚树向石崇炫耀，石崇故意将其击碎，然后赔他一个更高贵的，让他看自己有无数珍奇的珊瑚树，以使王恺服输。后来，赵王司马伦专权，看上石崇的一美妾，要据为己有，石崇不肯，后被司马伦的心腹孙秀以假招收捕杀害，石崇的母亲及妻儿15人皆被害死。

宋朝莱国公寇准，以豪华奢侈为一时之冠，只是因为他辅佐宋真宗功业很大，时人不敢指责他。可他的子孙后代却继承了他的这种家风，后来多数都穷困潦倒了。

司马光最后说："其余以俭立名，以侈自败者多矣"，古今以俭朴立业闻名，以奢侈而自遭败落的事例多得很，不可能一一列举，仅举此数例，供从中吸取经验教训。他谆谆告诫儿子司马康说："你不但自身要俭朴，而且还要以此教训你的子子孙孙，使他们也懂得我家先辈传统的俭朴家风。"

司马光的《训俭示康》这则家训，不仅在封建社会是不可多得的家庭教育教材，在今天也仍然是一篇优秀的家庭教育读本。

从司马光一生的功绩看，他的经历，他的成就，本身就是一部难得的教育子孙后代的活生生的"教材"。司马光不论是任馆阁校勘，负责编校图书，还是任天章阁待制兼侍讲知谏院，专事批评君臣过错，他始终是忠于职守。后来，他用了19个年头，编纂成一部记载1362年历史的史学巨著《资治通鉴》。司马光之所以能建立这么大的历史功劳，除了他的勤奋和天资以外，恐怕和他"于财利纷华，如恶恶臭"的高尚品德不无关系。

陆游诗教传家风

——陆游的教子诗文

中国古人，常有用诗歌表达自己对子弟的期望和教导子弟的，南宋著名爱国诗人陆游是有代表性的一位。

陆游生于1125年，死于1210年12月29日，终年85岁。字务观，号放翁，越州山阴（今浙江绍兴）人。他出生时正当北宋灭亡之际，少年时就深受家庭亲友间爱国思想的熏陶。小时候，陆游相当聪明好学，12岁就会写诗文。宋高宗绍兴二十三年，应礼部试，名列前茅，位居秦桧孙秦埙之上，因此触怒秦桧。出于嫉妒，秦桧依仗权势，将陆游罢免。宋孝宗即位，由于陆游"善词章，谙典故"，"力学有闻，言论剀（kǎi）切"，赐其进士出身，他曾先后任镇江、隆兴、夔州通判。乾道八年，入四川宣抚使王炎幕府，投身军旅生活。后来又做过朝仪大夫、礼部郎中，最高做过宝章阁待制。因被人弹劾去职，归老故乡。

陆游生活的年代，正是金兵南侵，中原大片国土沦陷。在政治上，他坚决主张抗金，充实军备，反对投降，要求"赋敛之事宜先富室，征税之事宜核大商"，侵害了权贵的切身利益，一直受到卖国投降集团的压制。到晚年虽被黜退居家乡，但收复中原的信念始终不渝。

陆游一生创作诗歌近万首，今存九千多首，内容极为丰富，涉及相当广泛。在诗歌中，他抒发政治抱负，反映人民疾苦，批判当时统治集团的屈辱求和，风格雄浑豪放，表现出渴望恢复国家统一的强烈爱国情感。如《关山月》、《书愤》、《农家叹》等著名诗篇，均为世代所传颂。抒写日常生活的诗歌，也多清新之作。他第一次结婚娶唐氏为妻，夫妻感情甚笃，在母亲压迫下离异，其痛苦之情倾吐在部分诗歌中，如《沈园》、《钗头凤》等，感情真挚动人。他也作词，风格高雅，倍受称赞。明朝文学家说陆游的词"纤丽处似秦观（北宋词人），雄慨处似苏轼（北宋文学家）"。他的著作有：《剑南诗稿》、《渭南文集》、《南唐书》、《老学庵笔记》等。

陆游很重视子女教育，写了大约一百多首教育儿子的诗歌，以这种形式传递家风。有代表性的是《示儿》、《冬夜读书示子聿又一首》等。另外，他还给儿子写过《家训》。

陆游教子诗歌及家训的主要内容有：

一、教子做人

陆游教子做人，给儿子们提出了一系列做人的道德规范。这些道德规范和他对社会生活的体验有密切关系。

1. 要做好人

在《示儿礼》一诗中，陆游对儿子要做什么样的人提出了希望。

> 燕居侍立出扶行，见汝成童我眼明。
> 但使乡间称善士，布衣未必愧公聊。

这是说，诗人看到儿子们在家内家外都能精心照料他，很懂事，快要长大成人了。从儿子们身上看到了未来和希望，从心底里感到高兴，觉得眼睛好像也明亮多了。他告诫儿子说，但愿你们长大以后能让乡亲们称赞

你们是有道德的好人，即使当一个普通老百姓，与那些高官显爵相比，也是无愧的。在这首诗里，诗人要儿子首先学会做人，做一个好人。

2. 改过迁善

诗人在另外一首《示儿》诗中，教导儿子要做好人，必须做到有错必改，见贤思齐。诗中说：

> 闻义贵能徙，见贤思与齐。

这是谆谆告诫儿子说，人谁无过？可贵的是理解了公正合宜的道理，能够用来对照自己的言行，适应正义；人不可能生来即贤，要紧的是看到贤德的人和事，能够自觉地去学习看齐。

3. 不要贪得无厌

诗人教导儿子正确对待物质利益。在《家训》中，他说："世之贪夫，豀壑无餍固不足责。"世上那些贪得无厌的人，不值得费口舌去责备。这实际上是说，这种人最应该受到责备，提醒儿子们千万不能做这种人。

对于一般的人来说，看到别人的东西，就动心，这是一种毛病。自己没有某种东西，别人有，你羡慕；自己有某种东西，别人也有，你讨厌别人，这有什么意思呢？自己有某种东西，为的是让别人羡慕，这对自己有什么好处呢？诗人说："如是思之，贪求自息。"是说若是这样想，那种贪图物质利益的欲望，便自然会息灭。"若夫天性澹然，或学已到者，固无待此也。"一个人假若从来就是心情恬淡，不图名利，或是品学修养已经达到一定的程度，那自然不会有贪得无厌的思想。

4. 对人要有礼貌

诗人教导儿子说，在我的同辈人中，虽然有的人地位高贵，有的地位低贱，有的交往甚笃，有的来往不多，但你们见到后，"当极恭逊"，要恭恭敬敬。即使你们做了高官，也要这样做。陆游说，我小时候，曾经看到过有的当官的子弟和父辈的老朋友，高谈阔论，大声说笑，很没礼貌，我心里十分厌烦，因此，我不愿你们像那种不懂得礼貌的人那样。

5. 要严于律己

陆游说："后生才锐者，最易坏。"说年轻聪明伶俐、有才华，这种人最容易养成恶行，要特别警惕才是。他告诫儿子说，对那些后代，"切须常加简束，令熟读经子，训以宽厚恭谨，勿令与浮薄者游处。如此十年，志趣自成。"是说要经常严加管束，让其熟读经典著作，教导他们具有宽厚恭谨的品德，千万不要让他们与轻浮浅薄的人交朋友。这样严加训诫十年，自然会养成良好习惯和品德。他特别强调说，我的这些话，是"后人之药石也"，即劝人改过从善的话，你们都要牢记、执行，免得将来后悔。

6. 要宽以待人严于责己

陆游说："我一辈未曾害过别人，有人害我，'或出忌嫉，或偶不相知，或以为利，其情多可谅，不必以为怨'，不要去计较，要尽可能回避这些事。假如人家批评我正好切中我的要害，尤其应放在一边，不再提起。"

他根据一生经历的切身体验，告诫儿子要"勿露所长，勿与贵达厚亲"，就是不要太锋芒毕露，不要与显贵者套近乎。只有这样，才能减少过错，有意害你的人也才会少。

二、教子做学问

1. 要下苦功夫

诗人在 84 岁，也就是去世的前一年，写了一首名为《示子聿》的诗，回顾了自己学习创作诗歌的道路。

> 我初学诗日，但欲工藻绘，
> 中年始少悟，渐若窥宏大。
> 怪奇也间出，如石漱湍濑。
> 数仞李杜墙，常恨欠领会。
> 凡此小儿门，温李真自郐，
> 正令笔扛鼎，亦未造三昧。
> 诗为六艺一，岂用资狡狯。
> 汝果欲学诗，工夫在诗外。

这首诗的内容是：我当初学习写诗时，只是追求文辞的华丽，并不懂得写诗的道理。到中年以后，稍微悟出了一些写诗的诀窍，渐渐扩大了自己的视野。写诗时，还常常出现一些奇险的诗句，就像急流流过石滩一样。我曾认真学习李白、杜甫的诗，其意境相当深邃，我很难理解得深透，为此我深深自责。诗人元稹、白居易也只懂得一点李杜诗的意境，像温庭筠、李商隐这样一些诗人则更不成了。这些诗人都下了极大的功夫，也都未达到诗家最高境界。诗歌为"六艺"之一，绝不能靠侥幸取巧而成功。你要打算学习诗歌创作的话，要下相当大的功夫才成。

陆游一生同卖国贼做了不懈的斗争，最后报国无门，才去创作诗歌。他在创作的道路上，经过艰辛的探索，找到了一条写诗的正确道路。他根据自己的切身体会，告诫儿子要下苦功夫，不要受前人的束缚，不要耍小聪明，企图侥幸取得成功。只有这样，才能写出笔力独杠、意境最高的诗歌来。

2. 要躬行实践

在宋宁宗家庆五年，即1199年年底，陆游写了《冬夜读书示子聿》一首诗，诗中说到：

> 古人学问无遗力，少壮功夫老始成。
> 纸上得来终觉浅，绝知此事要躬行。

这首诗的意思是说，古人做学问是不遗余力的，终身为之奋斗，往往是年轻时开始努力，到了老年才取得成功。从书本上得到的知识终归是浅薄的，未能理解知识的真谛，要真正理解书中的深刻道理，必须亲身去躬行实践。

这是一首非常有名的诗。在这首诗里，诗人一方面强调了做学问要坚持不懈，早下功夫，免得"少壮不努力，老大徒伤悲"，将来一事无成，后悔莫及。另一方面，特别强调了做学问的功夫要下在"哪里"，这也是做学问的诀窍，那就是不能满足于字面上的明白，而要躬行实践，在实践中加深理解。只有这样才能把书本上的知识变成自己的实际本领。

诗人在书本与实践的关系上，强调了实践的重要，这符合唯物认识论的观点。作者的这种见解，不仅在封建社会对人们做学问、求知识是很宝贵的经验之谈，就是对今天的人们也是很有启迪作用的，是非常有价值的见解。

3. 要学以致用

陆游在一首名为《示元敏》的诗中跟儿子谈了读书做学问的最终目的的问题。

> 学贵身行道，儒当世守经。
> 心心慕绳检，字字讲声形。
> 吾已鬓眉白，汝方衿佩青。
> 良时不可失，苦语直须听。

　　这首诗的意思是说，读书做学问，最可贵的是对所学的道理能够学以致用，身体力行。作为一个读书人，应该终生恪守先贤经籍的教训，心中应该始终仰慕先贤的高尚人格，努力以先贤的教诲检查自己的言行，约束、指导自己的言行，并且要认真琢磨每个字的含义，以便使自己原原本本地照先贤的教诲去做。诗人说，我已经老了，而你正青春年少，是读书的大好时光，一定要刻苦攻读，努力实践，加强修养，莫失良机。我苦口婆心全是为你好，望你一定听我的劝告。

　　在这里，诗人告诫儿子，读书学习的目的最终是为了指导自己的行动。他所主张的这种学以致用的学风，是很有进步意义的。

三、教子勤劳俭朴

　　陆游一生经历坎坷，更知仕宦之途的艰难。在为官期间，他忠贞爱国，廉洁自守，但屡遭攻击陷害。实践中，他深感社会风气之败坏，因此，他希望儿子不要走仕宦之路。

　　在《家训》中，陆游说："风俗方日坏，可忧者非一事，吾幸老且死矣，若使未遽死，亦决不复出仕，惟顾念子孙，不能无老妪态。"这是说，社会风气一天天变坏，使人担忧的事太多了。值得庆幸的是我已经老了，活不了多久了，即使我不突然死去，我也绝不会出去作官了。惟一使我放心不下的是子孙后代将来要走什么样的路，我还要像老太婆似的不厌其烦地告诫你们。

　　告诫子孙后代什么呢？陆游根据自己的生活经历和经验，给子孙们提出了上、中、下三种人生道路。他说："吾家本农也，复能为农，策之上也。杜门穷经，不应举，不求仕，策之中也。安于小官，不慕荣达，策之下也。舍此三者，则无策也。"他指出，像我们老祖宗那样，仍旧务农，是上策；闭门读书，一心做学问，不考科举，不去作官，这是中策；只是作个小官，不追求高官厚禄，是下策。这三条路是尚可以走的路，其他的路可不要去走。很明白，按诗人的愿望，最好去务农。这个选择，是和诗人的经历有密切关系。他亲身感受到，世风日下，官场腐败，尔虞我诈，互相倾轧。因此，他希望儿子们走务农之道路。

　　为了坚定儿子走务农之路的决心，他又写了两首名为《示儿》的诗，诗中仍旧是以切身体验教子务农、爱农。

　　一首是：

……

　　食尝甘脱粟，起不待鸡鸣。

　　萧索园官菜，酸寒太学斋。

　　时时语儿子，未用厌锄犁。

　　这首诗是说，我们每天三餐能够吃到新鲜甘美的粮食，全靠自己每天清晨鸡不叫就起床下地劳动。在冷冷清清的菜园里种植蔬菜，整天和姜、蒜、韭菜之类打交道，这对于一个读书人来说，似乎是有点太寒酸了。但是，我却不以为然，我还是要语重心长地告诫你们说，千万不能厌恶务农这件事啊！

　　另一首是：

　　舍东已种百棵桑，舍西仍筑百步塘。

　　早茶采尽晚茶出，小麦方秀大麦黄。

　　老夫一饱手扪腹，不复举首号苍苍。

　　读书习气扫未尽，灯前简牍纷朱黄。

　　吾儿从旁论治乱，每使老子喜若狂。

　　不须饮酒径自醉，取书相和声琅琅。

　　人生百病有已时，独有书癖不可医。

　　愿儿力耕足衣食，读书万卷真何益。

　　这首诗的意思是，住宅的东边已经种上了百棵桑苗，西边又修筑百步宽的池塘；山坡上的早茶已经采摘完毕，晚茶的嫩芽又抽出来了；田里的小麦青青，大麦已经黄熟，好一派农村初夏好风光！看到这景象，老夫我吃饱饭，双手抚摸着腹部，不再会以苍老的声音呼叫肚子饿了。可读书的习惯总是改不了，油灯前边摆满黄旧的书籍，上面布满了红色的圈点。我正在用心读书，儿子们在我身旁谈论治理乱世的道理，他们精辟的见解，常使我老夫欣喜若狂。每当这时候，我无须饮酒就自我陶醉了，于是不由自主地捧书相和，书声琅琅。真是人生百病都有治好了的时候，只有读书的嗜好是不能医治的。尽管我一生特别喜欢读书，但我还是希望儿子们要努力耕作，丰衣足食，务农爱农。说真的，读书万卷有何益处呢！

　　这两首《示儿》诗，都是诗人以自己务农爱农的切身体验，以亲身参加劳动、收获的实践中所得到的乐趣，去感染、教诲儿子要像父亲一样务农、爱农。一个封建社会的知识分子，能如此以农为乐，并教导儿子务农、爱农，自食其力，丰衣足食，这种思想境界是很高尚的。值得提出的是，陆游希望儿子务农、爱农，并不是要儿子们只会干活种地，也要关心国家大事，加强自身修养，这更是难能可贵的。

四、教子为官之道

嘉泰二年，也就是1202年初，陆游的次子陆子龙赴吉州（今江西吉安县）任司理参军职。临别时，诗人写了一首名为《送子龙赴吉州掾》的送行诗，告诫儿子以为官之道。

子龙赴任吉州时，陆游78岁。诗人在生活之中，看到当时政治的腐败，体验到宦途的艰难，自己报国壮志及收复失地理想的无法施展，对官场的黑暗，有了较深刻的认识。从他内心讲，并不乐于儿子去做官，他也深知儿子做官也是不得已而为之。在离别诗的一开头便说："我老汝远行，知汝非得已。"尽管是不得已，但既然要去赴任，那么就应当做一个廉洁清正的官。

他首先告诫儿子，生活要俭朴，清白自守，做个廉明的好官：

> 汝为吉州吏，但饮吉州水；
> 一钱亦分明，谁能肆馋毁；
> 聚俸嫁阿惜，择士教元礼。
> 我食可自营，勿用念甘旨；
> 衣穿听露肘，履破从见指；
> 山川⋯⋯⋯⋯，⋯⋯⋯⋯。

这几句诗的意思是，你是吉州的官吏，喝的是吉州的水，要为吉州百姓做好事。在金钱的问题上，哪怕是一个钱，也要公私分明，自身清白廉洁，旁人就没有理由说你的坏话。平时要省吃俭用，用自己积攒下来的钱陪嫁女儿，用自己挣的钱请品德高尚的教师教导自己的儿子。我虽然已经老了，但一切尚可以自理，吃饭问题，你不用惦念；衣服、鞋子破了，出门虽会被人嘲笑，但我却不在乎，回家后仍然可以心安理得地美美地睡觉。因为我是清白的。

这里是诗人教导儿子要忠于职守，为民做好事。他特别强调在物质生活上要俭朴，要廉洁，这是很有意义的。

其次，告诫儿子要尊重当地有名望的人士，但不可有什么企求：

> 益公各位重，凛若乔岳峙；
> 汝以通家故，或许望燕几；
> 得见足以荣，切勿有所启。
> 又若杨诚斋，清介世莫比；
> 一闻俗人言，三日归洗耳；
> 汝但问起居，余事勿挂齿。

这几句诗的意思是，吉安当地的益公周必大，地位高，名气大，很有威望。宋孝宗时官至左丞相，光宗时被封为益国公。他处世严谨，令人敬畏。我与他是老朋友，由于这种世交关系，你要去拜望他。你能够见到他，就足以荣幸的了，切不可向他提出什么请求。另外，江西吉水有一位叫杨万里的人，号诚斋，历任孝宗、光宗、宁宗三朝，官至秘书监。他是著各诗人，我的老朋友。此人清廉耿介，品德高尚，举世无双；他清廉自守，一旦听到庸俗的人说了庸俗的话，非常厌烦，恨不得用清水洗净自己的耳朵。你到吉安会见到他，代我向他问好，但不要谈别的事情。

诗人在这里是教导儿子做官要尊老敬贤，学习他们的优秀品德和高尚风格；但不要依赖这些德高望重的人庇护自己，要靠自己的努力去征得百姓的拥戴。

第三，告诫儿子要同当地的友人共勉仁义：

> 希周有世好，敬叔乃乡里。
> 岂惟能文辞，实亦坚操履；
> 相从勉讲学，事业在积累。
> 仁义本何常？蹈之则君子。

这几句诗的意思是，当地的陈希周，我与他及他的父亲过去都有交往；杜敬叔和我是同乡，我在山阴时曾应他的请求给他写过诗。此二人善于写诗做文章，很有学问，且正直廉洁，品行高尚。你要和他们共同切磋学问，不断增长、积累自己的知识。一个人要达到仁义的思想境界，成为有道德的人，必须躬行实践。

诗人这里是告诫儿子，虽然已经做了官，但不可自满自足，固步自封，要经常向有学问、品德高尚的友人学习，切实加强自身修养，不断提高自己。而要真正提高自己，必须在实践中运用自己所掌握的知识学问，切不可只是高谈阔论，坐而论道。

在送别诗的最后，陆游嘱咐儿子子龙要常给他写家信：

> 汝去三年归，我傥（倘）未即死，
>
> 江中有鲤鱼，频寄书一纸。

《送子龙赴吉州掾》一诗，通篇是老人教子以为官之道，表达了老人对儿子的热切期望，充分体现了一个正直和善、品德高尚的父亲对即将为官的儿子的关心和爱护。字字句句，情真意切，实为感人。

五、教子忧国忧民

南宋孝宗时期，王炎做川、陕宣抚，陆游在其军中干办公事，他曾向王炎提出取进之策略。他认为要"径略中原必自长安始，取长安必自陇右始。当积粟练兵，有衅则攻，无则守"。（《宋史》卷三百九十五《陆游传》）后来，范成大帅蜀，陆游当参议官。陆游希望他的谋略能得以实现，宋朝军队能收复被金人所占领的失土。

事过多少年以后，陆游老来闲居，常常回忆起当年在川、陕边关一带向王炎提出的进取之策，希望实现自己收复失土的策略主张。因此，在晚年诗人写了一首诗，名为《仆倾在征西大幕，登高望关辅乐之，每冀王师拓定，得卜居焉，暇日记此意以示子孙》，告诫儿子要收复失土，必须开发渭水流域，要迁居西北地区，在那里扎根安家。

> 八月残暑退，秋声满庭树。
>
> 岂无四方志，衰病迫霜露。
>
> 辽东黄头奴，稔恶天震怒。
>
> 南北会当一，老我悲不遇。
>
> 子孙勉西迁，俗原吾所慕。
>
> 约已收孤嫠（lí），教子立门户。
>
> 黍稷（shǔ tǔ）暗阡陌，鹑雉足匕箸。
>
> 永为河渭民，勿惮关山路。

这首诗的大意是，阴历八月，炎热的夏天完全过去，秋风吹，秋虫鸣，声声响彻庭园和树林。常言说，好男儿志在四方，我哪里是没有四方之志的人呀，只是因为衰老和病痛像朝露寒霜，逼迫我只好固守家园。可恶的金朝侵略者们，侵我中原土地，虏我靖康两帝，他们所酝成的罪恶，连天公也会震怒。我深信，南北江山一定会统一，可惜的是，我老了，恐怕不能亲眼看到这一天了。

我希望你们将来迁居到西部地区，那里的社会风俗很好，我一直很向往。到了那边，好好过日子，严格约束自己，收养那些无依无靠的孤儿、孤老，并且悉心教育自己的子女，在那边安家落户。要勤于劳动，争取粮食丰收，会过上富足的日子的。你们要永生永世在陕川一带当一个河渭百姓，切勿因为从家乡绍兴到那边去关山险阻、路途遥远而害怕动摇，畏缩不前。

这首诗表达了诗人对外族侵略中原的愤恨和对祖国统一的坚定信念。为了实现赶走侵略者、收复中原的宏愿，他教导子孙后代，要举家西迁，参加到开发西部的行列中去，充分体现了一个爱国老人忧国忧民的高尚情怀。

诗人到了晚年，久病卧床不起，对于不能亲眼看到祖国统一，深感遗憾。就是在病床上，他都念念不忘祖国的统一大业，他把统一祖国的希望，寄托在子孙身上。临死之前，他写给儿子们一首名为《病中示儿辈》的诗：

> 去去生方远，冥冥死即休。
> 狂思攘鬼手，危至服旦头。
> 有剑知谁与，无香可得留。
> 惟应勤学谨，事事鉴恬侯。

这首诗的意思是，人一旦死去就远离人生，进入阴曹地府就一切都完结了。但我还是不愿就此离去，我在梦中与死神搏斗，终于从死神手中挣脱，到清晨赶紧服药。江山尚未统一，我心中不安，权奸当道，我空有利剑，能传给谁去报国呢？我也没有什么遗产留给你们。我唯一的愿望就是希望你们要勤奋读书学习，为人处世处处谨慎，加强自身修养，事事处处都要以那些恬不知耻的卖国贼为鉴，切不可学他们的样子。

在病重期间，一直折磨诗人的不仅仅是病痛，更是祖国没有统一，人民没有安居乐业。他把统一祖国的希望寄托在下一代人身上，嘱咐儿子继承他的遗愿。表达了诗人对祖国不统一死不瞑目的爱国情操。

在弥留之际，陆游的思想上没有别的牵挂，唯一使他终生深感遗憾的是没有亲眼看到祖国山河的统一。就在临终之前，他给儿子们留下了一首名为《示儿》的绝笔，活着的时候看不到祖国的统一，失土的收复，死后在九泉之下也热切希望能听到祖国统一的好消息。

　　死去原知万事空，但悲不见九州同。
　　王师北定中原日，家祭无忘告乃翁！

　　这首诗的意思是，我知道，人死了以后世上的万事万物，和我都无关系了。只是我没能亲眼看到大宋江山的统一，即使我死了也为此感到无限的悲伤。待到大宋王朝的军队收复中原的那一天，我的儿子们啊，你们在家里祭祀列祖列宗的时候，可千万不要忘记把这个我盼望了一辈子的好消息告诉你们的父亲啊！

　　在这首绝笔，实际也是诗人最后的遗嘱中，概括地道出了诗人平生的志事：对腐败的南宋最高统治者对外屈辱求和，偏安江左，表示了无限愤慨；对于收复失土，表现了坚定不移的信念。陆游临终前，念念不忘国难，不忘祖国统一，并坚信这一天一定会到来。如果在九泉之下听不到这一好消息，他是死不瞑目的。诗人于临终之前，把这种强烈愿望告诉儿子们，对儿子们是一种极大的激励。这首著名的爱国诗作，所表达的爱国情怀，激励着中华民族世世代代、子子孙孙，为保卫中华民族的统一，反对外族侵略，前仆后继，英勇奋斗。

临刑前教子做人

——杨继盛的《父椒山谕应尾应箕两儿》

古人教子，常常是结合自己的亲身经历和对社会生活的体验，示之于做人之道。明朝杨继盛的《父椒山谕应尾应箕两儿》这则家训便是典型的一例。

杨继盛生于1516年，死于1555年，字仲芳，号椒山，明朝容城（今河北省容城县）人。他7岁时丧母，从小受尽养母的嫉恨，失学放牛。后来，在他的极力要求下，父亲才同意他边放牛，边读书，到了13岁才被允许专门跟老师读书。因为家贫而且从小受虐待，杨继盛深知能读书学习，实为来之不易，所以他加倍努力学习。在嘉靖二十六年（1547年），考中进士。历任南京兵部右侍郎、狄道典史、刑部员外郎等职。他为官正直，不畏权奸。曾数次上奏本，列数操纵国政的大好贼、宰相严嵩专权误国的十大罪状，不幸遭害，终年仅40岁。被列为当时受迫害的直谏诸臣之首。

杨继盛弹劾严嵩的奏本送到皇帝手中，皇帝轻信严嵩谗言，立即将杨继盛重责百杖，交吏部定罪。杨继盛落入严嵩党徒手中，入狱3年，受尽酷刑，被打得遍体鳞伤，常常因伤重半夜疼醒，但他决不向严嵩低头。有时疼醒后，他打碎瓷碗，手刈腐肉，腐肉刮尽，筋膜挂落，他又忍痛刈去。狱卒见了这种情景，吓得浑身打颤，连手中的灯也差点儿掉在地上。然而，杨继盛自己却是面不改色。临刑前，他悲壮赋诗，抒发情怀："浩气还太虚（指天），丹心照千古。生平未报恩，留作忠魂补。"这首诗，当时为天下传颂。

明穆宗即位后，追谥杨继盛以"忠愍"称号，以肯定表彰他的高风亮节。著作有《杨忠愍集》。

杨继盛不仅自己刚直不阿，至死不屈，而且要求子女秉承自己的志向和品格，做光明正大的天下第一等人。就在他临刑前的夜晚，他百感交集，思绪万千，挥笔疾书，给夫人张贞写了遗书，又给儿子应尾、应箕写了遗书，这就是用血泪写成的《父椒山谕应尾应箕两儿》这个临终遗训。

这个遗训，中心内容是教导两个儿子做什么样的人，如何做人。文字浅显易懂，字里行间饱含着杨继盛对爱子的深切期望，读来使人感到十分亲切。

一、要立志，立志做品德高尚的人

杨继盛首先告诫儿子说："人须要立志。"他认为，立志对于一个人将来成为一个什么样的人，关系重大。他说："幼时立志为君子，后来多有变为小人的。若初时不先立下一个定向，则中无定向，便无所不为，便为天下之小人，众人皆贱恶你。你发愤立志要作个君子，则不拘作官不作官，人人都敬重你，故我要你们第一先立起志来。"

杨继盛要求儿子做人要先立志，就是教育儿子从小树立一个远大理想，确定一个奋斗目标，要立志做一个品德高尚的人。只有有了理想，有了奋斗目标，才有一个明确的努力方向，才会有奋斗的内驱力。这是成为品德高尚的人的前提。

二、要心正，有正确的思想原则

杨继盛要求儿子要心正。所谓心正，实际上就是要在思想上树立明确的分辨是非善恶、美丑良莠的准则。他说："心为人一身之主，如树之根，如果之蒂，最不可先坏了心。"他认为，"心"正不正，思想上的准则正确不正确，这是行为好坏的分水岭，是非常重要的。他指出："心里若是存天理，存公道，则行出来便都是好事，便是君子这边的。心里若存的是人欲，是私意，虽行好事，也有始无终，虽欲外面作好人，也被人看破。"因此，他谆谆告诫儿子说："你如根衰则树枯，蒂坏则果落，故吾要你休把心坏了。"实际上，杨继盛是把"心正"，作为一个人要成为品德高尚的人的基础。

三、要多思，遇事要三思而后行

杨继盛认为，头脑里分辨是非善恶、美丑良莠的思想原则，是思考问题的依据；而平时多思，才有可能坚持正确的思想原则。他告诫儿子说："心以思为职，或独坐时，或深夜时，念头一起，则自思曰这是好念是恶念。"不仅要多思，想明白了，要坚持正确的原则。他说："若是好念，便扩充起来，必见之行；若是恶念，便禁止勿思。方行一事，则思之，以为此事合天理、不合天理，若是不合天理，便止而勿行；若是合天理便行。不可为（行）分毫违心害理之事……"这是告诫儿子，经过思考，符合正确的思想原则，就要坚持去思、去行；如果违背了正确的思想原则，就坚决不去思、不去行，自己要有"主心骨"，不要做丝毫违背良心、天理的事。

联想到自己一生的坎坷经历，杨继盛教儿子以为官之道说："若是作官，必须正直忠厚，赤心随分报国，固不可效吾之狂愚，亦不可因吾为忠受祸，遂改心易行，懈了为善之志，惹人父贤子不肖之笑。"杨继盛为官正直忠厚，虽遭陷害，但至死不屈不挠，他并没有为此而悔恨，并且教育儿子也要做他那样的人，绝不要因为父亲"为忠受祸"，而"改心易行"，决不能做"违心害理之事"。足见他品德之高尚、信念之坚定。

四、不交损友，要择益友

杨继盛担心儿子年小幼稚，涉世不深，社会经验不足，很容易受坏人引诱，上当受骗，因此，他特别提醒儿子交友要注意选择。他满怀深情地对儿子说："你两个年幼，恐油滑滑人见了，便要哄诱你，或请你吃饭，或诱你赌博，或以心爱之物送你，或以美色诱你。一入他圈套便吃他亏，不惟荡尽家业，且弄你成不得人。若是有人这样哄你，便想吾（我）的话，来识破他和你好是不好的意思，便去了他。"他叮嘱儿子，千万不能交这样的朋友，上这种人的当。

他谆谆告诫儿子一定要交良友："拣着老成忠厚，肯读书，肯学好的人，你就与他肝胆相交，语言必信，逐日与他相处。你自然成个好人，不入下流也。"

杨继盛注意到周围环境对青少年的潜移默化作用，教育儿子"交必择友"、"慕近良友"，这是非常有益的。

五、与人交往要谦下诚实

杨继盛告诫儿子，与别人交往、相处，要谦让、厚道，要严于律己，宽以待人，不可损人利己、唯利是图、盛气凌人、妒贤嫉能。他说："与人相处之道，第一要谦下诚实。"这是说，谦下诚实是最重要的交往原则。

紧接着，他具体地指导儿子如何与人交往："同干（做）事则勿避劳苦，同饮食则勿贪甘美，同行走则勿择好路，同睡寝则勿占床席，宁让人，勿使人让，吾（我）宁容人，勿使人容，吾宁吃人亏，勿使人吃吾亏，宁受人气，勿使人受吾气。人有恩于吾，则终身不忘；人有仇于吾，则即时丢过。见人之善，则对人称扬不已。闻人之过，则绝口不对（他）人言；人有向你说，某人感你之恩，则云（说）他有恩于吾，吾无恩于他，则感恩者闻之，其感益深。有人向你说，某人恼你谤你，则云彼（他）与吾平日最相好，岂有恼我谤我之理，则恼吾者闻之，其怨即解。人之胜似你，则敬重之，不可有傲忌之心。人之不如你，则谦待之，不可有轻贱之意……"

杨继盛教导儿子的克己让人、责己容人的思想，对于同一般人相处、交往来说，应当说是正确的，可行的。但是，他对于"人"并没有做出明确的阶级分析。因为在阶级社会中，人都是分别属于一定的阶级，有鲜明的阶级性。他笼统地谈"人"，不进行阶级分析，这不能不说是一个缺憾。

六、要多读书，择好师友

中国古人教子，都特别重视读书、择师，因为读什么书、拜什么师对人的影响太大。

杨继盛对儿子提出读书的具体要求是："习举业只是多记多作，四书本经记文一千篇，读论一百篇，策一百问，表五十道，判语八十条，有余功则读五经白文，好古文读一百篇。每日作文一篇，每月作论三篇，策二问。"这是杨继盛给儿子开列的读书目录和提出的具体要求。所谓"四书"，即《大学》、《中庸》、《论语》、《孟子》，合称"四书"。"本经"，即泛指造化出于道、治乱之由、得失有常的论述书类。"纪文"，即指记载事物的文章。"论"，即分析和说明事理的文章。"策"，即古代考试的一种文体，多就政治和经济问题发问，应试者对策。"表"，即指古代臣下给帝王的奏章。"判语"，即古代考试的一种文体，以条律为题，其文用四六句式，以简明为标准。"五经"，即指《易》、《书》、《礼》、《诗》和《春秋》。"白文"，即书籍的正文。

对于拜师择友，则提出："切记不可一日无师傅，无师傅则无严惮（严格的监督），无稽考（严格的考核），虽十分用功，终是疏散，以自在故也。又必须择好师，如一师不惬意（称心），即辞了另寻，不可因循迁延，致误学业。又必择好友，日日会讲切磋，则举业不患其不成矣。"

七、要注重躬行，读了书就要实践

杨继盛告诫儿子，在读书时要注意向书中的好人、好事学习，"见贤思齐"，见不贤要戒之。

他说："读书见一件好事，则便思量吾将来必定要行；见一件不好的事，则便思量吾将来必定要戒。见一个好人，则思量吾将来必要合他一般；见一个不好的人，则思量吾将来甚休要学他。"如能做到这样，"则心地自然光明正大，行事自然不会苟且，便为天下第一等人矣"。

杨继盛读书做学问的目的是为了指导自己的实践，为了做品德高尚的人，这是具有进步意义的。

八、要俭朴，不可奢侈、攀比

他告诫说："衣服要朴素，房屋休高大，饮食使用要俭约，休要见人家穿好衣服，便要作。住好房屋，便要盖，使好家活，便要买，此致穷之道也。"生活要俭朴，不要盲目与人攀比。平时过日子，要精打细算，量入为出，不要负债。他说："若用度少有不足，便算计可费多少，即使卖田补完，切记不可揭债，若揭债则日日行利，累的债深，穷的更快，戒之戒之。"

九、和睦家庭，抚恤亲友

这是杨继盛教导儿子如何处理好家庭成员之间和与亲戚朋友的关系。

一是对母亲要孝："吾若不在，你母是个最正直不偏心的人。你两个要孝顺她……"

二是兄弟、妯娌之间要和："你两个是一母同胞的，兄弟当和好到老，不可各积私财，致起争端，不可因言语差错，小事差池，便面红耳赤。兄对于弟要谦和、忍让，弟对于兄要恭敬。发生矛盾，要私下请亲戚讲和，自行解决。"

两个妯娌要和睦相处："应尾要教导你媳妇爱弟妻如亲妹，应箕要教导你媳妇敬嫂嫂如亲姐。妯娌两个人穿衣、吃饭都是一样的，兄弟二人不可偏私自己的妻子。"

三是对亲友中贫困者要抚恤救济："户族中有饥寒者，不能葬者，不能嫁娶者，你要量力周济，不可忘一本之念，漠然不关于心。"

姑姑中有贫穷者，"你要常去看顾他，你敬他和敬我一般"。姐姐"若是穷，你两个要老实供给照顾她。你娘要与她东西，你两个休要违阻"。

不仅对亲友，对于在狱中时照顾杨继盛的人，在生活上也要给予帮助："福寿儿、甲首儿、杨爱儿都是狱中伏侍吾的人，日后都与他地二十亩，房一小所。"

在《父椒山谕应尾应箕两儿》一文的最后，杨继盛要求儿子："作一个布袋装盛（这则家训），放在吾灵前桌上。每月初一、十五，合家大小灵前拜祭了，把这手卷从头至尾念一遍，合家听着，虽有紧要事也休废。"

杨继盛的这则家训，是在临赴刑场之前，"仓猝之间"，含泪挥笔写下的。作者从自己一生经历中所体验、总结的居家做人之道，从总体上看是积极的，在今天尚有借鉴意义。但由于时代和阶级的局限性，难免有其消极的成分。比如，文中处处强调谦和，有些一味谦和的偏向，对于是非曲直的分辨则强调得不够，这难免给人一种不讲原则的印象。比如，讲孝顺母亲时，要儿子"凡事依他（指母亲）"，这也有封建家长制的色彩。再比如，在谈到家庭生活时，要儿子"每吃饭，你两个同你母亲一处吃，两个媳妇一处吃，不可各人和各人媳妇自己房里吃"。这虽是小事，但也反映一种男尊女卑、长幼等级的不平等思想。

当然，我们对于一个封建官僚，不能苛求。但我们在借鉴古人的家庭教育思想时，要注意分析取舍。

尽管《父椒山谕应尾应箕两儿》这则家训中，有一些难以完全避免的消极成分，但瑕不掩瑜，它仍旧是一部很有借鉴意义的家训。

家喻户晓的《朱子家训》

——朱柏庐的《治家格言》

清朝初年，我国有一部家喻户晓、有口皆碑的家庭教育通俗读本，那就是出生于明朝末年的秀才朱柏庐撰写的《治家格言》，世称《朱子家训》。

朱柏庐生于 1617 年，死于 1688 年。江苏昆山人。名用纯，字致一，柏庐为其字号。他是明朝的秀才。清朝初年，在家乡开设私塾，教授学生。他治学以程（颢、颐）、朱（熹）理学为本，其哲学思想是提倡知行并进。康熙年间，坚辞不应博学鸿儒科。除《治家格言》以外，还另有《大学中庸讲义》、《愧纳集》等著作。

《朱子家训》在旧社会流传甚广，几乎是人人皆知。全文仅 516 个字，多是格言警句，很少运用典故。文风平实，言简意赅，易记易背，深入浅出，很有说服力和感染力。

《朱子家训》主要侧重家庭伦理道德和行为规范的教育，大体分为两部分。

一、居家——在家庭生活中如何做人

1. 物质生活方面

首先，朱柏庐要求子孙养成良好的生活起居习惯。《家训》一开头就指出："黎明即起，洒扫庭除，要内外整洁。既昏便息，关锁门户，必亲自检点。"告诫子孙生活要有秩序。

其次，要求子孙要勤俭节约，勿追求豪华生活。朱柏庐告诫子孙说："一粥一饭，当思来之不易；半丝半缕，恒念物力维艰。宜未雨而绸缪，勿临渴而掘井。自奉必须俭约，宴客切勿流连。器具质而洁，瓦缶胜金玉；饮食约而精，园蔬愈珍馐。勿营华屋，勿谋良田。"教育子孙牢牢记住，衣、食、住、行等物质生活条件都是来之不易，要倍加珍惜，不可奢

侈浪费，要把富日子当苦日子过。

2. 精神生活方面

第一，要自尊自爱，精神生活不可追求浮华："三姑六婆，实淫盗之媒；婢美妾娇，非闺房之福。童仆勿用俊美，妻妾切忌艳装。""三姑"，旧指尼姑、道姑、卦姑；"六婆"，旧指牙婆、媒婆、师婆、虔婆、药婆、稳婆。后来泛指走门串户、摇唇鼓舌、拨弄是非的妇女。朱柏庐教育子孙要少跟此类人打交道；同时，生活作风要朴实。

第二，教育子孙要敬老、读书、教子："祖宗虽远，祭祀不可不诚；子孙虽愚，经书不可不读。居身务期俭朴，教子要有义方。"这是告诫子孙要加强自身修养，对上要孝敬，对己要严格，对子孙要以身作则，加强教育。

第三，教育子孙要克己利人："勿贪意外之财，勿饮过量之酒。与肩挑贸易，毋占便宜；见贫苦亲邻，须加温恤。刻薄成家，理无久享；伦常乖舛，立见消亡。兄弟叔侄，需分多润寡；长幼内外，宜法肃辞严。""重资财，薄父母，不成人才。"这是告诫子孙不要贪财，不要损人利己，不要见利忘义。

第四，教育子孙婚妻嫁女要重品行，不要看对方门第高下、家境穷富："嫁女择佳婿，毋索重聘；娶媳求淑女，勿计厚奁。"

二、处世——在社会交往中如何为人

1. 不要谄强凌弱

"见富贵而生谄容者，最可耻；遇贫穷而作骄态者，贱莫甚。""勿恃势力，而凌逼孤寡；毋贪口腹，而恣杀生禽。"这是告诫子孙对人要一视同仁，不要做"势利小人"。

2. 谨慎择友

交朋友要谨慎选择："狎昵恶少，久必受其累；屈志老成，急则可相依。"这是告诫子孙说，跟品行不好的人打得火热，早晚要受其害；而慕近良友，多结交品行端正的人，遇到危难便会有个依靠。

3. 和别人相处要与人为善

"施惠无念，受恩莫忘。"这是说，给别人以恩惠、帮助，不要念念不忘，总是挂在嘴边；得到别人的恩惠、帮助，不要忘记，要铭记在心。"人有喜庆，不可生妒忌心；人有祸患，不可生欣幸心。"这是说，别人有好事，不要嫉妒；别人有灾祸，不要幸灾乐祸。

4. 要严于律己、谦和忍让

"善欲人见，不是真善；恶恐人知，便是大恶。"这是说，自己做了好事，就想让别人知道，这不是真心做好事；自己做了错事，却恐怕别人知道，有意文过饰非，便是错上加错。又指出："轻听发言，安知非人之潜诉，当忍耐三思；因事相争，焉知非我之不是，需平心暗想。"这是说，听别人说自己的坏话，应当忍耐，认真思考一下自己究竟有没有过错；与别人发生争吵，不见得都是对方的过错，要好好想想，看自己有没有不是。

5. 不要贪图女色、暗箭伤人

"见色起淫心，报在妻女；匿怨而用暗箭，祸延子孙。"朱柏庐要求子孙要思想作风正派，这是很可贵的。但这里却有"因果报应"的唯心思想。

最后，朱柏庐要子孙努力做到家庭和睦、奉公守法、安贫乐道、读书君国："家门和顺，虽饔飧不继，亦有余欢；国课早完（按时交纳赋税），即囊橐无余，自得至乐。读书志在圣贤，为官心存君国。"

纵观《朱子家训》全文，尽管宣扬了一些封建伦理道德和消极思想，如"安分守命、顺时听天"的宿命论，"听妇言，乖骨肉，岂是丈夫"的重男轻女思想，以及"因果报应"的唯心思想，等等。但是，这个家训的主流是向子孙传播中华民族的传统美德。在封建社会，能极力主张洁身自好，强调加强个人修养，这是很有积极意义的。

这个家训，在形式上也有可取之处。对子孙的行为规范要求具体、明确，使子孙行动起来有章可循；道理讲得浅显易懂，一目了然；运用格言警句说明问题，读起来朗朗上口，有很强的逻辑性，读后印象极为深刻，使人过目不忘。

"第一要明理做好人"

——郑板桥的家书

> 歌吹扬州惹怪名，兰香竹影伴书声。
>
> 一枝画兰春秋笔，十首道情天地情。
>
> 脱却乌纱真面目，泼干水墨是生平。
>
> 板桥不在虹桥在，无数青山分外明。

这首诗是邓拓同志 1963 年为纪念清代扬州画派代表人物，著名的诗人、画家、书法家郑板桥先生而写的。

郑板桥，名燮，字克柔，江苏兴化人。1693 年 10 月 25 日出生，1765 年 12 月 12 日病逝，享年 73 岁。早年家贫，应科举为康熙秀才、雍正举人，乾隆元年（公元 1736 年）中进士。曾任山东范县（今属河南）、潍县知县。做官前后，均居扬州卖画。擅写竹兰，能诗文，为"扬州八怪"之一。著有《郑板桥集》。

郑板桥出身于书香门第，从小就接受严格的家庭教育。在他有了儿子以后，也很重视儿子的家庭教育。但由于他在外做官，不能面对面地对儿子进行教育"吾人一涉宦途，即不能自课其子弟"，所以，他只好通过写家信的方式对家人进行教育。

通过家书、家信教育子弟，是家长对子弟进行家庭教育的一种常用的方式。郑极桥的家书很有典型意义。

在《郑板桥集》一书中，收集了作者的 16 封家书。在《十六通家书小引》中，他说："几篇家信，原算不得文章，有些好处，大家看看；如无好处，糊窗糊壁，覆瓿（bù）覆盎（àng）而已。"这段话是郑板桥自谦。其实，他的家书涉及到当时社会生活的各个方面，对我国传统美德的继承、读书治学，均有有益的见解，直到今天，仍有一定的教育意义。篇篇家书，情恳意切，明白晓畅，读来如话家常，倍感亲切。

郑板桥家书的主要内容有：

一、教导子弟奋发有为

郑板桥年轻时，家庭生活贫困。起初，他以卖画鬻字养家糊口，难以维持生计，又去开塾馆；由于年景不好，学生交不起学费，无人前来求学。板桥家日子过得十分窘迫，家无隔夜粮，身无御寒衣，穷寒败破。而立之年，老父去世，生活更加艰难。他负债累累，穷途末路，决定去考科举，以求功名利禄。但屡试不中，于是心灰意懒，彷徨消极。正当他最困难苦闷时，独生的爱子不幸夭折；祸不单行，不久结发夫人徐氏又不幸病故。父殁，子死，妻亡，家道的贫困，仕途的艰辛，致使郑板桥感到前途渺茫，悲观失望。

在艰难困顿、消沉颓唐中，郑板桥遇上了江西诗人、画家程羽宸。程羽宸看郑板桥才识过人，就劝他振奋起来，轰轰烈烈干一番事业。在程羽宸的激励下，他开始了千里壮游与发愤读书的新生活。

在壮游读书过程中，郑板桥的思想日益开阔，精神日益振奋。就在1732年，他40岁时，在杭州韬光庵中给在家的堂弟郑墨写的第一封家书中，鼓励郑墨要奋发有为。家书中，他说："谁非黄帝、尧、舜之子孙，而至于今日，其不幸而为臧获（奴婢）、为婢妾、为舆台（奴隶）、皂隶，窘穷迫逼，无可奈何。非其数十代前即自臧获婢妾舆台皂隶来也。"这是说，我们炎黄子孙中，有的人之所以成为臧获、婢妾、舆台、皂隶等地位卑下、被人役使的低贱之人，并不是因为他们的祖辈是地位卑下的人。他告诫说，不论是谁，"一旦奋发有为，精勤不倦有及身而富贵者矣，有及子孙而富贵者矣，王侯将相宁有种乎！"只要奋发有为，精勤不倦，谁都会富贵。历代的王侯将相，都不是靠祖辈的封荫在事业上才有作为的。

社会上有些名门子孙和贵族的后代，穷困失意，穷途末路。他们"借祖宗以欺人，述先代而自大"。而且，还常常抱怨世道的不公说："彼何人也，反在霄汉；我何人也，反在泥涂。"郑板桥对于这类人的思想和行为，非常不满。他说："天道福善祸淫，彼善而富贵，尔淫而贫贱，理也，庸何伤？"他这是告诫子弟说，心地善良，奋发有为，势必会富贵，而心术不正，骄奢淫逸，势必贫贱。这都是顺理成章的事，报怨，忧伤，怨天尤人，是没有用处的。

在这里，郑板桥激励子弟要奋发有为、精勤不倦，这是很有意义的。

但他又说："天道循环倚伏，彼祖宗贫贱，今当富贵，尔祖宗富贵，今当贫贱，理也。"他认为由富贵变贫贱，由贫贱变富贵，循环往复，是"自然规律"，这种观点又有天命论的思想，是不足取的。

二、教导子弟诚恳待人

从郑板桥写给家人的书信中可以看出，郑家原有三百亩田产，还雇用过佃户、女佣，生活还是优裕的。但在郑板桥出世时，家道衰落，已从中小地主降为"破产"地主，一家数口开始过起清贫的日子，有时连衣食也难周全。这个变化，也引起郑板桥思想上的变化。

在他是秀才的时候，从家中的旧书籍中，"得前代家奴契券，即于灯下焚去，并不返诸其人"。他为什么要烧了家奴的契约呢？他说："恐明与之，反多一番形迹，增一番愧恧（nǜ）。自我用人，从不书券，合则留，不合则去。何苦存此一纸，使吾后世子孙，借为口实，以便苛求抑勒乎？如此存心，是为人处，即是为己处。若事事预留把柄，使人网罗，无能逃脱，其穷愈速，其祸即来，其子孙即有不可问之事，不可测之忧。"这是说，之所以烧掉家奴契约，是为后人少留下一些耻辱。雇用家奴，何必非留一张契约呢？免得给别人套上枷锁，使人陷入困境；也免得自家后人借此去苛求、压制别人。他谆谆告诫子弟说："试看世间会打算的，何曾打算得别人一点，直是算尽自家耳！可哀可叹，吾弟识之。"他这是嘱咐家人不要算计别人，算计别人就等于算计自己，不要做伤天害理之事。

郑板桥重视农民，也同情、怜悯、尊重农民。在1744年，他52岁时，从范县任上写给郑墨堂弟的第四封信中说："愚兄平生最重农夫，新招佃地人，必须待之以礼。彼称我为主人，我称彼为客户，主客原是对待之义，我何贵而彼何贱乎？要体貌他，要怜悯他；有所借贷，要周全他，不能偿还，要宽让他。"这里反映郑板桥具有一些平等意识和同情劳动人民的思想。

信中他还告诉堂弟，家中原有的田产300亩，都是别人典给他们的，不久人家总要赎回，那时我们弟兄至多再买200亩地，不可再多，"若再求多，便是占人产业，莫大罪过。天下无田无业者多矣，我独何人，贪求无厌，穷民将何所措足乎！"不能只顾自家，不管别人。他说，你可能会说，当今社会上有许多大地主，"连阡越陌，数百顷有余"，你有什么办法？郑板桥告诫堂弟说："他自做他家事，我自做我家事，世道盛则一德遵王，风俗偷则不同为恶，亦板桥之家法也。"他这是说，别人做事我们管不了，我们自管做自家的事。社会安定，我们就同大家一起同心同德遵守明王的政令，社会风气败坏，我们可不能同流合污，这就是我们郑家的家规。

当时的社会，富豪们争相拼命夺人田地，聚敛财富，贪得无厌，残酷剥削压榨农民。而郑板桥却能这样要求家人，这还是难能可贵的。

郑板桥不仅平时这样教育家人，而且在亲属与别人发生争执纠纷时，他也坚决不准家属倚官仗势，欺侮良善。

兴化竹横港五房族弟，与周家发生了土地纠纷，原来郑板桥的族弟有5亩良田是当绝契卖与周家的，而族弟硬说是活契，要郑墨替他说情，把田赎回。郑墨不肯，族弟就诬告郑墨庇护周家。郑板桥在家信中得知此事后，认为族弟是无理取闹，写信给郑墨说："即使至余案下控诉，断事许公理，亦只可归周氏管业。"这种不徇私情、秉公办事的精神，是颇为可贵的。

他在家书中曾与堂弟郑墨商量今后要建一处住宅，这间住宅并不豪华，不过是泥墙、草顶而已。他特地叫堂弟砌围墙不要高，家里点灯，行路的人也可以借光照路；当然墙矮了会有盗贼偷越。他还教育堂弟，对于因为穷困而为盗贼的人也要宽厚。

他在范县做了几年官，生活极节俭，薪俸没用完，郑墨去看他，就交给堂弟带回老家兴化去散发给穷人。堂弟回去后，他又托人送封信去，指点他说："可怜我东门人，取鱼捞虾，撑船结网，破屋中吃秕糠，啜麦粥，搴取荇叶蕴头蒋角煮之，旁贴荞麦锅饼，便是美食，幼儿女争吵。每一念及，真含泪欲落也。汝持俸钱南归，可挨家比户，逐一散给；南门六家、竹横十八家，下佃一家，派虽远，亦是一脉，皆当有所分惠。骐骥小叔祖亦安在？无父无母孤儿，村中人最能欺负，宜访求而慰问之。自曾祖父至我兄弟四代亲戚，有久而不相识面者，各赠二金，以相连续，此后便好来往。徐宗于、陆白义辈，是旧时同学，日夕相征逐者也……今皆落落未遇，亦当分俸以敦夙好……其余邻里乡党，相睭相恤，汝自为之，务在金尽而止。"可见，郑板桥是真心实意地同情、怜悯、体恤贫困人家。

三、教导子弟明理做好人

郑板桥原有一个儿子，不幸早夭，52岁时又得一子。老来得子，能有不爱之理。但他并不娇惯溺爱。他在给郑墨的信中，托堂弟教育儿子，说："余五十二岁始得一子，岂有不爱之理！然爱之必以其道。"他要求堂弟要严格要求孩子，不要让他有特殊之感，不要娇惯放纵他。他说："我不在家，儿子便是你管束。要须长其忠厚之情，驱其残忍之性，不得以犹子而姑纵惜也。"

他教育堂弟对待家里的孩子，要一视同仁；让自家的孩子和佣人的孩子友爱团结，不准欺辱人家的孩子。他说："家人儿女，总是天地间一般人，当一般爱惜，不可使吾儿凌虐他。"如有鱼肉果饼，要同样分给每人一份。如让自己的儿子吃好的，让佣人的孩子站在旁观看着，那做父母的必然难受，把孩子喊走，这不是如同割肉一样心疼吗？他特别指出："夫读书中举中进士作官，此是小事，第一要明理做个好人。"

为了把儿子培养成明事理的好人，在1749年，他57岁时，在潍县任上写给郑墨的第三封家书中，要求他对儿子进行以下几个方面的教育：

1. 要立志奋读

他说，富贵人家请教师办家塾，最后能成才的往往不是富贵人家的子弟，而是依附于富贵人家家塾就读的贫穷人家的子弟。难道富贵就会使子弟变得愚钝，而只有贫穷才能使子弟立志奋读而聪明吗！在这里，他是用反诘语句说明一个观点，那就是富贵人家子弟，只要立志发愤苦读，就可以成才。

2. 要礼貌待人，尊敬、帮助同学

他说，我儿子6岁，在家塾里的同学中，数他年龄最小，要尊敬同学。对同学中的长者，要称先生；对年龄稍小一点的长者，要称某兄，不得直呼其名。家里有笔墨纸砚，要分送给各位同学。特别是那些贫家子弟，寡妇的子弟，家长想给孩子花十几个钱买点大字纸订本子，也许十多天都办不到。遇到这种情况，堂弟要在"无意中"送给这些孩子一些文具。如果遇到阴雨天，穷苦孩子不能回家，就留他们吃顿饭；天晚了，找双旧鞋子给他们穿回去。穷人家做父母的，也爱自己的孩子，虽没有好衣服给孩子穿，至少也要做双新鞋袜让孩子穿着去上学。他们给孩子做双新鞋袜也不易，如果被泥浆弄脏了，再做就难了。

3. 要尊敬老师，虚心向老师学习

他说："夫择师为难，敬师为要。择师不得不审，既择定矣，便当尊之敬之"，不能吹毛求疵，故意挑老师的毛病。我们请来教家塾的老师不过是当地的有学问者，未必是海内名流。如果暗地里耻笑老师不行，或是直挑了当地指责老师的错误，势必会使老师心神不定，不能全力以赴地去教育孩子；孩子们受到大人的影响，也会不尊敬老师，不努力学习，这是最有害的。与其这样故意挑老师的毛病，不如教导孩子学习老师的长处，看到自己与老师的差距。如果认为老师实在不能胜任，等到第二年再聘请别的老师，切不可因为老师不行就不尊敬老师。

4. 要懂得一粥一饭来之不易

在家书中，郑板桥特意抄录了几首古诗，要儿子读唱，以便从中受到教育。

一是晚唐诗人聂夷中所作题为《咏田家》（又名《伤田家》）的诗：

"二月卖新丝，五月粜新谷；医得眼前疮，剜却心头肉。"

二是中唐诗人李绅所作题为《悯农》的诗：

"锄禾日当午，汗滴禾下土；谁知盘中餐，粒粒皆辛苦。"

三是宋代诗人张俞所写：

"昨日入城市，归来泪满巾；遍身罗绮者，不是养蚕人。"

四是：

"九九八十一，穷汉受罪毕；才得放脚眠，蚊虫虼蚤（即跳蚤）出。"

这几首古诗都是揭露封建社会阶级矛盾、同情劳动人民的诗，表现了郑板桥的进步思想。

四、教导子弟学会读书

郑板桥注重孩子读书学习，在家信中给儿子以指导。

1. 读书要有正确的目的

他认为，读书不一定非要发达不可，即使将来不发达，也不可以不读书，"科名不来，学问在我，原不是折本的买卖。"

郑板桥特别告诫子弟，千万不能把读书视为升官发财的途径。他指出，有的人，"一捧书本，便想中举、中进士、作官，如何攫取金钱、造大房屋、多置田产。起手便走错了路头，后来越做越坏，总没个好结果。其不发达者，乡里作恶，小头锐面，更不可当。"读书不要只为升官发财，更不能做那种削尖脑袋、钻营奔走、争名夺利的人。

2. 要下苦功夫读书

郑板桥本人读书能在"熟读"上下苦功夫，常常是一部书要读上千百遍，务求能背下来。他利用在船上、马上，甚至在床上的一切时间来读书学习。有时忘了吃饭，有时客人来讲些什么话也没听到，甚至连自己讲了些什么，一会儿也忘记了。他读书相当勤奋、专心。

他根据自己的切身体会，告诫子弟读书不能走马观花，追求什么"过目成诵"。他在家书中说："读书以过目成诵为能，最是不济事。眼中了了，心下匆匆，方寸无多，往来应接不暇，如看场中美色，一眼即过，与我何与也。"走马观花式地读书，匆匆忙忙，不会有什么收获。他还举例说，千古以来过目成诵的，大概要数孔子，但他读《易经》竟然使"韦编三绝"，不知他翻阅了多少遍。因此，他才把书中的微言精义，愈探愈深，愈研愈入，愈往而不知其所穷。再如苏东坡，人称读书不用两遍，但他在翰林院读《阿房宫赋》至四更天，老吏苦行，仍洒然不倦。

3. 读书要有选择

他认为，读书要广泛，要知道"书中有书，书外有书"。但是，无所不读也不是好事，要有选择，即使是好书，比方说《史记》，也不能"篇篇都读，字字都记"，也要选择其中好的章节来读。《史记》130篇中，《项羽本纪》为最好，而《项羽本纪》中，又以"巨鹿之战"、"鸿门宴"、"垓下会"为最精彩。这些章节的情节，令人可歌可泣，应该"反复诵观"。

他还教导说，不要读内容不健康的书。他把那些读书不加选择、什么书都读的人，比作是"破烂厨柜，臭油坏酱悉贮其中，其醒醑亦耐不得。"

五、教导子弟重农事、农民

郑板桥在范县任知县期间，很少交官绅、拜权贵，却喜欢到民间走动，下乡接近农民，了解民情。在这个过程中，他深深感到乡村生活可爱。他曾用通俗生动、新鲜活泼、近于民歌体的诗，写了《范县诗》，反映了农民春耕夏耘秋获冬藏的生活，写到了栽枣种梨，植桑养蚕，放鸭养鹅，男婚女嫁，应差服役，很有生活气息。

在1744年收到家书，得知家里庄稼收成很好，他十分高兴。在给郑墨的家书中说："而今而后，堪为农夫以没世矣！"教育子弟要立志终生从事农业，当一辈子农民。他要求家里添置碓、磨、筛箩、簸箕、大小扫帚、升斗斛等农具。家中妇女，要学会打场收获等各种农活，使家里形成"一种靠田园长子孙气象"。他还满怀深情地告诉家人，要体恤贫困亲戚朋友："天寒冰冻时，穷亲戚朋友到门，先泡一大碗炒米送手中，佐以酱姜一小碟，最是暖老温贫之具。暇日咽碎米饼，煮糊涂粥，双手捧碗，缩颈而啜（chuò）之，霜晨雪早，得此周身俱暖。"字里行间，表现了对农民生活的喜爱。

郑板桥在与农民接触过程中，加深了同农民的感情，日益认识到农民的作用，更加热爱、重视农民。他在给堂弟的信中说："我想天地间第一等人，只有农夫，而士为四民（士、农、工、商）之末。农夫……皆苦其身，勤其力，耕种收获，以养天下之人。使天下无农夫，举世皆饿死矣。"他还借用牛郎织女的传说，告诫子弟要看到农民的作用，热爱农事。他说："织女，衣之源也，牵牛，食之本也，在天星为最贵；天顾重之，而人反不重乎！其务本勤民，呈象昭昭可鉴矣。"这是说，织女牛郎从事织耕，解决人们生活所必须的衣食，织女星、牛郎星在天体星球中都为最贵重，难道我们离不开衣食的人能不重视吗！世人把这样两座星称之为织女星、牛郎星，就是明明白白地表示必须要重织耕农事，重视农民。

在家书中，他批评了当时与重农事、农夫相悖的社会现象：一是读书人不重农："工人制器利用，贾人搬有运无，皆有便民之处。而士独于民大不便，无怪乎居四民之末也！且求居四民之末而不可得也！"是说工匠、商人同农民一样都在社会生活中有重要作用，而唯独士大夫没有什么"便民之处"，可一些读书人却恰恰拼命争当那"四民之末"——士大夫。二是有些人穷极无聊、无所事事，每天以听大鼓书、玩纸牌来消磨时日，养尊处优，不事劳动。他认为这是一种腐败的社会风气，告诫子弟"亟宜戒之"，千万不要沾染上这种坏习气。

尽管郑板桥重农事、农民，是从一个地主阶级知识分子的角度出发的，但在"万般皆下品，惟有读书高"的世俗观念盛行的封建社会，具有这种思想，也是相当可贵的。

郑板桥是封建社会末期的一个地主阶级知识分子。由于他出生以后，家道破落，本人生活道路坎坷；特别是在他做官之前，到各地壮游，目睹了当时社会的黑暗，官场的卑污；做官之后，又经常到平民百姓中私访，了解到百姓的贫苦，这使他对现实的看法越来越深刻，世界观也发生了可喜的变化。所以，他具有许多进步的积极思想，并运用这些思想教育子弟，这是很可贵的。

读书　作文　做人

——曾国藩的《曾文正公家书》

　　曾国藩生于 1811 年 11 月 26 日，死于 1872 年。清朝道光年间进士。字涤生，乳名宽一，1838 年中进士后改名为国藩。

　　曾国藩是清末湘军首领。咸丰二年底（公元 1853 年初），为对抗太平天国革命，以吏部侍郎身分，在湖南办团练，后扩编为湘军。次年发布《讨粤匪檄》，率兵阻击太平军，并出省作战。1860 年任两江总督，次年节制浙、苏、皖、赣四省军务，主张"借洋兵助剿"。1864 年（同治三年）7 月攻陷天京（今南京），1865 年调任钦差大臣，对捻军作战，战败去职。曾与李鸿章、左宗棠创办江南制造局、福建马尾船政局等军事工业。1870 年在直隶总督任内查办天津教案，残民媚外，受到舆论谴责，调任两江总督。不久病死。有《曾文正公全集》。

　　曾国藩是近代中国赫赫有名的大人物，是从清廷到蒋介石所崇奉的主要偶像之一。直到解放前夕，其全集、家书、日记、奏稿仍充斥市场乡里，被一再翻印出版。从军事、政治到诗文、家教，从"修身齐家"到"治国平天下"，他成了反动派心目中"立德、立功、立言""三不朽"的"标准完人"。百年来，对曾国藩的评价，从"勋高柱石"的"英雄"到"汉奸刽子手"，真是判若涂炭。章太炎则称曾国藩是"誉之则为圣相，谳之则为元凶"；青年时代的毛泽东则说："愚于近人，独服曾文正。"可见曾国藩影响之大。

　　曾国藩处于中国封建主义没落、资本主义产生的历史连结点上，其思想发展动向与中国半殖民地化进程同步，深深打上了近代历史的烙印。尽管曾国藩镇压太平军，其主政时劣绩累累，但不能用对他政治上的贬斥代替对他教育方面的主张作具体的历史分析。特别是他的家庭教育思想，虽然忠于封建王朝、仇视太平军的思想特别突出。但他也很注重我国传统道德的传递，有不少可取之处。

曾国藩的家庭教育思想，主要体现在他写给儿子纪泽、纪鸿以及请弟的家书中。

曾国藩的家书，共有330多封，是历史上家书保存下来最多的一个。解放前新文化书社曾经出版过《曾文正公家书》一书，分为治家类（40）、修身类（36）、劝学类（24）、理财类（18）、济急类（18）、交友类（9）、用人类（14）、行军类（79）、旅行类（14）、杂务类（36），共10大类。

曾氏家族，向来治家极严，也很有章法。曾国藩受家风熏陶，对子弟也要求极严，并谆谆加以教诲。他的家庭教育指导思想中，有许多可取之处。诸如在教导子弟读书、作学问、勤劳、俭朴、自立、有恒、修身、做官等方面，继承发扬了中华民族的传统美德。

在曾国藩的教导下，其长子曾纪泽诗文书画俱佳，又以自学通英文，成为清末著名的外交家。曾纪泽起初任户部员外郎。1878年出使英、法，1880年兼任俄国公使，次年为收回伊犁与俄国谈判，签订《中俄伊犁条约》。在英国订购铁甲军舰，帮助李鸿章建立北洋海军。1885年回国，任海军衙门帮办等职。1887年著《中国先睡后醒论》，主张"强兵"优于"富国"。有《曾惠敏公全集》。其次子曾纪鸿不幸早死，研究古算学也已取得相当成就。不仅儿子个个成才，曾家的孙辈还出了曾广钧那样的诗人，曾孙辈又出了曾宝荪、曾约农那样的教育家和学者。

曾国藩的家庭教育思想主要内容如下：

一、家庭教育的指导思想

1. 祖传的治家之法

曾氏家族初年，家境并不富裕，直到曾高祖曾应贞一辈，才渐渐富起来。到祖父这一辈成为居百亩土地的地主。其祖父曾玉屏极为善于经营，在实践中总结出了一套治家方法，为"八字、三不信"：

"八字"是：考、宝、早、扫、书、蔬、鱼、猪。

"三不信"是："曰僧巫，曰地仙，曰医药，皆不信也。"

八字的具体内容是：

"考"——即诚修祭祀祖先。

"宝"——即"善待亲族邻里，凡亲族邻里来家，无不恭敬款接，有急必周济之，有讼必排解之，有喜必庆贺之，有疾必问，有丧必吊。"

"早"——即每天要早起。在咸丰九年十月十四日写给儿子纪泽的家书中说："我朝列圣相承，总是寅正（旧指早三点至五点）即起，至今二百年不改……余（我）近亦黎明即起，思有以绍先人之家风。尔（你）既冠授室，当以早起为第一先务，自力行之，亦率新妇力行之。"

"扫"——即打扫屋室、院落。

"书"——即要多读书，刻苦读书做学问。

"蔬"——即要自己种菜。

"鱼"——即养鱼。

"猪"——即养猪。

以上"八字"、"三不信"，系曾氏家族传统的治家方法。曾国藩在家书中，反复向子弟们灌输这些内容，并身体力行，率先贯彻之。

2. 曾国藩的治家之法

曾国藩在咸丰十一年三月十三日写给纪泽、纪鸿的家书中指出："吾教子弟不离八本、三致祥。八者曰：读古书以训诂为本，作诗文以声调为本，养亲以得欢心为本，养生以少恼怒为本，立身以不妄语为本，治家以

不晏起为本,居官以不要钱为本,行军以不扰民为本。三者曰:孝致祥、勤致祥、恕致祥。"

曾国藩的"八本",即是在读书、作诗文、养亲、养生、立身、治家、居官、行军等几个方面的教子宗旨。

二、教育子弟读书做学问

1. 读书明理,不求做官发财

他说:"凡人皆望子孙为大官,余不愿为大官,但愿为读书明理之君子。"(咸丰六年九月二十九日夜)又说自己志在读书著述,不克成就,每自惭悔,"泽儿若能成吾之志,将四书五经及余所好之八种,——熟读而深思之,略作札记,以志所得,以著所疑,则余欢欣快慰,夜得甘寝,此外别无所求矣。"(咸丰九年四月二十一日)他反复叮咛:"银钱田产,最易长骄气逸气。我家中断不可积钱,断不可买田,尔兄弟努力读书,决不怕没饭吃。"(咸丰十年十月十六日)"尔等长大以后,切不可涉历兵间,此事难于见功,易于造孽,尤易于贻万世口实……尔曹惟当一意读书,不可从军,亦不必作官……吾当军事极危,辄将此二事叮嘱一遍,此外亦别无遗训之语。"(咸丰十一年三月十三日)同治五年,纪泽已27岁,诗文早已精通,湘乡县修县志,举纪泽篆修,国藩也不允许,写信说:"余不能文,而微有文名,深以为耻;尔文更浅而获虚名,尤不可也。"

2. 要刻苦读书做学问

曾国藩特别注重子弟读书做学问。他利用自己好学的行为勉励儿子说:"余在军中不废学问,读书写字未甚间断,惜年老眼蒙,无甚长进。尔今未弱冠,一刻千金,切不可浪掷光阴。"(咸丰六年十月初二日)

咸丰八年八月二十日写给纪泽的家书,专门谈了读书做学问的问题。他结合自己知识学问的不足,激励儿子说:

"余生平有三耻:学问各途,皆略涉其涯涘,独天文算学,毫无所知,虽恒星五纬亦不识认,一耻也;每作一事,治一业,辄有始无终,二耻也;少时作字,不能临摹一家之体,遂致屡变而无所成,迟钝而不适于用,近岁在军,因作字太钝,废阁殊多,三耻也。

"尔为克家之子,当思雪此三耻。推步算学,纵难通晓,恒星五纬,观认尚易。家中言天文之书,有《十七史》中各天文志,及《五礼通考》中所辑《观象授时》一种。每夜认明恒星二三座,不过数月,可毕识矣。

凡作一事，无论大小难易，皆宜有始有终。作字时，先求圆匀，次求敏捷。若一日能作楷书一万，少或七八千，愈多愈熟，则手腕毫不费力。将来以之为学，则手钞群书；以之从政，则案无留牍。无穷受用，皆自写字之匀而且捷生出。——三者皆足弥吾之缺憾矣。

"今年初次下场（考科举），或中或不中，无甚关系。榜后即当看《诗经注疏》，以后穷经读史，二者迭进。国朝大儒，如顾、阎、江、戴、段、王数先生之书，亦不可不熟读而深思之。光阴难得，一刻千金！

"以后写安禀来营，不妨将胸中所见、简编所得驰骋议论，俾余得以考察尔之进步，不宜太寥寥，此谕。"

3. 读书做学问要讲究方法

咸丰八年七月二十一日，在给纪泽的信中专门谈了学习方法问题。他说：

"读书之法，看、读、写、作，四者每日不可缺一。

"看者，如尔去年看《史记》、《汉书》、《韩文》、《近思录》，今年看《周易折中》之类是也。读者，如《四书》、《诗》、《书》、《易经》、《左传》诸经，《昭明文选》、李杜韩苏之诗，韩欧曾王之文，非高声朗诵则不能得其雄伟之概，非密咏恬吟则不能探其深远之韵。譬之富家居积：看书则在外贸易，获利三倍者也；读书则在家慎守，不轻花费者也。譬之兵家战争：看书则攻城略地，开拓土宇者也；读书则深沟坚垒，得地能守者也。看书与子夏之'日知所亡'相近，读书与'无忘所能'相近，二者不可偏废。

"至于写字，真行篆隶，尔颇好之，切不可间断一日。既要求好，又要求快。余生平因作字迟钝，吃亏不少。尔须力求敏捷，每日能作楷书一万，则几矣。

"至于作诗文，亦宜在二三十岁立定规模；过三十后，则长进极难。作四书文，作试帖诗，作律赋，作古今体诗，作古文，作骈体文，数者不可不一一讲求，一一试为之。少年不可怕丑，须有狂者进取之趣，过时不试为之，则后此弥不肯为矣。"

在道光二十二年十二月二十日，曾国藩在写给诸位弟弟的家书中，曾经介绍自己读书做学问的方法说："余自十月初一日立志自新以来，虽懒惰如故，而每日楷书写日记，每日读史十页，每日记茶余偶谈二则，此三事者，未尝一日间断。予自立课程甚多，惟记茶余偶谈，读史十页，写日记楷本，此三事者，誓终身不间断也。诸弟每日自立课程，必须有日日不断之功，虽行船走路，须带在身边。"

4. 读书要有志、有识、有恒

在道光二十二年十二月二十日写给诸弟的家书中说："盖士人读书，第一要有志，第二要有识，第三要有恒。有志则断不敢为下流，有识则知学问无尽，不敢以一得自足，如河伯之观海，如井蛙之窥天，皆无识也。有恒则断无不成之事。此三者，缺一不可。"

他认为，做学问只要有志就有可能成功。他说："凡富贵功名，皆有命定，半由人力，半由天事。惟学作圣贤，全由自己做主，不与天命相干涉。"（咸丰六年九月二十九日夜）他认为，读书可以改变人的气质，但"欲求变之之法，总须先立坚卓之志"。（同治元年四月二十四日）他特别赞赏有志之人。他说："余所见将才杰出者极少，但有志气，即可予以美名而奖成之。"（同治五年九月初九日）

他告诫儿子说："余生平坐无恒之弊，万事无成，德无成，业无成，已可深耻矣。逮办理军事，自矢靡他，中间本志变化，尤无恒之大者，用为内耻。尔欲稍有成就，须从有恒二字下手。"（咸丰九年十月十四日）"近年在军中阅书，稍觉有恒，然已晚矣。故望尔等于少壮时，即从有恒二字痛下工夫，然须有情韵趣味，养得生机益然，乃可历久不衰，若拘苦疲困，则不能真有恒也。"（同治四年七月十三日）

三、教育子弟勤劳俭朴，不要懒惰奢华

曾国藩告诫儿子说："勤俭自恃，习劳习苦，可以处乐，可以处约，此君子也。余服官二十年，不敢稍染官宦气习，饮食起居，尚守寒素家风，极俭也可，略丰也可，太丰则吾不敢也。"（咸丰六年九月二十九日夜）

他认为，勤劳俭约则兴，骄奢倦怠则败。他说："凡仕宦之家，由俭入奢易，由奢返俭难。尔年尚幼，切不可贪爱奢华，不可习惯懒惰。无论大家小家、士农工商，勤苦俭约未有不兴，骄奢倦怠未有不败。"（同上）因此，曾国藩反复向儿子强调："尔一切以勤俭二字为主。"（同治三年六月二十六日）

他用先辈勤俭家风教导子弟说："吾家累世以来，孝弟勤俭。辅臣公以上吾不及见，竟希公、星冈公（祖父）皆未明即起，竟日无片刻暇逸。

竟希公少时在陈氏宗祠读书，正月上学，辅臣公给钱一百，为零用之需，五月归时，仅用去两文，尚余九十八交还其父，其俭如此。星冈公当逊入翰林之后，犹亲自种菜收粪。吾父竹亭公之勤俭，则尔等所及见也。

"今家中境地虽渐宽裕，侄与诸昆弟切不可忘却先世之艰难，有福不可尽享，有势不可使尽。勤字工夫，第一贵早起，第二贵有恒。俭字工夫，第一莫着华丽衣服，第二莫多用仆婢雇工。"（同治二年十二月十四日写给侄子的家书）

谈到勤劳，他说："古人云劳则善心生，佚则淫心生，孟子云生于忧患，死于安乐，吾虑尔之过于佚也。"（咸丰六年十月初二日）他又说："家勤则兴，人勤则健；能勤能俭，永不贫贱。"（同治七年五月二十四日《谕儿妇侄妇满女》）还说："家之兴衰，人之穷通，皆于勤惰卜之。"（同治五年七月二十日）

他对家庭里的男子提出要求说："男子须讲求耕读二事……尔等亦须留心于莳蔬养鱼，此一家兴旺气象，断不可忽。"（同治五年六月二十六日）在咸丰十一年六月二十四日前家书中，曾国藩还详细教给儿子以菜园布置之法。

他对家庭里的女子提出要求说："妇女须讲求纺织酒食二事……必须常至厨房，必须讲求作酒作醯醢（xī hǎi）小菜换茶之类。"（同治五年六月二十六日）他给妇女提出每日劳作时间和内容是："早饭后，做小菜点心酒酱之类——食事；巳午刻，织花或织麻——衣事；中饭后，做针黹（zhǐ）刺绣之类——细工；酉刻（过二更后），做男鞋女鞋或缝衣——粗工。"并且说，他要亲自检查。他还要求女儿、儿妇每人每年给他做一双布鞋，以检查她们的技术。要求妇女做些小菜寄给他，外边买的不要寄。

谈到俭朴，他指出："世家子弟最易犯一奢字、傲字。不必锦衣玉食而后谓之奢也，但使皮袍呢褂俯拾即是，舆马仆从习惯为常，此即日趋于奢矣。见乡人则嗤其朴陋，见雇工则颐指气使，此即日习于傲矣。《书》称：'世禄之家，鲜克由礼。'《传》称：'娇奢淫佚，宠禄过也。'京师子弟之坏，未有不由于娇奢二字者，尔与诸弟其戒之，至嘱至嘱。"（咸丰六年十一月初五）又说："处兹乱世，银钱愈少，则愈可免祸；用度愈省，则愈可养福。"（咸丰十一年三月十三日）"居家之道，惟宗俭可以长久，处乱世尤以戒奢侈为要义。衣服不宜多制，尤不宜大镶大缘，过于绚烂。"（咸丰十一年八月二十四日）"大约世家子弟，钱不可多，衣不可多。事虽

至小，所关颇大。"（同治元年五月二十四日）

他还告诫子弟，生活俭朴，有利于成才。他说："凡世家子弟，衣食起居无一不与寒士相同，庶可以成大器；若沾染富贵气习，则难望有成。吾忝为将相，而所有衣服不值三百金。愿尔等常守此俭朴之风，亦惜福之道也。"（同治元年五月二十七日）他认为，家里人手中钱太多了容易变得奢侈，因此，他虽俸禄不少，但给家中寄钱不多，也"不积银钱留与子孙"。他这种做法，是很有远见的。

四、教育子弟要谦恭谨慎

他对子弟做人也要求极严格。在儿子赴科考前，他告诫说："尔在外以谦谨二字为主。世家子弟，门第过盛，万目所瞩。临行时，教以三戒之首末二条及力去傲惰二弊，当已牢记之矣。场前不可与州县来往，不可送条子。进身之始，务知自重。"（同治三年七月初九日）

曾国藩的家眷久居乡间，他要求不要有官家风味。他说："读书乃寒士本业，切不可有官家风味……莫作代代做官之想，须做代代做士民之想。门外挂匾不可写'侯府'、'相府'字样，天下多难，此等均未必可靠，但挂'宫太保第'，一匾而已。"（同治五年十二月二十三日）

在同治六年五月初五写给夫人的家书中，他告诫家人说："居官不过偶然之事，居家乃是长久之计。能从勤俭耕读上做出好规模，虽一旦罢官，尚不失为兴旺景象。若贪图衙门之热闹，不立家乡之基业，则罢官之后，便觉气象萧索。凡有盛必有衰，不可不预为之计。望夫人教训儿孙妇女，常常作家中无官之想，时时有谦恭省俭之意，则福泽悠久，余心大慰矣。"

五、教育子弟不忮不求

在同治九年六月初四日，曾国藩赴天津查办教案以前，写家书告诫家人要加强自身修养。家书中除谈到勤俭、孝友之外，特别着重谈了不忮不求的问题。

他说："余生平略涉儒先之书，见圣贤教人修身，千言万语，而要以不忮不求为重。忮者，嫉贤害能，妒功争宠，所谓'怠者不能修，忌者畏人修'之类也。求者，贪利贪各，怀土怀惠，所谓'来得患得，既失患失'之类也。忮不常见，每发露于名业相侔、势位相埒之人；求不常见，每发露于货财相接、仕进相妨之际。将欲造福，先去忮心，所谓人能充无欲害人之心，而仁不可胜用也。将欲立品，先去求心，所谓人能充无穿窬之心，而义不可胜用也。忮不去，满怀皆是荆棘；求不去，满腔日即卑污。余于此二者常加克治，恨尚未能扫除净尽。尔等欲心地干净，宜于此二者痛下功夫，并愿子孙世世戒之。"

为使子孙后代充分认识不忮不求的深刻意义，曾国藩还特地作了《忮求诗》两首，以示子孙。

不忮诗

善莫大于恕，德莫凶于妒。妒者妾妇行，琐琐奚比数。
己拙忌人能，己塞忌人遇。己若无事功，忌人得成务。
己若无觉援，忌人得多助。势位苟相敌，畏逼又相恶。
己无好闻望，忌人文名著。己无贤子孙，忌人后嗣裕。
争名日夜奔，争利东西鹜。但期一身荣，不惜他人污。
闻灾或欣幸，闻祸或悦豫。问渠何以然，不自知其故。

尔室神来格，高明鬼所顾。天道常好还，嫉人还自误。
幽明丛诟忌，乖气相回互。重者灾汝躬，轻亦减汝祚。
我今告后生，悚然大觉窹。终身让人道，曾不失寸步。
终身祝人善，曾不损尺布。消除嫉妒心，普天零甘露。
家家获吉祥，我亦无恐怖。

不求诗

知足天地宽，贪得宇宙隘。岂无过人姿，多欲为患害。
在约每思丰，居困常求泰。富求千乘车，贵求万钉带。
未得求速偿，既得求勿坏。芬馨比椒兰，磐固方泰岱。
求荣不知餍，志亢神愈忕。岁燠有时寒，日明有时晦。
时来多善缘，运去生灾怪。诸福不可期，百殃纷来会。
片言动招尤，举足便有碍。戚戚抱殷忧，精爽日凋瘵。
矫首望八荒，乾坤一何大。安荣无遽欣，患难无遽憝。
君看十人中，八九无倚赖。人穷多过我，我穷犹可耐。
而况处夷途，奚事生嗟忾？于世少所求，俯仰有余快。
俟命堪终古，曾不愿乎外。

综上所述，我们可以看到，曾国藩对子弟的教导，有许多是中华民族的传统美德，很值得借鉴。在教导子弟的方法上，也有可取之处，比如摆事实，讲道理；以身作则，身先士卒；要求严格，要求具体；等等。

中国历史上第一个家庭教育法令

——《蒙养院及家庭教育法》

一、颁布《蒙养院及家庭教育法》的历史背景

在中国历史上，家庭教育向来是家长自发进行的，从来没有纳入国家的教育体系之中。到清朝末年，科举制度废除以后，随着新教育制度的建立，学龄前儿童的家庭教育也纳入了国家教育体系之中，其重要标志就是《蒙养院及家庭教育法》的颁布、实行。

清朝末年，维新运动的领导人康有为、梁启超等人极力主张改革旧的教育制度，废除科举制，建立新的教育制度。他们都主张教育要有系统，循序渐进，并且注重儿童入学前的教育。康有为在《大同书》中设计出他理想的教育制度，学校按不同年龄分为小、中、大三级。他特别提出：儿童未出生则重胎教，特设"人本院"以教育孕妇；出生后或在家里进行教育，或送入公立"育婴院"；3岁后转入公立"慈幼院"受幼稚教育；6岁入学校受教育。梁启超根据日本的教育制度，按儿童身心发展的状况，把教育分为四个时期；5岁以前为幼童期，受家庭和幼稚园教育；6～13岁为儿童期，受小学教育；14～21岁为少年期，受中学教育、寻常师范学校或实业学校教育；22～25岁为成人期，受大学教育。他们都把学龄前儿童的家庭教育（包括幼稚园教育）作为儿童入

学前的基础教育。

光绪二十九年，即 1903 年，张之洞、张百熙和荣庆台订《奏定学堂章程》，经皇帝批准，正式颁布后，在全国范围内实际推行，通常称为"癸卯学制"。它对旧中国的学校教育制度在组织形式上影响甚大，清末民初的新学校教育制度，主要都是以此为依据。

"癸卯学制"共分三段七级。第一段为初等教育：分为蒙养院四年、初等小学五年、高等小学四年。在"癸卯学制"里，通过《蒙养院及家庭教育法》这个章程，实际上是把家庭教育在新学制里的地位确定了下来。这是中国有史以来第一次把家庭教育纳入整个国家的教育体系之中。

该章程内容见下文。

二、《蒙养院及家庭教育法》的内容

光绪二十九年（1903 年）

蒙养家教合一章第一

第一节　蒙养家教合一之宗旨，在于以蒙养院辅助家庭教育，以家庭教育包括女学。

第二节　蒙养院专为保育教导 3 岁以上至 7 岁之儿童，每日不得超过 4 点钟。

按各国皆有幼稚园，其义即此章所设之蒙养院，为保育 3 岁以上至 7 岁幼儿之所，令女师范生为保姆以教之。中国此时情形，若设女学，其间流弊甚多，断不相宜；既不能多设女学，即不能多设幼稚园，惟有酌采外国幼稚园法式，定为蒙养院章程。

第三节　凡各省府厅州县以及极大市镇，现在均有育婴堂及敬节堂（即恤嫠堂），兹即于育婴敬节二堂内附设蒙养院。

第四节　各处育婴堂规模大小不一，现均筹有常年经费；其规模过狭者，应设法扩充屋舍，增加数额；乳媪必宜多设，以期广拯穷婴。每堂乳媪之数，省城至少须在 50 人以外，各府县城至少须在 30 人以外，即于堂内划出一院为蒙养院，令其讲习为乳媪及保姆者保育教导幼儿之事。由官将后开保育要旨条目，并将后开之官编女教科书，家庭教育书刊印多本，发给该堂，令其自相传习。乳媪既多，其中必有识字者，即令此识字之乳媪为堂内诸人讲授。此讲授之人，每月格外优给工资，由该堂员董察其是否得力酌办。日久效著者，可随时酌加。若堂内乳媪全无识字者，即专雇一识字之老成妇人入堂，按本讲授。凡本地拟充乳媪谋生之贫妇，愿入堂随众讲习者听（即听便）。人数限 30 人以内，严禁拥挤杂乱，责成该堂员董稽察（乳媪即须做保姆之事，惟年壮有夫可兼充乳媪耳，其为保姆则一也）。

第五节　各处敬节堂本是极要善举，亦应设法扩充屋舍，增加额数，以惠穷嫠（即寡妇）。每堂养赡节之数，省城至少须在 50 名以外，各府县城至少须在 30 名以外。即于堂内划出一院为蒙养院，令其讲习为保姆者保育教导幼儿之事（盖各处贫苦嫠妇，多系为人作活计，当女佣保姆之属，必其无生计可图者乃肯入敬节堂耳。若教以为保姆之技能，固穷嫠之所愿也）。由官将后开保育要旨条目，并将后开之官编女教科书，家庭教育书刊印多本，发给该堂。其中节妇亦必有识字者，即令其为堂内诸人讲授，每月格外优给赡银，由该堂员董察其是否得力酌办。日久效著者，可随时酌加。若堂内节妇全无识字者，即专雇一识字之节妇入堂为之教授。其堂内节妇有癃老已甚，或志在清静寂处，不拟自谋生计，不愿来听讲授者亦听其便。凡本地拟受人雇充保姆之贫妇，愿入堂随众讲习者听（听便）。人数限 30 人以内，严禁拥挤杂乱，责成该堂员董稽察。

第六节　两堂开办一年以后，由各该堂员董考察其讲授之乳媪节妇，讲习认真，保育教导合法者（此事甚浅近易晓，众目共见，不患其不公），禀明地方官分别给予奖赏，并发给保姆教习凭单。其在育婴敬节两堂学保姆者，无论院内院外，均发给蒙养院学过保姆凭单，听其自营生业；讲习无成效者，不给凭单。

第七节　外国女师范学堂，例置保姆讲习科以教成之；中国因无女师范生，故于育婴敬节两堂内附设蒙养院。所学虽然较浅，然其中紧要理法已得大要，已远胜于寻常之女佣。各省贫家妇人，愿为乳媪及抱儿之保姆女佣资以糊口者甚多，此事学成不过一年，领有凭单，展转传授，雇值必可加丰，实为补益贫民生计之一大端。

第八节　凡两种蒙养院中，本地附近幼儿，其父母愿送入其中受院内之教育者听，以便院中学保姆者练习实地保育之法。其每院人数之多少，由地方官及绅董体察情形酌办，如贵族绅富自愿延请女师在家教授者听便。

第九节　保姆学堂既不能骤设，蒙养院所教无多，则蒙养所急者仍赖家庭教育，惟有刊布女教科书之一法。应令各省学堂将《孝经》、《四书》、

《列女传》、《女诫》及《教女遗规》等书，择其最切要而极明显者，分别次序深浅，明白解说，编成一书，并附以图，至多不得过两卷。每家散给一本。并选取外国家庭教育之书，择其平正简易，与中国妇道妇职不相悖者（若日本下田歌子所著《家政学》之类），广为译书刊布。其书卷帙甚少，亦宜家置一编。此外如初等小学课本及小学前二年之各种教科书，语甚浅显，地方官宜广为刊布；妇人之识字者即可自看自解，以供自教其子女之用。其不识字不能自行观览者，或由其夫、或请旁人为之讲说；有子者母自教其子，以为入初等小学之基，有女者母自教其女，以知将来为人妇为人母之道；是为人母者皆行自其教育于家庭之中，母不能教者或雇保姆以教之，是家家皆自有一蒙养院矣。

第十节　三代以来女子亦皆有教，备见经典。所谓教者，教以为女为妇为母之道也。惟中国男女之辨甚谨，少年女子断不宜令其结队入学，游行街市，且不宜多读西书，误学外国习俗，致开自行择配之渐，长蔑视父母夫婿之风。故女子只可于家庭教之，或受母教、或受保姆之教，令其能识应用之文字，通解家庭应用之书算物理，及妇职应尽之道，女工应为之事，足以持家教子而已。其无益文词概不必教，其干预外事、妄发关系重大之议论，更不可教。故女学之无弊者，惟有家庭教育。女学原不仅保育幼儿一事，而此一事尤重要；使全国子女无学，则母教必不能善，幼儿身体断不能强，气质习染断不能美。蒙养通乎圣功，实为国民教育第一基址。

保育教导要旨及条目章第二

第一节　保育教导要旨如下（外国所谓保育，即系教导之义，非仅长养爱护之谓也。兹故并加"教导"二字以明之——原注）：

（一）保育教导儿童，专在发育其身体，渐启其心知，使之远于浇薄之恶风，习于善良之轨范。

（二）保育教导儿童，当体察幼儿身体气力之所能为，心力知觉之所能及，断不可强授以难记难解之事，或使为疲乏过度之业。

（三）保育教导儿童，务留意儿童之性情及行止仪容，使趋端正。

（四）儿童性情极好模仿，务专意示以善良之事物，使则效之，孟母三迁即此意也。

第二节　蒙养院保育之法，在就儿童最易通晓之事情，最所喜好之事物，渐次启发涵养之，与初等小学之授以学科者迥然有别。其保育教导之条目如下：

（一）游戏　游戏分为随意游戏及同人游戏两种：随意游戏者使幼儿各自运动，同人游戏者合众幼儿为诸种之运动，且使合唱歌谣，以节其进退；要在使其心情愉快活泼，身体健适安全，且养成儿童爱众乐群之气习。

（二）歌谣　歌谣俟幼儿在五六岁时渐有心喜歌唱之际，可使歌平和浅易之小诗，如古人短歌谣及古人五言绝句皆可，并可使幼儿之耳目喉舌运用舒畅，以助其发育，且使心情和悦为德性涵养之质。

（三）谈话　谈话须择幼儿易解及有益处、有兴味之事实，或比喻之寓言，以期养其性情兴致。与小儿对话时，且就常见之天然物及人工物等指点言之，并可启发其见物留心之思路。其所谈之话，儿童已通晓时，保姆当使儿童演述其要领。演说之际务使声音高朗，语无滞塞，尤不许儿童将说话之次序淆乱错误。

（四）手技　手技授以盛长短大小各木片之匣，使儿童将此木片作房屋门户等各种形状；又授以小竹签数茎及豆若干，使儿童作各种形状，又使用纸作各种物体之形状，更进则使用粘土作碗壶等形。又使于蒙养院附近之庭院内，播草木花卉之种于地，浸润以水与肥料，使观察其自发生以至开花结实等各形象。诸如此类，要在使引导幼儿手眼，使之习用于有用之处，为心知意兴开发之资。

第三节　保育教导幼儿之时刻，每一日不得过四点钟（合饮食之时刻在内）；此外余时，可听其自便，惟伤生之事须随时防范。

屋场图书器具章第三

第一节　蒙养院房舍，以平地建造为宜，断不可建造楼房，致儿童登降有危险之虞。

第二节　蒙养院当备保育室、游戏室及其他必需之诸室。

第三节　保育室面积之大，当合每幼儿五人占地六平方尺。

第四节　庭园面积之大，至小者当合幼儿一人占地六平方尺。

第五节　凡手技用之器物图画、游戏物具乐器、几案椅凳、时辰表、寒暑表、暖房器及其他必需之器具，视其经费酌量置备，但只可简朴，不可全缺。若各器俱无，即无从指点引导矣。

第六节　院地内外一切卫生等件，均按照小学堂之例。

管理人事务章第四

第一节蒙养院置院董一人，管理院中一切事务；司事酌设。但董司均须择老成端谨而又和平耐烦者。

第二节　蒙养院中董事司事人等，若系官立者，由官选派；若系乡村公立者，由绅董公议，禀请本地方官核定。若私立之蒙养院，则由创设者自主之，亦须禀报地方官批准立案。无论公立私立，均须禀明本省学务处以备查核。①

三、颁布《蒙养院及家庭教育法》的意义

《奏定蒙养院章程及家庭教育法章程》是中国教育史上第一个有关家庭教育的法令。它的制定和推行，对于发展、振兴中国的家庭教育有重大的促进作用。

第一，确定进行儿童蒙养教育的主要形式是家庭教育。在这个章程中，第一章就明确规定"蒙养家教合一"的原则。章程虽然大力提倡在育婴堂、敬节堂内附设蒙养院，但是，由于条件所限，"保姆学堂既不能骤设，蒙养院所教无多，则蒙养所急者仍赖家庭教育"。就是说，蒙养教育的主要形式仍然是家庭教育。而设立蒙养院，其宗旨还是"在于以蒙养院辅助家庭教育"。

"癸卯学制"是一个长达30年的系统的教育制度，要使受教育者能够顺利地接受如此长时间的系统教育，必须从小时候就打下良好的基础。把学龄前儿童的蒙养教育用法令的形式确定下来，将使人们对家庭教育给予极大的重视。

第二，大力向家长传播家庭教育的知识。在开办的蒙养院中，注重给保姆传授保育教导方面的知识，组织保姆学习《官编女教科书》、《家庭教

---

① 《奏定学堂章程·蒙养院及家庭教育法》，湖北学务处本，第1～10页

育书刊》，以提高保姆保育教导的技能。同样，章程明确规定："应令各省学堂将《孝经》、《四书》、《列女传》、《女诫》、《女训》及《教女遗规》等书，择其最切要而极明显者，分别次序深浅，明白解说，编成一书，并附以图，至多不得过两卷。每家散给一本。并选取外国家庭教育之书，择其平正简易，与中国妇道妇职不相悖者，广为译书刊布……亦宜家置一编。此外如初等小学课本及小学前二年之各种教科书，语甚浅显，地方官宜广为刊布。"这些家庭教育的教科书，虽然仍旧保持着中国封建的传统，但仍可以说明当时政府重视家庭里教育者素质的培养和提高。重视家庭里教育者素质的培养和提高，其目标是把家家户户都办成"蒙养院"（"是家家皆自有一蒙养院矣"），最终目的是"以为入初等小学之基"。这样，肯定会大大加强学龄前儿童的家庭教育。

第三，特别注重女子教育，切实提高女子的素质。在封建社会，自给自足的小农经济形式，家庭成员自然形成了"男耕女织"、"男治外，女治内"的分工。男子在外种地或谋事，女子则在家主持全部家务。在这种分工情况下，抚养教育子女的责任，必然要由母亲来承担。

自夏、商、周以来，中国历来重视女子教育，教育内容基本都是"为女为妇为母之道"，即教导女子如何做好女儿、妻子、母亲。女子的修养、成长过程，一般是"始于女职，成于妇德，终于母仪"，以成为模范的母亲为最高的境界。该章程充分估计了儿童蒙养教育的奠基作用，指出："蒙养通乎圣功，实为国民教育之第一基址。"由此出发，主张对女子进行教育："女学原不仅保育幼儿一事，而此一事尤为重要；使全国女子无学，则母教必不能善，幼儿身体断不能强，气质习染断不能美。"女子教育关系到母亲素质的提高，直接决定对幼儿进行家庭教育的效果。因此，章程要求对女子进行如下的教育："令其能识应用之文字，通解家庭应用之书算物理，及妇职应尽之道，女工应为之事，足以持家教子而已。"

尽管章程提出女子教育问题，但对女子还是绳之以封建礼教，不让女子"结队入学"，"不宜多读西书，误学外国习俗"，"只可于家庭教之"，接受家庭教育，仍旧坚持歧视妇女的立场。

第四，提出学龄前儿童家庭教育的指导思想。在章程第二章中，其"保育教导要旨"，既是蒙养院的保育教导指导思想，同样也适合于家庭教育。

一是明确保育教导任务："专在发育其身体，渐启其心知，使之远于浇薄之恶风，习于善良之轨范。"就是保健身体，开发智力，养成良好行为习惯。

二是量力而行，循序渐进："保育教导儿童，当体察幼儿身体气力之所能为，心力知觉之所能及，断不可强授以难记难解之事，或使为疲乏过度之业。"

三是要有针对性："保育教导儿童，务留意儿童之性情及行止仪容，使趋端正。"

四是要以身作则，创造良好环境："儿童性情极好模仿，务专意示以善良之事物，使则效之，孟母三迁即此意也。"

第五，提出学龄前儿童家庭教育的内容、方法、目的。

一是游戏。有两种方式：一是个人单独游戏；二是集体游戏。特别提倡集体游戏，其目的是"以节其进退"，使其遵守纪律，"使其心情愉快活泼，身体健适安全，且养成儿童爱众乐群之气习"，即集体主义思想习惯。

二是歌谣。唱歌谣、绝句等，目的是"使幼儿之耳目喉舌运用舒畅，以助进发育，且使心情和悦为德性涵养之质"。亦即活动感觉器官，使之灵敏，陶冶情操。

三是谈话。谈话内容要选择儿童容易理解、有好处、有兴趣的内容，谈话方法要运用比喻，联系实际，启发儿童思考，让儿童复述内容，目的是激发儿童的兴趣，锻炼口头表达能力。

四是手技。活动儿童的手脚，进行实际操作，目的是培养活动能力和观察能力，激发儿童广泛的兴趣。

《蒙养院及家庭教育法》把家庭教育纳入整个国家的教育体系之中，具有划时代的意义，不仅有利于振兴我国家庭教育，而且进一步促进了家庭教育的科学化。

省长亲撰的家庭教育专著

——朱庆澜的《家庭教育》

古今中外，著书立说指导家庭教育的，一般都是文人学者。可在我国民国初年，有一部名为《家庭教育》的专著，却是出自当时一位省长之手，那就是原广东省省长朱庆澜先生。

朱庆澜，字子桥，浙江绍兴人，我国近代著名的爱国将领。生于1874年，死于1941年。早年从军，后来主持军务，历任四川新军第三十三混成协协统、第十七镇镇统。孙中山领导辛亥革命以后，他历任四川副都督、黑龙江代理都督和广东省省长等职务。1924年以后，长期从事慈善救济工作。1931年"九·一八"事变以后，东北各地人民和国民党一部分在东北的爱国军队，在中国共产党的号召之下，组成"东北抗日义勇军"，在辽宁、吉林、黑龙江一带进行抗日游击战争。朱庆澜曾积极募款支持东北抗日义勇军抗日，为中国人民抗日战争的胜利作过重要贡献。1936年他出任国民党政府赈务委员会委员长。1941年在西安病逝。

民国初年，朱庆澜任广东省省长。在任职期间的1916年，他亲自撰写了名为《家庭教育》的著作，并于1917年由他本人捐款公开出版，分发给广东全省的家家户户。

作为一个省的最高行政长官，亲自著书立说，指导全省人民的家庭教育工作，这在中国历史上，甚至在国外，也是罕见的事。

朱庆澜是行伍出身，肩负一省之行政重任，为什么要亲自撰写家庭教育著作呢？他在该书的"前言"中说："中国本是极大极强的国，因何变成这样全无出色的地位？并非国不好，实在是人不好。天生人人都是好的，所以不好的缘故，都由于自小未曾受过好的教育。照此看来，要把中国变强，非把中国的小孩好好教育起来，否则中国永无翻身的日子。我做广东的省长，就是广东一家的家长，家家的小孩，做省长都应该帮着教育。只是地方太大，功夫来不及。因此，编写了一本家庭教育的白话（文），由我捐廉印刷出来，分与大众。大众看了这本书，就同对着省长说家常话一样。人人能照这本书教育子弟，能替国家养成好人民，是国家的大福气，能在家里教成好儿子，就是各家的大福气了。"这就是朱庆澜撰写、出版该书的初衷。

《家庭教育》一书是用白话文写成。文字通俗易懂，语言生动流畅，老幼皆宜，雅俗共赏，有很强的可读性。该书共写了23个问题，对于家庭教育的意义、作用、原则、内容和方法等基本理论，结合我国当时家庭教育的实际状况，进行了全面系统的论述，具有浓厚的民族特色，是我国近代教育史上一部很有特色的家庭教育专著。

下文详细介绍朱庆澜的《家庭教育》一书。

一、家庭教育的重要意义

朱庆澜在该书中所论述的家庭教育，是从出生到入学前的儿童的家庭教育，即学龄前家庭教育。他认为，学龄前阶段儿童的家庭教育，是人一生成长的基础，是"至要紧的事"。他把一个人从出生到6岁入学前、入学读书和离开学校走上社会这三个阶段，形象地比喻为"三道染缸"。

他说："小孩子生下来，好似雪白的丝。在家里养活六年，好似第一道染缸。""家里六年教得好，养得好，好似白丝染成红底子。到了进学堂，再得好先生，就将那红红底子好好加上一层，自然变成大红。到了世界（社会）上，哪怕遇着坏朋友、坏染缸，想把他变成黑色，他那大红的底子，一时总不会变的。如果再遇上好朋友、好染缸，不用说，自然变成真正的朱红，头等的好人了。万一在家里六年，教的法子、养的法子不好，比如白丝一下缸已经染成黑底子，进了学堂，就有好先生，想把他变成红色，那黑底子总是难退得去。就是勉强替他加上一层红色，仍旧是个半红半黑的。如果学生再遇着不热心的先生，到了世界上，再遇着坏朋友、坏染缸，将就黑底子一层一层加上黑色，自然变成永不脱色的黑青，永不回头的坏蛋了。"

因此，他断言："丝总是白的，只看第一道染法如何；个个人生下来都是好的，只看6岁以前家里的教法怎样。""六年里肯费力，将来就受用不尽。"

朱庆澜很赏识外国人注重儿童早期家庭教育的做法。他说："外国人教儿子，人人都肯拼这六年的功夫，所以儿子到了20岁，个个都企（站）得住（脚），不用父母去管他。"而我们"中国人不知道（早期）家庭教育的紧要，把小时候顶紧要的六年，随随便便放过去了。都说小孩不要紧，等到大了再教不迟。哪知道到长大了，小孩底子已经坏了，白花许多学费，白做许多牛马，一直做到父母进了棺材，闭了眼，儿子还是企不住，到底不成才。"

他十分恳切地对父母们说："儿子小的时候，随你爱怎么教，就怎么教，教小孩本是极要紧，又是极容易的事，各人偏不在容易的时候去教，偏要等到大了不容易教的时候去教，又费力，又无益，岂不是怪事吗？"

朱庆澜还认为，早期的家庭教育，不仅仅直接影响一个人一生的成长，也关系到国家的前途和命运。子女的家庭教育搞不好，不仅是一家的不幸，也是国家的不幸。他说："一家父母不讲家庭教育，就会把一家的儿子弄坏；家家没有好儿子，国也不成个国了。"所以，他要求父母们按照他《家庭教育》一书所讲的"家里教小孩子的法子"，认真赶快做起来，努力把孩子教育好。

朱庆澜把早期家庭教育看做是一个人一生成长的基石，认为基础打好了，可以有益于终生；如果基础没有打好，长大以后再重新教育，那将是很难的。他要求父母对人生的最初六年要抓紧教育，不可轻易放过这大好的教育时机，这都是正确的。特别是他不仅看到家庭教育对人个体发展的巨大作用，而且还把家庭教育同国家的前途、命运联系起来，强调家庭教育的社会意义，这是很有见地的。

但是，他认为："先生共朋友，只能跟着父母（打下）的老底子，加一层功夫，不能反过父母（打下）的老底子，变一个样子。"这种观点，是太绝对化了，过分夸大早期家庭教育的作用。早期家庭教育是很重要的；但是，人总是可以改变的，成年人尚可以改变，更何况儿童、少年。人的可塑性很强，假如小时候没有受到好的教育，只要后来有良好的教育条件和环境影响，小时候养成的不良习惯还是可以逐步纠正过来的。不能因为小时候未受到良好的教育，就丧失信心，放弃对孩子的重新教育。在这一点上，朱庆澜的思想是有片面性的。

二、家庭教育的原则

1. 父母要给孩子"做个样子"

朱庆澜认为，"家庭教育的根本道理"是父母的以身作则。他说："无论什么教育，教育人（即教育者）都要将自己身子做个样子与学生看。不能只凭一个口，随便说个道理，学生就会信的。"

他通过学校教育和家庭教育的对比，指出家长的以身作则尤为重要。他说："不过学堂的先生，不是终日同学生在一处的。比如教学生不要吃烟，督着学生的时候，先生自然不吃。背开学生的时候，论理自然也不该吃，只是学生不在面前，先生偶尔吃两口烟，学生还不晓得，还不要紧。"在家庭里，情况就不同了："一天到晚，（父母）同儿女在一处，一举一动，儿女都把你监管着的。比如，教儿女不要吃烟，父母断断不可吃烟。如果父母吃了烟，不但叫儿女疑心，烟是吃得的，父母叫我不要吃，是骗我的，从此就不信父母的话，并且觉得烟（既）是吃不得的，父母何以要吃？一面又生出一个看不起父母的心。有了这个心，一天一天就会做出不服父母，不孝父母的事。"

在这里，朱庆澜注意到家庭教育的一个重要特点是：父母和子女天天朝夕相处，父母每时每刻都在接受子女的"监督"，其言行举止难以完全回避子女。因此，朱庆澜告诫说："做父母的，要禁止儿女不要做那样事，总要自己不去做；要教儿女做那样事，总要自己先去做。那就是说，父母要处处、时时、事事以身作则，样样都要自己先做样子。"他认为，这是家庭教育的"根本法"，非常重要，直接关系到决定家庭教育工作的成败。他特别强调指出："根本法子一错，什么（别的）教法都是无效的。"朱庆澜的这种说法是很深刻的。

2. 教育定要跟着小孩的程度

现代心理学告诉我们，不同年龄阶段的儿童，其心理特点不同，知识水平和接受能力不同。要教育好儿童，必须使教育工作符合儿童的年龄特征。朱庆澜提出的"教育定要跟着小孩的程度"，就是这个意思。

他形象地比喻说："教人的（即教育者），不跟着教的人（即受教育者）的程度走，好似主人请个吃素的客，却是预备了一桌燕菜烧烤，主人尽管费了事，客却没有地方下箸（zhù）。"这个比喻十分贴切。教育孩子，脱离实际，徒劳无益。

朱庆澜针对当时中国家庭教育的实际情况，指出存在的两种偏向：

"一种（是）不望小孩好，长到七八岁，也不教他认字，也不送进学堂。这种父母害小孩子不用说了。"教育工作落后于儿童的心理发展水平，该教的却迟迟不教，自然会阻碍儿童心理发展，是不利于儿童成长的。还有一种更为普遍的偏向是："太望小孩好，三四岁刚能说话，就教他认字。今天认得 5 个，明天又想加到 10 个，小孩子一认不得，就一顿打骂。在这种父母心里恨不得小孩一阵就变成个孔圣人！"

这后一种偏向是教育工作超越了儿童的心理发展水平和实际能力，更是事与愿违，有害无益。朱庆澜着重分析了这后一种偏向的危害。

他说："哪知道小孩的脑筋，是跟着年纪来的。年纪太小，脑筋没长到，笨孩子你就是打死他，也是无益的。聪明的孩子，也有三四岁就能认字的，却禁不住（承受不了）今天加几个（字），明天加几个（字），加得他担不住，再一顿打骂，就是孩子有点聪明，也被父母打塞（蒙）了。"他指出："许多小孩，小时候极聪明，大了却一天笨过一天，都是父母同老师把他的聪明提前用得太早、用得太尽的缘故。"这个分析是很有道理的。

为进一步说明教育工作超越儿童年龄特征和心理水平的危害，朱庆澜又举例说："千里马能走千里，是说腿力长足了的时候。如果马驹子的时候，你就强（迫）着他，今天走二百（里），明天走三百（里），是千里马驹，小时候也可以勉强对付。却是腿力没有长足，提前用得太早，用得太尽，等到长大该走一千里的时候，却连一百里也走不得。这不是马的错，却是骑马的造孽！"这个比喻贴切，分析也深刻。

朱庆澜还分析了这种不正确做法的思想根源。他指出："如果教儿子太着急，这个意思，一半是望儿子好，一半也有个要儿子替我争个名誉的心。想到将来（扬名显亲），已算是私心。如果因为想争自己的名誉，就不顾儿子的死活，不管他年纪到了未有，聪明长够了未有，一味硬逼着往前进，或是把儿子聪明弄塞，或是把身体弄坏，那就是做父母的害了好孩子。"这番话很中肯，于今天也有现实意义，值得家长深思。

"教育定要跟着小孩的程度"，从教育学理论看，实际上就是循序渐进量力而行的原则。对此，朱庆澜具体地阐述了这个原则的要求。他说："孩子话尚说得不清楚，不可太忙教他认字。他有认 10 个字的力量（能力），只教他认 5 个，不仅不要用尽他的力量，并且替他留点余地，叫他心里舒服。教一回不懂得，耐着心再教。不但打骂不得，并且要用好话安慰他，叫他勿着急，或是歇一回，他脑力回过来，再教再认。"

朱庆澜提出的循序渐进量力而行的教育原则，反映了我国教育的优良传统。墨子说："夫智者必量其力所能至而从事焉。"孟子说："其进锐者其退速。"孟子认为，"揠苗助长"，操之过急，违背规律，"非徒无益，而又害之"。明朝王阳明说："与人论学，亦须随人分限所及。如有这些萌芽，只把这些水去灌溉，萌芽再长，便又加水。自拱把至合抱，灌溉之功，皆是随分限所及。若这些小萌芽，有一桶水在，尽要倾上，便浸坏他了。"这里所说的"分限"，即是儿童的心理水平和接受能力。根据这个指导思想，王阳明指出："凡授书不在徒多，但贵精熟，量其资禀能二百字者，止可授以一百字，常使精神力量有余，则无厌苦之患，而有自得之美。"朱庆澜的教育观点和古人的观点完全一致，也符合现代教育科学理论。

3. 注意"家庭气象的教育"

所谓"家庭气象的教育"，就是指家庭环境、风气的影响。

他说："气象就是样子，家里是个什么样子，小孩一定变成什么样子。家庭气象，好比立个木头，小孩好比木头的影子。木是直的，影一定直；木是弯的，影一定弯曲，一点不会差的。"

他认为家庭成员自身的行为，家庭风气，比说教影响作用还要大，还要深刻。他说："父母哪怕天天教小孩和气，如果家里（风气）是个乖张（不讲情理）的样子，小孩一定变成乖张的脾气；哪怕天天教小孩勤谨，如果家里（风气）是个懒惰的样子，小孩一定变成懒惰的脾气。"他的观点是很有道理的。

针对当时中国多数家庭是大家庭，成员序列多，构成复杂这一实际，朱庆澜指出："要形成良好的家庭气象，不但做父母的平日要小心检查，不可做成坏样子给小孩学。凡是做伯伯、叔叔、伯娘、婶娘的，也要帮着做成一个好样子才得。如果父母极和气极勤谨，伯伯、叔叔、伯娘、婶娘却是极乖张，极懒惰，小孩的脾气学坏事极容易，学好事极难，不知不觉也会离开父母的好样子，去学那伯伯、叔叔的坏样子了。"这种说法是很实际的。

因此，朱庆澜认为要搞好儿童的家庭教育，必须首先把整个家庭治理好。他说："家庭教育的担子，不但在做父母的身上。做父母的想教成个小孩子，先要把一家子的弟兄妯娌人人都劝好教好，完完全全做成个好家庭的样子，小孩才会好的。说到此处，就要知道治家是第一层功夫，教儿子还是第二层功夫呢。"这种"教子必先治家"的思想是我国的传统，值得继承发扬。

4. 父母要共同教育子女

朱庆澜提出："父母要分担教育，不要叫小孩分个亲疏轻重。"这是要求父母共同承担教育子女的责任。

他之所以提出这样一个教育原则，是有针对性的。他说："人家里的小孩，多半亲热母亲，疏远父亲，看重父亲，看轻母亲。"为什么会出现这种情况呢？他认为："都是做父亲的，单管教儿子，所以叫儿子看重父亲，一面却生个怕父亲的意思，不知不觉同父亲疏远起来。做母亲的，单管养儿子，所以叫儿子亲热母亲，一面却生个撒娇的意思，不知不觉看轻了母亲。"

朱庆澜特别指出家庭教育中常常出现的两种错误做法及其后果：

一是母亲只养不教，父亲只教不养。他说："做母亲的，不知道自己也该教管儿子，遇见小孩胡闹，不去禁止他，却是吓他说父亲来了，硬把管儿子的事，归给父亲。小孩子不懂得，以为母亲不能管我，一面看父亲同老鼠见猫子一样，一面看母亲不过同个奶娘一样。做父亲的，又不知自己也该养儿子，一天同儿子离远，除了碰见儿子不好，骂一顿打一顿之外，全不用心去爱他，因此，小孩觉得爱我的只有母亲，自然同父亲疏远起来。"

二是母亲和父亲互相拆台。他说："还有一种不懂事的母亲。不知道儿子已经同父亲疏远了，偏要说父亲怎么厉害，怎么要打你骂你，又帮助儿子隐瞒父亲，想叫儿子亲热自己，哪知道儿子越疏远父亲，越看轻母亲了。那不懂事的父亲，不知道儿子已经看轻母亲，偏要当着儿子，骂他母亲，想叫儿子看重自己，哪知道儿子越看不起母亲，越同父亲疏远了。父母这样教法，活活把个好孩子教成一个极胆大、既不孝父又不孝母的人。"

为了避免出现子女对父母态度轻重亲疏的问题，做到互相配合，共同教育好子女，朱庆澜要求："做父亲的，一面教儿子，一面也要养儿子；

做母亲的，一面养儿子，一面也要教儿子。父亲要叫儿子尊重母亲，母亲要教儿子亲热父亲。父母同时去教，小孩知道做了坏事，无地可以躲藏，无人可以保护，自然不敢做坏事；父母同时去养，小孩知道父母都是我的大恩人，自然不会亲热这面，疏远那面，自然变成个孝顺儿子。"

朱庆澜提出父母共同教育子女的原则，对于中国的家庭教育来说，是非常有现实意义的。中国过去的家庭普遍盛行封建家长制，实行男尊女卑。对于子女来说，父亲权力极大，只讲严厉；母亲地位低下，只讲宽容。即所谓"父严母慈"是也。这在中国家庭教育中是十分普遍的现象，致使子女对父母有亲疏轻重之分，教育效果不佳，也是必然的。至今还有父母认为"父严母慈"或"母严父慈"，一个"唱红脸"，一个"唱白脸"，这是教育子女成功的"秘诀"。其实恰恰相反，这样往往导致家庭教育的失败。正确的态度是：父母双方对子女都要有严有慈，严慈集于一身，每个家长都要做严明而慈祥的人。这正是朱庆澜所主张的。

5. 划清界限掌握分寸

做父母的，都希望把孩子培养成既活泼又有规矩的人。但真正能做到不是一件容易的事。朱庆澜认为，许多父母都分不清活泼同放肆、规矩与呆板的界限，"活泼好像就是放肆，规矩好像就是呆板"。一教孩子活泼，"就无论何事都听他自由"；一教他守规矩，"就无论何事都不准他自由"。这是家庭教育中常常出现的两种偏向。

其实，活泼同放肆，规矩同呆板，二者大有区别。朱庆澜说："有规矩的自由叫活泼；没有规矩的自由叫放肆；不放肆叫做规矩，不活泼叫做呆板。"这种分法是科学的，因为体现了辩证法的思想。

他运用比喻进一步解释说："比如牧牛场，周围用铁栅拦起来，牛在栅里吃草喝水，东奔西跑，这叫做活泼，放牛的不好干涉它；如果跳出栅外，就是放肆，不干涉就不能了。不准牛出栅，这就是规矩；如果在栅里，也不准它吃草饮水，也不准它东奔西跑，定要把这动物里的牛，变成植物里的木头，如此就是呆板了。"他说："教小孩的意思也同牧牛差不多。"这个比喻是比较贴切的，所说明的道理很深刻，耐人寻味。

具体到家庭教育实践，他又举例进一步阐述划分界限的问题。就拿"说话"这件事来说，"小孩爱如何说，听他如何说，这叫做活泼；因为听他随便说，就连粗话、横话、下流混帐话都不干涉他，如此就是放肆了；不准他说粗话、横话、下流混帐话，及无论何种话都不准他说，好似要贴张封条在他嘴上，如此就是呆板了。"这种划分界限的标准是科学的，对家庭教育很有指导意义。

在家庭教育中，强调要注意划清某些界限，实际上就是要求父母在管教孩子时要掌握分寸、尺度，不论进行哪个方面的教育，都要适度，适可而止，不得过头，过分。过头了，过分了，走上极端，就要产生相反的效果。这是家庭教育中必须做到，然而又是相当困难的事，是一种教育艺术。朱庆澜把划清界限、掌握分寸称作是"用个适中的法子"，这同陈鹤琴提出的"折其衷"、前苏联马卡连柯提出的"中庸之道"的主张是一致的，这个见解在家庭教育理论中是很有价值的。

6. 言行谨慎防微杜渐

朱庆澜注意到家庭教育是在日常生活中由父母言传身教进行的，父母的言行对孩子的影响常常是在无意中发挥作用的。因此，他提出父母在孩子面前一定要言行谨慎。他举例说："小孩在面前，父母对人说某家小孩太蠢。小孩听见这句话，就生出骄傲的心。对着人说某家父亲富贵，他儿子穿的衣服顶讲究，这句话小孩听见，又会生出羡慕虚荣体面的心。对着富贵人，父母格外恭敬，小孩看见，就会生出一种势利心。对着贫贱人，父母有意糟蹋，小孩看见，又会生出一种刻薄心。"

朱庆澜这是说，父母对孩子的教育和影响，在大量情况下并不是有意识的。然而，恰恰就是这些无意中的言行却给孩子以极为深刻的影响。他要求父母言行一定要慎而又慎："做父母的，不但在家里一言一动要谨慎，就是同朋友说话做事，有小孩在面前，也要格外小心。万一今天说句话，怕小孩会错了意，回家一定要说明一番。"

为了做到防微杜渐，朱庆澜要求父母不但要自己言行谨慎，而且也要严察孩子的言行。他说："有时带小孩出门，更要细细察看他同别家小孩的说话举动。回到家来，先把自己的小孩说话举动，哪样好，哪样不好，好好分别指出来，好的夸奖他，不好的劝戒他。再把别家小孩言行的好丑，一一与他分别指出来，好的教他要学，丑的教他要戒。"这是要求家长要增强教育意识，成为教育孩子的有心人。

为什么要严察孩子的言行呢？朱庆澜说："养儿好比防水，四方八面，但有针大一个孔，水便进来，就要即刻把它塞住，万万不能疏忽的。"这种教育思想和我国古人所说："蝼蚁之穴，毁千里之堤；一趾之疾，丧数尺之躯。"意思完全是一致的。

7. 打骂不如教劝

朱庆澜反对打骂孩子。他认为父母打骂孩子至少有三个方面的危害：

"第一，小孩还没有分辨错不错的知识，比如看见别人有好吃的东西，不告诉别人就拿来吃了。这并不是明知是盗贼行为，故意去犯的。父母不先教明白他，叫他知道这就是盗贼行为，劝他下次不要再如此。只是打骂一顿，小孩哪怕挨了打骂，仍然不晓得这就是盗贼行为，下次就难免再犯的，这是第一个毛病。"

"第二，教他劝他不听，下次还有打骂的厉害法子去制他，如果动辄就用打骂，父母法子一下就用穷了，以后小孩再有大错，也无法再对付了。小孩晓得错了不过打骂，胆子就越发大了，把打骂看成寻常事，廉耻也就一日一日忘记了。打骂本望小孩好，倒反教成小孩胆大不要面。这就是第二个毛病。"

"第三，小孩脑力未曾长足，父母望子成龙心切，不可太急。比如教他认字，如果一回认不得，就打骂一顿，脑力弱的小孩，胆气也是怯的，一回打骂教他丧了气，落了脑，就是有聪明的，也被这吓吓闭住了。"

因此，他规劝父母："望小孩学好，万万不可用打骂。"

打骂孩子，在中国的某些家庭里有时也很难完全避免。朱庆澜正视这种现实，他提醒家长就是不得已的打骂也要注意效果："用打的时候，定要背着人去打，使他知道挨打是顶失礼的事，是父母顶不愿意、顶无可奈何的事。"他还特别指出："万一小孩犯了事，自己说出，那就不但不该打骂，并且要夸奖他不欺父母，保全他不'护过'（隐瞒过失）的好德行。不好再打再骂，逼着他有过不敢说，那就是父母教他'护过'，教他骗人了。"这些提醒非常重要。

8. 家庭同学堂要一气

所谓家庭同学堂要一气，是说家庭和学校要密切配合，相互支持，保持教育的一致性。

朱庆澜认为，家庭和学校的教育不一致，就会抵消学校的教育。他说："小孩信老师的话，不如信父母的话。每日半日在学堂，半日在家，如果学（堂）里老师叫他回家温书，回到家里，父母却不督促温书，听凭他玩耍；学（堂）里老师，叫他俭省勿乱花钱，回到家来，父母却准他乱花，这样一来，老师叫往东，父母叫往西，家庭同学堂不一气，小孩将来书记不得，爱乱花钱，父母却怪老师未曾教好，老师受冤枉不要紧，孩子教坏了，父母却是后悔不及了。"

要做到家庭和学校一气，朱庆澜要求："家里父母，定要随时同老师接头，打听学（堂）里如何教法。凡是学（堂）里叫做的，父母定要帮着老师逼小孩去做；学（堂）里不叫做的，父母定要帮着老师禁止小孩勿做。"只有这样相互配合，保持一致，"小孩知道无地可以躲闪，才能够一气往前学好呢！"

三、家庭教育的内容及方法

朱庆澜提出的家庭教育内容是很丰富的，而且侧重于思想品德方面。鉴于他所处的特定的历史条件，在教育内容的提法上，带有浓厚的封建色彩，这是可以理解的。应当看其教育内容的精神实质。

他提出了九个方面的教育内容，并分别阐述了各种教育内容的具体教育方式方法。

1. 仁的教育

什么叫"仁"？朱庆澜解释说："仁就是良心。爱人爱物件的心，都是良心。"

他进一步具体阐述道："小孩玩耍的时候，或是随便捉个蜻蜓用线绑起来耍，或是打破蜘蛛的网来耍，或是踩死几只虫蚁，或是乱摘未有开的花，或是乱采未有长熟的果子，看来似是小事，其实就是无爱物件的良心。有时再打奴婢，骂婆妈，指着盲人聋子玩笑，对着乞丐要饭的说刻薄话，这都是没有爱人的良心。"

为什么要教孩子爱人爱物件的良心呢？他说："父母在小时候，不知道教他、禁止他，等到不爱惜物件惯了，慢慢就会害起人来，不爱别人惯了，慢慢会害起自己人来。坏良心的事，从害一草一木起头，定要做到不爱父母，才算结果。"

怎样进行仁的教育呢?

他主张,首先要"反反复复"地摆事实讲道理,"不但要小孩知道该爱人该爱物,并且要他知道不爱人不爱物的害处。"他举例说:"遇见小孩有不爱物件的时候,就要同他讲明禽兽草木,同人一样,都有个生机,不可任意残害。人不愿意老虎吃人、花刺伤人,禽兽草木也不愿意人去伤害它们的。遇见小孩不爱人的时候,更要同他讲明婆妈、奴婢、盲人、聋子、乞丐这种人,都是可怜的人,你不可怜他,还去欺负他,你当能保得你一生不与人做奴隶?一生不盲、不聋、不乞丐呢?势力的等级甚多,你今日恃你的势力,欺负那势力不及你的人,明日又有个大过你势力的人,来欺负你,你又如何说呢?"

第二,做父母的要以身作则,给孩子做出爱人爱物件的样子。他说:"做父母的,再要自己小心,勿说无良心的话,勿做无良心的事,待人也好,待物也好,随时总做出一个厚道的样子,与小孩看。哪怕种盆花、种根菜,早晚灌的水、洒的粪,也要一面用心去做,一面告知小孩,栽了花、种了菜,就应该爱它。我不灌水洒粪,花与菜就死了,就是我害死它的,就是我无良心了。随时随事连做带讲,小孩自小听惯看惯,良心的根子栽稳了,大了就是偶然坏了,也容易回头了。"

对于朱庆澜所提出的"仁"的教育,应全面分析理解。所谓"仁",是中国古代儒家的一种含义极广的道德规范。《说文解字》解释说:"仁,亲也,从人、二。"《礼记·中庸》篇说:"仁者人也,亲亲为大。"清朝阮元解释说:"春秋时孔门所谓仁也者,以此一人与彼一人相遇而尽其敬礼忠恕等事之谓也。"可见,"仁"是指人与人相处的关系,也就是做人的道理,其本义是指人与人相互亲爱。朱庆澜所主张的"仁的教育",就是这种含义。

朱庆澜主张从小教育孩子树立爱人爱物的思想,特别提倡人与人之间要相互亲爱,不要互相欺负、残害,这是人类共同的美德,其用意当然很好。但是,在他所处的半封建半殖民地的旧中国,阶级对立,阶级压迫存在,不可能实现人与人之间的广泛的相亲相爱,在当时这仅仅是一种良好的愿望而已。

朱庆澜提出的"仁的教育",实际上是用封建的"仁"的道德观念依附资产阶级民主革命时期提出的"自由、平等、博爱"的道德观念。这种道德观念,对于反对封建专制、封建等级观念是有积极作用的,它反映了资产阶级民主的思想。但是由于时代和阶级的局限，他提出的"仁"的思想，还是超阶级的。而且，他提倡爱人爱物的"良心"，还没有超出"己所不欲，勿施于人"和"己欲立而立人，己欲达而达人"这种以我为中心的道德观念的范畴。尽管如此，他主张同情弱者，不欺负弱者，这确是一种美德，在今天也应该提倡。其教育方式方法，如说服教育、以身作则、随时随事连做带讲等，也是行之有效的，更应当效法、继承。

2. 义的教育

什么叫做"义"？朱庆澜解释说："合理该做的事，拼命往前去做，叫做义。不合理不该做的事，怕羞不去做，也叫做义。"

他进一步阐述"义"的具体含义说："有一家两兄弟，同出去玩耍，碰见一只狗，追着一个乞讨的来咬，老二赶快取一枝树枝，把狗赶开，让那乞讨的过去。老大仍是不动。这就是老大义心薄，老二义心厚，做父母的就该奖励老二，责备老大。又有一家两兄弟，同出去玩耍，碰见路上有人遗下一个钱，老大怕羞不去拣，老二却去拣来，装在袋里。这就是老大义心厚，老二义心薄，做父母的就应该奖励老大，责备老二。"

怎样进行义的教育呢？

朱庆澜主张要从小事抓起。他说："莫说赶一只狗，保护一个乞讨的是小事，有此义心，将来要他赶尽一世的恶人，保护一世的善人，也是容易的；莫说不拣一个钱是小事，有此义心，将来要把一万银子当成一根草，不合理总不乱取，也是容易的。反过来看，碰见狗咬乞讨的不理，莫说是小事，将来碰见强盗害父母也不会理的；看见路上一个钱，随便拣来，莫说是小事，将来凿开人的墙去偷，打开人的门去抢，也是做得到的。"

他主张教育要结合实际，不要空口说教。他说："指着一件事来讲，比那空话讲空理，小孩容易懂，也容易记得，并且容易跟着去做。"

所谓"义"，他的本义是指思想行为符合一定的标准。《礼记·中庸》解释说："义者宜也。"韩愈的《原道》说："行而宜之谓义。"《孟子·告子·上》说："舍生而取义者也。"朱庆澜认为"义"是拼命去做合理的该做的事，"理"是善恶标准。从他所举的例子看，"理"就是正义的意思。能够帮助、解救遇到危难的人，不贪不义之财，不食嗟来之食，这种品德是高尚的，是人类共同的美德。进行义的教育，提倡弃恶从善，是有积极意义的。

3. 礼的教育

朱庆澜提倡的"礼的教育"，包括三个方面：

"第一就是长幼的次序。"首先教育孩子要尊敬长辈。具体的做法是在日常生活中，引导孩子对长辈尊敬，懂得长幼有序。这样，"出门遇见先生老辈子，自然也不会错了。"

"第二就是礼的意思与样子。"即教孩子对人有礼貌。他说："比如脱帽，是现在行礼的样子，脱帽的时候，眼睛定要对着行礼的人，这就是行礼的意思。"进行礼貌教育，他主张"一面要造（做）出样子与他看，一面还要把意思说与他听，才不会错的"。

"第三就是礼的种类甚多，无论吃饭、睡觉、说话、走路，无论在何地方，是何时候，对着何人，做着何事，都有各种的礼节。做父母的随时随地、遇人遇事，都得一一二二去教。"

"礼"的本意是敬神的意思，引申为表示敬意的通称。在中国奴隶社会和封建社会，"礼"是指贵族等级制度的社会规范和道德规范。朱庆澜这里所提倡的"礼的教育"，是指礼貌、礼节教育。中国有"礼仪之邦"之称，讲究文明礼貌、尊敬长者，这是中华民族的优良传统，家长应当对孩子加强这方面的教育和训练。

4. 智的教育

什么是"智"？朱庆澜解释说："智就是聪明，就是知识。"

他反对把"智的教育"，理解为就是教孩子认字读书。他说："常人教儿子，都把认字读书当成开小孩聪明知识独一无二的器具，觉得离了认字读书，小孩聪明知识就无法引得开。"在这种思想指导下，就天天逼着孩子去认字读书，弄得孩子"头昏心颤"，"连个五谷六畜认不清楚"。他认为这样理解"智的教育"是不正确的。

朱庆澜认为，"智的教育"应当包括三个方面：

第一，先教孩子认识人和物的名目，亦即知道人和物是什么名称。比如，"谁是伯伯叔叔，谁是哥哥姐姐，什么是茶饭菜肉，什么是衣服帽子。"

第二，再教孩子认识人和物的性质。比如，"再教他伯伯是父亲的哥哥，叔叔是父亲的兄弟……茶是山上生的茶树，饭是田里种的谷米……衣服穿在身上，帽子戴在头上。"

第三，教孩子如何对待人，如何使用物，亦即如何应用所学知识。比如，"对着伯伯叔叔该如何尊敬……茶要水泡，水要滚……穿衣要提领口，戴帽要看前后。"

对孩子进行"智的教育"，朱庆澜主张由近及远，从身边的人和事教起，而后再到其他的人和事。具体教育方式，应当是"指着一个人、一件物、一件事去教，比那翻着书本来教的，小孩格外容易懂得记得，并且一点不觉得辛苦"。

朱庆澜认为对 6 岁以前的儿童进行智的教育，不是认字读书，而是认识周围的人和事物，学会"对付应用的方法"，这是符合学龄前儿童思维的形象性特点和认识能力水平的，其教育观点很正确。

5. 信的教育

朱庆澜所主张的"信的教育"，就是诚实品德的教育。怎样进行信的教育呢？

"第一，做父母的说句话，定要说出个的确的道理，叫儿子不能不信。万不可丢了的确的道理，造（编造）些大话，骗儿子去信。"这是说父母对孩子要言而有信，以身作则。

他举例说，小孩在门外玩耍，父母要孩子进家来，只能说外边冷，怕吹病，怕马车撞着。如果欺骗孩子，说外边有妖怪、老虎，不进来就会被吃掉。这样说，孩子一时可能会受骗，当他明白根本没有什么妖怪、老虎，是父母骗了他。这一次失了信，就是以后父母说真话，孩子也不会相信了。他告诫说："父母是万不能欺骗小孩的。"

"第二，小孩说假话，哪怕说得好，也得要责备他；小孩说真话，哪怕是错处，也得夸奖他。"是说孩子说假话要批评，说真话要表扬，要是非分明，态度明朗。

6. 制苟且的教育

"苟且"一词有三个意思：一是只图眼前，得过且过；二是办事草率、马虎，敷衍了事；三是不循礼法，不守规矩。"制"，是制止、禁止、纠正的意思。所谓"制苟且"，就是制止、禁止、纠正苟且的毛病，养成做事有头有尾、严肃认真和守规矩的好习惯、好作风。

朱庆澜之所以大力提倡这种教育，是因为他认为"苟且"是中国不能强盛和被外国人看不起的重要原因。他说："中国所以未能强盛的缘故，由于做事有头无尾。""一时高兴说救国，就像发了狂一样，不到三日就连讲也不讲。"又说："所以令外国人看不起的缘故，是由于不守规矩、不爱干净。"

他认为，"苟且"的毛病害处极大。他说："一苟且，精神就提不起；力量就支持不住；因为苟且，所以一样事造（做）不到三日就泄了气；因为苟且，所以明知多走一步就合规矩，却定要少走一步不守规矩；因为苟且，所以换件衣、洗个身也当成一件大事、难事，也要推一日算一日。说到苟且的害处，一人都有个沟死沟埋、路死路埋的思想，到死也苟且不完。"如此苟且下去，只能是一事无成。

进行制苟且的教育，他主张一是从小抓起，二是从小事抓起。比如，吃饭、写字、扫地、穿衣、睡觉、刷牙、擦鼻涕等，都要做好，严格要求，严格训练。

对孩子从小进行制苟且的教育，是一件有重大意义的事，它能振奋民族精神。如朱庆澜所说："自小把一般小孩的脾气搬转过来，大来都养成一般不苟且的国民，国家或者做成几样有头有尾、有里有面的事，外人或者把我国当成一个国，人走出去，个个合规矩，爱干净，别人或者把我们当成一个人了。"

7. 勤俭的教育

勤和俭都是中华民族的传统美德。朱庆澜认为，不勤不俭危害很大。他说："不勤不俭不但害小孩的志气，并且害渠（佢，即他）的身体；不俭不但教小孩眼前枉使（白白多花）几个钱，并且教渠将来受不尽的苦。"他告诫做父母的说："不要学那绝无见识的父母，把儿子当成祖宗，任他享福，自己却爱做牛马，替他受罪，不但苦了自己，并且害了儿子。"

中国古人说："由俭入奢易，由奢入俭难；由勤变懒易，由懒变勤难。"朱庆澜用这个道理教育父母说："勤同俭是很难受的事，懒同奢华是很好受的事。小时勤惯了，大来还难免学懒，小时俭惯了，大来还难免学奢华。如果小时候就教他不勤不俭，父母保得所有的钱，可以供儿子一生放开手乱用?"他主张勤俭的习惯要从小培养。

怎样进行勤俭的教育呢?

首先，教"勤"的方法是："只要小孩力量做得到，千万勿叫他使唤人，不但斟茶盛饭，就是扫地抹桌椅、烧茶煮饭，一直到栽花种菜、灌水上粪，都应该叫小孩去做。不但教他要勤，并且要教他多吹吹风，多晒晒太阳，多吃些辛苦，只要不会生病的事，都应该教他练习。"朱庆澜认为这样做有许多好处："一面提起小孩的志气，叫他知道子弟的本分；一面磨练小孩的筋骨，叫他懂得活动手脚的作用；一面又可以叫他学些礼节，懂得艰难，长些学问。"

其次，教"俭"的方法是："哪怕有钱用，小孩只叫他吃饭，不许随便买些零碎吃的东西，只叫他穿暖，不许他随时添些好的衣服。小孩如果要父母各种吃的穿的，不但不许可他买，并且要把眼前有吃有穿，已经过分的道理，父母不是吝啬，是替他积德，不是现在没钱，是怕他将来讨饭的意思，详详细细教训一番。"

朱庆澜所强调的勤和俭的教育，其内容和方法都是很有价值的。特别是在勤的教育上，主张在实践中锻炼，这个见解很有意义。

8. 公德的教育

什么叫"公德"? 朱庆澜解释说："爱自己的心叫造（做）私心，爱大众的心叫造公德。"

他认为，缺乏公德心有害于国家。他说："中国人人只知道有自己，不知道有人，所以从无一个团体。人人只知道爱家，不知道爱国，所以把堂堂一个大国，制造成一个弱国。"

而树立公德心，既有利于国家，也有利于家庭和个人："自小养好这种公德心，大来不但成个爱国的好国民，也可以成个不讨嫌、不结怨、保护家门的好子孙了。"

朱庆澜分析了人们缺乏公德心的原因。他说："你看小孩，借来别人一本书，任意去涂上几笔，撕上几篇，不顾别人生气不生气；同人一处吃饭，舀一勺汤吃了半勺，剩了半勺放进碗去，不顾别人讨嫌不讨嫌；有时别人关着门说秘密事，偏要寻个缝去听一听；有时别人吩咐不要动的东西，偏要去玩一玩；或是走进公园，随手乱摘花木；或是在大路上，随意乱疴屎尿。这个毛病，差不多小孩都爱犯的。父母看做小事，不去管他教他，同他说明这就是只知有自己不知有人，任意自由，妨害公众的毛病，小孩习惯了，将来把这些毛病放大起来，就可以做强盗，害国家了。"这是说，人缺乏公德心，主要是父母在孩子小时候缺乏应有的教育，致使人是非不分，善恶不辨。

怎样进行公德的教育呢？

他主张："做父母的，定要从小留神，遇见小孩起了不顾公众的心，做出不顾公众的事，无论事大事小，都要干涉，并且要把他妨害人的事，向他身上照样演来，比如弟弟涂坏了哥哥的书，立刻把他的书叫哥哥涂上几笔，问他高兴不高兴？跟着再把人心是一样，自己不愿意的事，不要用来待别人的道理，详详细细教训一番。"

朱庆澜提倡公德教育，要孩子从小懂得，心目中不要只知有自己，不知有别人，这是很可贵的。他从爱国的思想出发，提倡人人要有公德心，站得高，看得远，很有见地。他主张从小时候、从小事上培养孩子的公德心，严格要求，这是对的。但是，他主张用"以其治人之道还治其人之身"的做法，去纠正孩子无公德心的行为，这不可能从根本上使孩子树立公德心。他的思想终究又落入"己所不欲，勿施于人"的儒家思想的窠臼。

9. 军国民的教育

什么叫"军国民"？朱庆澜解释说："军是兵，一国的人个个都能当兵，就算得军国。能在军国里当个百姓，就叫做军国民。"

为什么要进行军国民的教育呢？

他说："兵是百姓当的，定要人人做得军国民，才能把国造成一个军国。中国国家算不得军国，就是百姓当不起军国民的缘故。兵是在（兵）营里教成的，军国民都是在家里养成的，并且要从小养起来。定要叫小孩自小就有个爱国当兵的思想，等到大了，或是一直去当兵，或是现实不当兵，以百姓的身份，去帮助兵队做些兵队做不了的事，都算是个军国民，都算对得住国家了。"

他认为进行军国民的教育，包括思想教育和实际训练两种途径和措施。

关于进行军国民的思想教育，朱庆澜主张：

第一，"要叫小孩知道国就是家，家就是国的道理。平时多同他说：国一亡了，不但穷人要受罪，就有的是田地房屋，银钱货物，等到国一亡了，无人保护，好比家里主人死了，来个外人做家主。不但自己田地房屋要由他作主，就是自己性命，也得由他吩咐，叫生不敢死，叫死不敢生，由不得自己了。国一亡了，光景就是这样，远的不说，看看高丽国（指朝鲜）、安南国（指越南）今日受的罪，大家就知道亡国的厉害。高丽、安南的国王，倒还有钱用，有饭吃，可怜的就是那两国的百姓，真是要生不得，要死也不得。自小多把这些事情道理，说与小孩听惯了，自小就知道国亡、家也跟着亡的道理，大了自然不敢不去爱国了。"

朱庆澜通过摆事实讲道理，把国与家、家与国这种生死与共的关系论述得十分透彻，令人信服。

第二，"要叫小孩知道兵就是民，民就是兵的道理。兵虽吃的百姓口粮，却要替百姓拼命。兵数是有限的，百姓如果把四万万个担子，都推在几十万兵身上，大家坐着不管事，等到几十万兵打死完了，祸事都未完。试问这祸事，又该落在谁的头上呢？当兵的一死好体面，并且一死百了，当百姓活罪却是受不完的。叫兵去拼命，我来享福，这叫做无良心。叫兵去做又体面又干净的那个死字，我却活来受罪，这叫做不聪明。一个国要叫人怕，总要我有死不完的兵，一帮死了，一帮又来，别人知道我是杀不完的，自然不敢惹我。兵好比前台唱戏的，百姓就是后台装扮的，前台若无角色在后台凑，班子就要拉倒；兵若无百姓在后面凑，国家就要拉倒。自小懂得这个道理，大了自然不好意思不去当兵的。当不了兵，也不好意思不去帮兵出力做事。"

关于军国民的实际训练，朱庆澜主张：

第一，"要小孩磨练身体。除了有的确危险的事，手总要叫他多造（做）事，脚总要叫他多走路，口腹总要叫他少吃好的，衣服房屋器具，总要叫他少穿好的、少住少用好的。凡是当兵该学的体操，该吃的辛苦，都是小孩吃得住的，都要一一教训他。大家想把小孩养成个军国民，先勿用待女孩的法子，自小娇养坏了身体，子弟大了就是想当兵，也是不能的。"

第二，"要叫小孩服从规矩。服从是当兵的头一件事，如果在家不听父母的吩咐，叫去东偏要往西，叫去西偏要往东，自小放肆起来，等到大了做百姓是个不安分的百姓，当了兵也是个要闹事要枪毙的兵。""大家想子弟大了做个好兵，自小就要叫他服从父母的吩咐，一点不准违背。"

朱庆澜认为实际训练，非常重要。他说："身子养强壮了，规矩也服从惯了，等到明天挑兵，挑上了，不用说一定是个又有勇气又懂规矩的兵，打起仗来，一定不会自由向后转了。就是一时不当兵，既然明白国同家的关系、兵同民的关系，再将这个勇气去凑起后台，上面再有好父兄去指挥一下，大家服从父兄，跟着父兄去保起地方来，保起家来，谁还敢来动他！人人的家都保得住，国要亡也不能亡了。"

这是朱庆澜全部军国民教育的思想。

"军国民教育"是清末民初在中国产生和发展着的新的政治力量——中国民族资产阶级，为适应当时政治经济的需求，提出的一种主张。它反映了新兴资产阶级要求国家独立富强和发展资本主义的要求，是顺应社会发展潮流的，是进步的教育主张。

甲午中日战争失败以后，为了救亡图强，资产阶级改良派曾首先提倡强兵尚武之道。康有为在1895年《上清帝第二书》中就主张"以民为兵"，并建议开设学堂"学习布阵、骑击、测量、绘图"，"以强天下之势"。梁启超在《新民说：尚武篇》中，极力提倡效法斯巴达、德意志、俄罗斯、日本帝国的尚武教育。他认为中国两千多年来教育的一个最大的缺点就是"重文轻武"，致使"武事废堕，民气柔靡"。他认识到，当时的世界乃是"武装和平"的世界，如果要求和平，就必须先武装自己——"惟能战者乃能和"。资产阶级改良派之提倡"尚武"的教育，主要还是从抵御外侮的爱国思想出发，应当给予肯定。

资产阶级民主革命派也极力鼓吹"军国民"或"尚武"的教育，其目的不只限于抗御外侮，还包括有以暴力推翻封建专制统治的革命意义。义和团运动失败以后，帝俄军队依旧盘据我东三省不肯撤退，引起国人极大的愤怒。留日中国学生为此发起了一种革命组织"军国民教育会"。辛亥革命以后，蔡元培在《对于教育方针之意见》中，把"军国民教育"作为他的五项新的教育方针之一，并且明白地指出这种教育方针的目的在于使全国皆兵，用以外抗强邻，内抑军阀。1911年，"各省教育总会联合会"也曾议决要在全国范围内实施军国民教育，并呈请学部通饬（chì）全国高等小学与与之同等以上的公私立学校，一律注重兵式体操，并把体操科列为主课。1912年1月，《教育部普通教育暂行办法通令》中明文规定："高等小学以上体操科应注重兵操。"

军国民教育在当时确实起到了振奋民族精神的作用，鼓舞了人民，特别是青少年的反帝爱国精神。朱庆澜提倡在家庭教育中也进行军国民的教育，反映了他的爱国反帝的民族气节，应当给予充分肯定。

综上所述，可以充分看到，朱庆澜的家庭教育学说，不仅在一定程度上揭示了家庭教育的规律，而且是以爱国主义思想为全部学说的灵魂和统帅。这在北洋军阀黑暗统治时期，不能不说是一种反潮流的思想。尽管在教育内容的提法上，带有浓厚的封建色彩，但他的家庭教育学说还是进步的。特别是他所提倡的家庭教育内容，主要是思想意识、道德品质、行为习惯等方面，反映他对家庭教育的基本功能是有很深刻的认识。而且，这些教育内容也有强烈的人民性。其教育方式方法，明显地与封建家庭教育方式方法不同，体现了对受教育者的尊重。总之，朱庆澜的家庭教育思想，在我国家庭教育思想发展上是一个重要的里程碑，应占有相当重要的地位。尤其是他作为一位省长，如此关心并且对家庭教育有相当的研究，这是非常难能可贵的。

附录 民国年间的家庭教育法令

——《推行家庭教育办法》
《家庭教育讲习班暂行办法》
《家庭教育实验区设施计划要点》

　　解放以前，我国的教育立法相当受重视，形成了相当完备的教育法体系。不仅各级各类学校教育有立法，就连家庭教育也制定了一些法令。

　　1938 年 12 月，原教育部颁布了《中等以下学校推行家庭教育办法》。1940 年 9 月又颁布了《推行家庭教育办法》，全面规定了推行家庭教育工作的机关团体、各机关团体应负的责任以及推行家庭教育工作的具体方式，并且将 1938 年颁布的《中等以下学校推行家庭教育办法》中的内容纳入了本办法之中。为具体贯彻《推行家庭教育办法》，原教育部又根据该《办法》第八条的规定，于 1941 年，作为该《办法》的附件颁布了《家庭教育讲习班暂行办法》；根据该《办法》第五条的规定，制定了《家庭教育实验区设施计划要点》。

　　制定、颁布、推行家庭教育法令，"以法治家庭教育"，这是指导、领导家庭教育工作的进步；"以法治家庭教育"，更是家庭教育事业发展的实际需要。因为家庭教育虽然是整个国家教育体系的重要组成部分，但家庭教育是分散在各家各户进行的，有相当强的独立性。这种教育不是哪一个部门、机关团体所能单独给予指导的，必须发动各有关机关、团体、组织共同指导；而各有关机关、团体、组织又各自有自己的本职工作、业务，对于家庭教育工作的指导，都是兼职。在这种情况下，要把家庭教育工作普通推动起来，非得立法，方能达到目的。

　　目前，我国教育立法工作正在加紧进行。为了促进我国社会主义家庭教育工作能尽早实现法律化，做到"以法治家庭教育"，现将解放前的几个家庭教育法令介绍如下：

一、《推行家庭教育办法》

民国二十九年（1940年）九月二十八日

部令三二〇四六号公布

第一条　各级教育行政机关应督导各级学校、社会教育机关及文化团体、妇女团体，按照本办法之规定，积极推行家庭教育。

第二条　各省市教育厅局应于主管社会教育之科股，指定职员一人，办理家庭教育行政事宜。

第三条　各县市政府应组织家庭教育委员会，主持全县市家庭教育计划及推行事宜。其办法另订之。

第四条　各县市所属区署乡镇公所及保办公处，应分别责成教育指导员、文化股主任及文化干事等，依照本办法之规定，协同当地教育机关团体，推行家庭教育。

第五条　各级学校推行家庭教育，均由各该校社会教育推行委员会主持办理之。但女子学校及女生数超过学生总数半数以上之学校，得组织家庭教育委员会，主持各该校所在地家庭教育推行事宜。其办法另订之。

第六条　各级社会教育机关推行家庭教育，均由办理教导工作部分主持之。

第七条　各级学校及社会教育机关推行家庭教育，全体教职员及学生均应参加，并得以女教职员为主办人员。男教职员眷属曾受相当教育者，得邀请参加家庭教育推行工作。

第八条　中等以下学校及社会教育机关推行家庭教育，以举办家庭教育（讲习）班为主要工作，其详细办法另订之。

第九条　全国专科以上学校，除各师范学院及设有教育学系之大学或独立学院应办理左列（下列）事项两种以上外，其他各院校应就性质所近就左列（下列）事项酌量办理：

1. 家庭教育公开讲演；

2. 家庭教育通讯研究；

3. 家庭技术之指导；

4. 家庭指导人员之训练；

5. 家庭教育问题之研究；

6. 家庭教育图书杂志之编译；

7. 其他。

第十条　全国中等学校，除必须举办家庭教育班外，应各就性质所近，办理左列（下列）事项两种以上：

1. 恳亲会；

2. 家庭教育讲习会；

3. 家事公开讲演；

4. 儿童健康比赛；

5. 各项家事比赛；

6. 儿童教育指导；

7. 育婴指导；

8. 家庭医药卫生指导；

9. 家政管理指导；

10. 家庭副业指导；

11. 家庭实行新生活指导；

12. 家庭教育通讯研究；

13. 其他。

第十一条　全国国民学校、中心学校、小学幼稚园及民众学校除必须举办家庭教育班外，应各就学校班级数及教职员数之多寡，斟酌办理左列（下列）事项两种以上：

1. 学生家庭访问；

2. 恳亲会；

3. 特约模范家庭；

4. 主妇会；

5. 各项家事比赛（如家庭整洁、烹调、缝刺等比赛）；

6. 儿童教育指南；

7. 育婴指导；

8. 家庭医药卫生指导；

9. 家政管理指导；

10. 子女婚姻指导；

11. 礼俗改良指导；

12. 家庭消费合作指导；

13. 家庭副业指导；

14. 家庭实行新生活指导；

15. 其他。

第十二条　各级女子学校及女生超过学生总数半数以上之学校，除应遵照第九、第十、第十一各条分别办理家庭教育外，并应秉承或协助当地教育行政机关，负设计推动所在地家庭教育之责。

第十三条　全国民众教育馆应一律以推行家庭教育为主要工作。除必须举办家庭教育班外，省市立民众教育馆应按照第十条所列各事项办理四种以上，县市立民众教育馆应按照第十一条所列各事项办理三种以上。

其他各社会教育机关，均应各就所长，推行家庭教育。除必须举办家庭教育班外，省市立社会教育机关，应比照第十条所列各事项办理三种以上，县市立社会教育机关应比照第十一条所列各事项办理二种以上。

第十四条　各级学校及社会教育机关，于每年度开始时，应将家庭教育推行计划，于兼办社会教育计划，或本学校机关工作进行计划内，专项列报主管教育行政机关核准施行（各级学校以学年度为准，社会教育机关以历年度为准，以下同此）。

第十五条　各级学校及社会教育机关推行家庭教育所需经费应于各该学校机关经费内动支，不足之数，得呈请主管教育行政机关酌予补助。

第十六条　各级教育视察人员于视察各级学校及社会教育机关时，对于家庭教育推行情形，应随时予以指导及考核。

第十七条　各级学校及社会教育机关，于每年度终了时，应将本年度内推行家庭教育情形，编制报告，或并于兼办社会教育或本学校机关工作总报告内，呈报主管教育行政机关备案。

第十八条　各地方文化团体、妇女团体推行家庭教育应参照本办法之规定，商承各县市家庭教育委员会单独办理各项工作或参加各级学校及社会教育机关协同工作。

第十九条　本办法自公布日施行。

二、《家庭教育讲习班暂行办法》

民国三〇年（1941年）五月二十八日
部令二〇五三七号公布

（一）本办法根据《推行家庭教育办法》第八条之规定订定之。

（二）中等以下学校、社会教育机关及各文化团体、妇女团体推行家庭教育，应以举办家庭教育讲习班为主要工作。

（三）家庭教育讲习班以训练妇女，推行家庭良好教育，激发民族意识，灌输家事常识，改善家政管理，促进社会进步为宗旨。

（四）家庭教育讲习班之举办，其主持人员规定如下：

1. 各学校：由家庭教育委员会主持之，其未组设此项委员会者，由本校社会教育推行委员会主持之，因规模甚小，未设置上述两委员会者，由校长主持之。

2. 各社会教育机关，由办理教导工作部分主持之。

3. 各文化及妇女团体，由有机关教育或训练部分主持之。

（五）各学校、机关、团体举办家庭教育讲习班时，由主持人员指定一部分教职员、学生办理之，但女教职员及学生应全数参加或轮流工作，男教职员眷属得邀请担任家庭教育讲习班各项工作。

（六）凡负管理家务及教养儿童责任之妇女，均应加入附近学校、机关、团体所设之家庭教育讲习班，在校学生之母姊及教职员之家属，均须首先加入，以资倡导。

（七）家庭教育讲习班之教学时间及方式如左（下）：

1. 各学校：每星期日举行集合教学一次，每次以二小时为度，寒暑假期内如有学生留校，每星期举行集合教学一次或两次，其时间由各校自定之。其他假日须举行讲演、讨论、展览、或娱乐等活动。

2. 各社会教育机关：每星期举行集合教学至少两次，其日期及时间自行订定，每次以二小时为度。遇有纪念节日集合举行各种临时活动。

3. 各文化及妇女团体：每星期至少集合教学一次，每次以二小时为度，其日期及时间自行订定。

（八）家庭教育讲习班集合教学时，以讲习讨论为主，其教材可采用部编家庭教材，各省市教育行政机关得编印地方性补充教材，分发应用，但应呈报教育部备案。

（九）家庭教育讲习班得视班数及学生数之多少，酌设主任一人及教导事务等职员数人，由主办学校、机关、团体酌聘之。

（十）参加家庭教育讲习班之学生，如具有相当教育程度或擅长家事者，得实施互教制，指定担任教学及指导等事宜。

（十一）家庭教育讲习班之办理，应利用原有学校、机关、团体之房舍及设备。

（十二）家庭教育讲习班之经费，由原有学校、机关、团体支给之，并须列入预算。各县市教育行政机关得斟酌地方经费状况，专案列支家庭教育经费，以便择优补助。

（十三）家庭教育讲习班之修业期限，定为六个月至一年，以部编家庭教材讲授完毕为度。期满考查成绩及格者，由县市教育行政机关发给证明书。

（十四）家庭教育讲习班每届结业后，其学生应即组设或加入当地妇女会。

（十五）教育行政机关以各学校及各社会教育机关办理家庭教育讲习班之成绩，列入考绩，其办法另订之。

三、《家庭教育实验区设施计划要点》

（一）设区目的　　教育部为试验实施家庭教育之方法，以谋推行尽利起见，特设立家庭教育实验区（以下简称为本区）。

（二）设区地点　　家庭教育实验区暂开办两区，其地点为四川省江津县属白沙镇及四川省嘉陵江三峡实验区属北碚镇两处。其详细之区域划分，由承办机关勘定之并呈报教育部备案。

（三）承办机关　　本区一切进行事宜，由教育部指定国立女子师范学院及国立重庆师范学校分别规划办理之。

（四）实验期限　　本区实验期限暂定为三年，但得酌予缩短或延长之。

（五）组织　　国立女子师范学院及国立重庆师范学校应遵照教育部颁布之推行家庭教育办法第五条之规定，各组织家庭教育委员会，办理本区一切事宜。

前项委员会，以左列（下列）人员为委员组成之：

（1）院长（或校长）；

（2）训导主任；

（3）家庭教育委员会秘书；

（4）担任教育学科之教员一人或二人；

（5）当地县政府及区公所代表各一人；

（6）当地有关学校、团体、机关代表及其他热心家庭教育人士若干人。

前项委员均由院长（或校长）拟定，呈报教育部核准后聘任之。

前项委员会，设正副主席各一人，正主席由院长（或校长）担任，副主席由全体委员公推之。

前项委员会，设秘书一人，干事及助干各若干人，由院长（或校长）酌聘之。

（六）工作人员　　本区之工作，凡国立女子师范学院及国立重庆师范学校之有关教职员均应参加，由院长（或校长）指定之。各该院校之学生，一律以推行家庭教育作为办理社会教育及从事社会服务之主要工作，而女子师范学院之家政学系、教育学系学生，更应全体参加，其详细办法由各该家庭教育委员会定之。

（七）实验目标　　本区实验目标，兹就政治、经济、教育、卫生等方面分别要项如下：

甲、政治方面

（1）能了解并信仰三民主义。

（2）具有国家观念及参加政治的兴趣与习惯。

（3）具有抗战必胜、建国必成的信念。

（4）具有注意时事的习惯。

（5）具有守法及服从纪律的习惯。

（6）具有使用直接民权的能力。

（7）能积极参与地方自治活动及各种民众组织。

（8）能实行新生活。

（9）能按时参加国民月会，实行国民精神总动员。

乙、经济方面

（1）能有节俭储蓄的良好习惯。

（2）能选择正当的职业，并具有乐业的精神。

（3）能编制家庭预算，量入为出。

（4）能制备家庭簿记，作简明日用的计算。

（5）能利用空间，经营有益之家庭副业。

（6）能实行合理的经济的婚丧礼节。

（7）能一致参加或提倡组织消费生产等合作社。

（8）能具有改善衣食住行的能力。

丙、教育方面

（1）幼稚园、托儿所设立完成，学龄前儿童全部受有相当的教育。

（2）国民学校中心学校设立普通学龄儿童及失学成年男女全部入学。

（3）全体居户均有担当的家庭教育设备。

（4）成立各种读书研究会社，民众均具有进修补习的机会。

（5）设置各种社会教育机关，推行社会教育，促进社会进步。

（6）破除鬼神迷信，普及科学知识。

丁、卫生方面

（1）能信从正式医生，革除疾病迷信。

（2）能预防传染疾病，施行预防接种。

（3）具有普通医药常识，设置家庭简易药箱。

（4）具有家庭看护及急救的常识和技能。

（5）能注重居住、衣服、饮食卫生，如改良厕所，人畜隔离，注意采光通气，防除蚊蝇、老鼠，注重食物清洁，饮水清洁及勤于沐浴更衣等。

（6）能按期实行健康检查。

（7）能踊跃参与各项体育游艺活动。

（8）革除早婚、迟婚、缠足等恶习。

（9）能注意妊妇卫生，采用新法接生。

（10）能实施婴儿及学龄前儿童卫生。

（八）设施方法　　本区之事业设施，应注意下列各点：

（1）推行之始，应集合参加工作之学生，于课外给予集中或个别之训练，与以必要之知识及技能之补充。

（2）指导学生举行家庭访问及社会调查，藉以明了当地居户家庭之实际状况，及政治、经济、教育、卫生与娱乐等环境情形。

（3）根据社会调查之统计结果，将当地一般家庭，按其性质，分若干类：如佃农家庭，自耕农家庭，地主家庭，工人家庭，劳动者家庭，商人家庭，教育者家庭，公务员家庭，抗属家庭等，每种家庭中择其与理想家庭标准比较符合者二三家，作为模范家庭，藉作施教对象之中心。其标准由各该院校拟定，经报教育部核定后施行。

（4）本区应尽量利用各种有效的教育工具及方法，以推行家庭教育，如公演话剧，放映电影幻灯，收听教育播音，举行歌咏演奏，及各种展览与比赛等，均宜分别定期举办。

（5）本区工作之进行，应尽量与有关机关、团体、学校联络合作，其须新设中心学校、国民学校及社会教育机关者，得商请地方政府分期设立之。

（6）本区工作之进行，应以办理家庭教育班为主要工作，务须普及于全区。

（7）本区推行家庭教育时，对于本区政治、经济、教育、卫生及娱乐环境之设计改善，及全体民众之组织与训练应积极协助当地主管行政机关进行。

（8）参加工作之学生，应各认定负责推行之家庭若干家，并须定期比赛，至每期结束时，由家庭教育委员会逐项至各户考查，以为评定各负责指导学生成绩之依据。

（9）本区工作开始时，应统盘筹划，将全部实验工作订定分期进度，经教育部核定后施行。

（10）本区于每年度开始前应依照分期工作进度，拟具本年度详细工作计划，呈报教育部备案。

（九）经费　　本区所需开办费，得向国立女子师范学院及国立重庆师范学校分别拟具预算，呈报教育部核拨之，经常费应由各该院校拟具支付预算，呈报教育部核定后于各该院校经常费内匀支，如有不足得呈经教育部核准，酌予补助。

（十）奖惩　　凡参与推行家庭教育之学生，均按其工作之勤惰与成绩之优劣，每年由承办机关严加考核，报经教育部核准后，分别奖惩之。

（十一）附则　　国立女子师范学院及国立重庆师范学校经教育部指定承办家庭教育实验区后，其遵章应办之其他社会教育及战时后方服务等事项，得酌予减免其全部或一部。

家庭教育和社会改革

——鲁迅的《随感录二十五》

　　鲁迅不但是中国伟大的文学家、思想家和革命家，而且是伟大的教育家。他一生中多年从事教育工作，先后在八所大、中学校任教。与此同时，他也很关心儿童青少年的家庭教育，在许多文章中论述过这方面的问题，并且还写文章专门论述家庭教育问题。《随感录二十五》就是重要的一篇。

　　鲁迅原名周樟寿，后改名周树人，字豫才，笔名鲁迅。1881 年 9 月 25 日出生于浙江绍兴城内一个破落的士大夫家庭，1936 年逝世。

　　鲁迅重视儿童青少年的教育工作不是偶然的。1902 年，鲁迅在路矿学堂毕业，被选送去日本留学。先入弘文学院学日语，后入仙台医专学医，原想将来学成回国解除病人的疾苦，以医学拯救祖国。但他在学习上得到的良好成绩，引起了某些具有狭隘民族主义思想的日本学生的嫉妒，在他们眼里，中国是弱国，他这个中国人自然应当是低能儿，分数在六十分以上，便不是自己的能力了。鲁迅受到这样的侮辱，深感身为弱国人民的痛苦。同时，他又在一部日俄战争的新闻影片上，看到一个据称是替帝俄当侦探的中国人，被日本军队抓住斩首，而围观的一群中国人竟无动于衷的场面。这时，鲁迅深深感

到，医学并非最要紧的事，头等重要的是要改变人民的思想。于是，便毅然放弃学医，回到东京从事文学活动。

1909 年鲁迅从日本回到祖国，进入浙江两级师范学堂任教员。在教学中积极热情地宣传进化论思想，批判封建文化和封建道德，深受学生们的欢迎。1910 年 7 月，鲁迅回到故乡绍兴，任绍兴府中学堂学监并兼博物学教员。辛亥革命以后，任绍兴师范学堂校长。

1912 年临时政府在南京成立。鲁迅应教育总长蔡元培的邀请，于 2 月底 3 月初到南京任教育部部员，同年 5 月随部迁至北京，任社会教育司第一科科长、金事，主管图书馆、博物馆、美术教育等工作。从 1912 年到 1926 年这段时间内，鲁迅在教育部工作，为发展文教事业竭尽全力。

自 1920 年起，鲁迅除在教育部工作外，开始在学校兼课，到 1926 年 8 月离京止，他先后在北京大学、北京高等师范学校（即后来的北京师范大学）、北京女子高等师范学校、世界语专门学校、集成国际语言学校、黎明中学、大中公学和中国大学等八所大、中学校任教。在此期间，他投身于新文化教育运动，积极支持并亲自参加青年学生的反帝反封建的爱国革命斗争。1926 年 8 月，因遭受北洋军阀政府的迫害，离开北京到厦门大学任文科教授兼国学院研究教授。在厦大，他感到与北京同样的"污浊"。1927 年初，又应邀到广州中山大学任文学系主任兼教务主任。由于国民党叛变革命，原为革命根据地的广州，变成了杀害革命者的屠场，迫使鲁迅离开广州，于同年 10 月来到上海。从此他离开了工作多年的教育界，开始了他的新的战斗生活。

在他最后 9 年里，鲁迅虽然没有继续在学校任职，但他并没有脱离教育工作。他多次应邀到学校演讲，发表有关教育方面的文章，始终不渝地关心教育工作，一直到 1936 年 10 月 19 日心脏停止跳动为止。

鲁迅的一生，虽然主要是从事革命文艺活动，但他从未离开教育战线上的斗争，他把教育看做是整个革命斗争的一部分。在从事教育工作和革命斗争的实践中，鲁迅深深感到教育工作非常重要。他认为，社会的改革，首先在于"立人"，即培养造就一代新人。他说："首在立人，人立而后凡事举；若其道术，乃必尊个性而张精神。假如不是，搞丧且不俟夫一世。"（《坟·文化偏至论》）在这里，鲁迅的思想是十分明确的，就是说要彻底改变"愚弱"的国家面貌，首要的任务是"立人"，即造就人。若没有"至公"革命的人，只有被封建主义思想弄得"麻木"、"愚弱"的人，无论什么"船坚炮利"、"竟言武事"、"立宪国会",都是不中用的。而"立人"之"道术",是通过合理的教育,"尊个性而张精神",解除人们的精神枷锁,提高思想觉悟,使之成为有革命精神的"新人"。只有这样,才能实现"凡事举"的社会改革。

因此,鲁迅十分关心下一代的教育工作,对学校教育、社会教育和家庭教育都很重视。他一生中对儿童家庭教育尤为关注,深刻揭露、批判封建家庭教育对儿童的摧残,呼吁家长重视儿童的家庭教育,改善家庭教育,用新思想、新方法、新内容教育儿童,造就一代新人。

五四运动前夕,1918年5月,鲁迅发表了第一篇白话文小说《狂人日记》。在小说的结尾部分,鲁迅在万马齐喑的旧中国,第一次发出"救救孩子"的呼喊,呼吁人们把孩子从封建礼教的桎梏中解放出来。他的这一声发人深思、震聋发聩的喊叫,是我国教育史上发出的第一个革命春雷。自那以后,"一发而不可收",鲁迅为拯救孩子,拯救中华民族,以极大的热情和勇气,投身于革命斗争,连续发表了一系列的儿童家庭教育方面的杂文。《随感录二十五》则是第一篇。

《随感录二十五》一文,是1918年9月15日,鲁迅以"唐俟"为笔名在北京《新青年》第五卷第三号上发表的。这是鲁迅第一次提出儿童家庭教育的问题。文章从严复关于儿童在车马中辗转的议论中,联想到中国当时的现实,从社会上有形的车马,看到了黑暗社会这个无形的"车马"给无数中国儿童造成的灾难,对此表示了深深的忧虑。杂感揭示了造成儿童这种命运的政治、经济、思想、道德方面的原因,敏感地认识到儿童家庭教育与改造中国社会的密切关系,辛辣地讽刺了那种只会生不管教的"孩子之父",提出了要做"人"之父这一发人深省的家庭教育的根本问题。并且在中国教育史上第一次提出开办"父范学堂",对家长进行训练的主张。这篇家庭教育的专论,虽文字不长,但在中国家庭教育发展历史上,却具有划时代的意义,也给鲁迅后来进一步系统地论述儿童家庭教育问题奠定了基础。

《随感录二十五》一文的主要内容是:

一、儿童是国家和民族的未来

鲁迅在早期是一个进化论者,他曾运用生物进化的思想,揭示了人这一高等动物同一切生物一样的发展规律,就是从幼到壮,从壮到老,从老到死。他指出："进化的途中总须新陈代谢。所以新的应该欢天喜地地向前走去，这便是壮，旧的也应该欢天喜地地向前走去，这便是死；各各如此走去，便是进化的路。"（《四十九》）由生物的进化推及到社会的发展，鲁迅得出一个结论："将来是子孙的时代。"（《五十七现在的屠杀者》）换句话说，儿童代表着未来，儿童也就是未来。从这个思想出发，鲁迅认为，儿童的状况和国家的命运、民族的前途关系极大。在《随感录二十五》一文中，他明确地指出："所以看十来岁的孩子，便可以逆料二十年后中国的情形；看二十多岁的青年，——他们大抵有了孩子，尊为爹爹了，——便可以推测他儿子孙子，晓得五十年后七十年后中国的情形。"这充分反映鲁迅对国家的命运和民族前途的极大关心；同时也说明鲁迅从来就是把儿童、青少年的家庭教育看作是一桩国家大事，而没有只看成是一家一户的私事。

正是由于鲁迅把儿童的状况和国家的命运、民族的前途联系起来，所以，他十分关注当时中国各阶层儿童的处境和遭遇。他在《故乡》一文中，对闰土由一个活泼、纯真、勇敢的小英雄变为一个迟钝、呆滞、麻木的木偶人感到震惊，并由此对下一代的儿童宏儿、水生的前途表示了深深的忧虑，担心他们重蹈闰土的覆辙。在《杂感》一文，他谴责那些厌恶现实、但又不敢正视现实的冒牌英雄，不把愤怒对着黑暗的社会，却愤怒地对着弱小儿童，"专向孩子们瞪眼。这些屠头们！"他不无担心地说："孩子们在瞪眼中长大了，又向别的孩子们瞪眼，并且想：他们一生中都过在愤怒中。"在《推》和《冲》两篇文章中，鲁迅激愤地控诉"洋大人"、"高等华人"和反动政府残害、杀戮中国儿童的罪恶行径。在《上海的少女》一文中，鲁迅对黑暗社会对少女精神上的严重戕害、吞食，表示极其担心、忧虑、愤懑。在《看变戏法》一文中，为与"狗熊"同伍、供人"欣赏"的孩子的悲惨命运而深沉思考与忧虑。在《新秋杂识》一文中，鲁迅揭露国民党政府利用教科书和儿童读物毒害儿童心灵的阴谋。

与此同时，鲁迅还结合自己的经历，揭露封建家庭教育对儿童天性的扼杀。在《忽然想到》一文中，他对封建家法表示极大的不满："屏息低头，毫不敢轻举妄动。两眼下视黄泉，看天就是傲慢，满脸装出死相，说笑就是放肆。"他抗争说："他们自己常常随便大说大笑，而单是禁止孩子。"在《五猖会》一文中，他控诉封建家庭教育对孩子天性的扼杀，和对孩子在心灵上造成的创伤。

面对当时中国儿童的处境和遭遇，他非常担心儿童发展的前景。在《随感录二十五》一文中他非常忧虑地说："穷人的孩子蓬头垢面地在街上转，阔人的孩子妖形妖势娇声娇气地在家里转。转得大了，都昏天黑地地在社会上转，同他们的父亲一样，或者还不如。"鲁迅对当时中国各阶层儿童的现状和发展前途的极大忧虑，充分表明他对国家命运和民族前途的忧虑。

因此，他主张要"完全的解放"孩子，要"尽力的教育"孩子，使他们成为"后起新人"，"成为完全的人"。

二、家庭教育是儿童成长的基础

学校教育、社会教育和家庭教育是儿童接受教育和影响的基本途径和渠道。在当时，鲁迅清醒地看到，要给儿童以理想的教育，把儿童造就成一代新人，是不能只依赖当时的国家教育机构和社会教育的。旧中国的学校教育，带有浓厚的封建色彩和帝国主义文化侵略的印记。在教育体制上，一会儿学日本，一会儿学美国，飘摇不定，无所适从。他说："就是所谓教科书，在近 30 年中，真不知变化了多少，忽儿这么说，忽儿那么说"，致使"从学校里造成了许多矛盾冲突的人"和死守教条的"老古董"。培养造就一代担负改造社会任务的新人，是很难指望当时的教育机构和社会教育的，只有寄希望于那些"觉醒的父母"对儿童实施新的家庭教育。

鲁迅认为，儿童教育首先是从家庭开始的。父母是孩子的第一任教师，是孩子最直接的首要的模仿对象。早期的家庭教育是打基础的教育，为儿童一生的成长铺下了第一块基石。

可是，在旧中国，由于文化的落后，许多做父母的并没有自觉地意识到这一点，只会生，不管教，只求子女数量多，不求"质量"（素质）高。对那种盲目、愚昧、不负责任的状况，鲁迅极为不满。他尖锐地指出："中国的孩子，只要生，不管他好不好，只要多，不管他才不才。生他的人，不负教他的责任。虽然'人口众多'这一句话很可以闭了眼睛自负，然而这许多人口，便只在尘土中辗转，小的时候，不把他当人，大了以后也做不了人。"（《随感录二十五》）鲁迅的批评是一针见血、语重心长、发人深省的。他所批评的这种落后意识，在我国解放以后的几十年中也没有完全消除。鲁迅的批评，对于今天的某些父母也不无教益。

为什么中国的父母们会有这种落后意识呢？鲁迅认为这不是偶然的，是有其深刻的社会思想根源的：这主要是"多子多福"的世俗观念在作祟。他指出："中国娶妻早是福气，儿子多也是福气。所有小孩，只是他父母福气的材料，并非将来的'人'的萌芽。"因此，做父母的根本不重视孩子的教育，任其"随便辗转，没人管他，因为无论如何，数目和材料的资格，总还存在。"在这种思想支配下，孩子只是一味地多生，任其在家庭里在社会辗转。对此，鲁迅非常担忧："大了以后，幸而生存，也不过'仍旧贯之如何'，照例是制造孩子的家伙，不是'人'的父亲，他生了孩子，便仍然不是'人'的萌芽。"鲁迅的担忧是很实际的，假如人们都是这样只会"制造孩子"，而不能把孩子培养成新人，那我们中华民族的素质很差，靠谁去完成改造社会的历史使命呢？

当时，中国一般的父母是只会生不管教，只要多，不管他才不才。那么，当时那些"新人物"总该有些新思想，该懂得重视子女教育了吧？不然。鲁迅指出："我们的新人物，讲恋爱，讲小家庭，讲自立，讲享乐了，但很少有人为儿女提出家庭教育的问题，学校教育的问题，社会改革的问题。"对此，鲁迅也很忧虑。他批评说："先前的人，只知道'为儿孙作马牛'，固然是错误的，但只顾现在，不想将来，'任儿孙作马牛'，却不能不说是一个更大的错误。"（《上海的儿童》）

面对当时中国家庭教育的状况，鲁迅谆谆告诫父母们说："童年的情形，便是将来的命运。"（《上海的儿童》）在这里，鲁迅所说的"命运"，不仅仅是指儿童个人"将来的命运"，主要是指国家、民族"将来的命运"。鲁迅以高度的民族责任感忧国忧民，把家庭教育的状况和儿童的成长，和国家、民族的利益联系起来，是非常令人敬佩的。因此，他希望并呼吁父母们要重视子女的家庭教育："生了孩子，还要想着怎样教育，才能使这生下来的孩子，将来成为一个完全的人。"（《随感录二十五》）

三、切实提高家长的素质

鲁迅指出："因为我们中国所多的是孩子之父；所以以后是只要'人'之父！"他希望所有做父母的都要成为造就"新人"的"人"之父母，不要做那种只会生不会教的"孩子之父"，担当起国家、民族赋予每个家长的神圣使命。

为了实现这一目的，鲁迅主张对做父母的进行系统的教育和训练，切实提高家长作为教育者的素质，并且在中国教育史上第一次提出开办"父范学堂"的主张。鲁迅在《随感录二十五》一文结尾部分说："前清末年，某省初开师范学堂的时候，有一位老先生听了，很为诧异，便发愤说：'师何以还须受教，如此看来，还该有父范学堂了！'这位清朝的遗老，以为为培养师资开办师范学校是不可思议的，开办父范学堂更是咄咄怪事。"

借这件事，鲁迅指出："这位老先生，便以为父的资格，只要能生。能生这件事，自然便会，何须受教呢。却不知中国现在，正须父范学堂；这位先生便须编入初等第一年级。"

鲁迅认为，要搞好家庭教育，根本问题是提高家长的素质，这是非常正确的见解。他坚定地主张要在中国开办父范学堂，这是具有划时代意义的。中国历来不大重视家长素养的提高，过去曾有"未有学养子而后嫁者也"的说法，是说从来没有先学如何教养子女才去结婚的。这种观点就是只要能生，便可以取得父母的"资格"。然而，这样的父母只是"孩子"之父母，并不是"人"之父母。这是一种愚昧的旧意识，鲁迅坚决地否定了它。大力提倡在中国开办父范学堂，这是中国家庭教育发展史上具有开拓意义的主张。早在本世纪40年代，我国就曾经出现过"家庭教育讲习班"，对家长进行系统的培训，这恐怕同鲁迅先生的倡导不无关系。

批判封建父权的檄文

——鲁迅的《我们现在怎样做父亲》

父母子女关系是一种社会关系，它与家庭教育关系极为密切。父母和子女之间是一种什么样的关系，它关系到如何进行家庭教育，实现什么样的家庭教育，把子女培养成什么样的人。甚至也可以说，父母子女关系本身就是一种教育。

鲁迅敏感地意识到了家庭教育中这样一个极为重要的问题，给予极大的关注，并撰写了《我们现在怎样做父亲》一文，专门论述了这个问题。

在封建社会，人与人之间的关系，最本质的特征是人身依附。"君为臣纲，夫为妻纲，父为子纲"所谓"三纲"，充分反映了尊卑长幼、等级森严的社会关系，这是维护封建统治的法宝，是中国的"圣人之徒"最怕动摇的基础。几千年来，历代统治阶级无不极力宣扬、维护这种人与人之间的关系。

1919年中国爆发了"五四"新文化运动，其宗旨是反对封建专制和迷信，提倡科学和民主；反对旧道德，提倡新道德。主张"破坏孔教，破坏礼法，破坏贞节，破坏旧伦理"，斗争矛头直接指向封建家庭。

在这样一个历史背景下，作为新文化运动先锋和主将的鲁迅，深刻认识到"家庭为中国之根本"，直接提出"改革家庭"，改革家庭旧有的关系，特别是要改革父母子女关系，这是有重大社会意义的。

《我们现在怎样做父亲》一文，是在1919年11月《新青年》月刊第六卷第六号以"唐俟"署名发表的。

这篇文章是"五四"时期鲁迅所写的一篇反封建的战斗檄文。这篇文章的笔锋，直指封建伦理道德，深入到家庭问题的深处。家庭是社会的细胞，对封建亲权思想，特别是封建父权思想的批判，震撼与动摇了整个封建伦理道德大厦的根基。

在"破"的基础上，鲁迅提出了要建立新型的父子关系这一社会人生

的大问题，一针见血地指出权力思想要核减，义务思想要加多的问题，父对于子，无所谓恩，只不过都是新生命的过手人而已。在家庭问题上，要注重将来，建立幼者本位思想。父亲对于孩子，要有一种无私的爱，要健全地产生，尽力教育，完全解放；培养孩子要有"耐劳作的体力，纯洁高尚的道德，广博自由能容纳新潮流的精神"。在家庭教育方法问题上，提出了理解、指导、解放三项基本原则。这篇论文，可以说是鲁迅关于家庭教育思想的一个总纲。

《我们现在怎样做父亲》一文的主要内容是：

一、中国旧家庭父母子女关系的特点

中国封建社会是典型的家族社会，封建家长制在家庭里盛行。鲁迅一针见血地指出："中国亲权重，父权更重"，而且，历朝历代从来都认为父权是"不可侵犯"的。这里所说的"亲权"、"父权"，实际上指的是多少年来捆绑在中国人民身上的四大绳索之一——族权。鲁迅以大无畏的革命精神，不顾"铲伦常"、"禽兽行"的恶名，率先向"不可侵犯"的父权开战，是具有划时代意义的一举。

鲁迅对于封建家庭里的父子关系，进行了非常深刻、透彻的剖析。他指出："他们（指圣人之徒）以为父对于子，有绝对的权力和威严；若是老子说话，当然无所不可，儿子有话，却在未说之前早已错了。"（《我们现在怎样做父亲》，本篇文章的引文，如无注，均引自此文）他又说："他们的误点，便在长者本位与利己思想，权利思想很重，义务思想和责任心却很轻。以为父子关系，只须'父兮生我'一件事，幼者的全部，便应为长者所有。尤其堕落的，是因此责望报偿，以为幼者的全部，理该做长者的牺牲。"

在这里，鲁迅用极为简练、概括的文字揭示了中国旧家庭父母子女关系的特点：

1. 父母和子女之间是统治和被统治的关系

在家庭生活中，父亲的地位极高，权力极大。如《仪礼·丧服疏》说："父是一家之长，尊中至极。"子女却是处在无权地位，和父母绝无平等、民主可言。如宋代袁采的《袁氏世范》中说："子之于父，弟之于兄，犹卒伍与将帅，胥吏之与官曹，奴婢之与雇主，不可相视如朋辈，事事欲论曲直。"是说父子、兄弟之间尊卑等级森严，不能讲什么平等、民主，论什么是非，真理总是在父兄手里，无理的总是子弟辈人。父母对子女可以任意打骂、惩处，甚至可以处死。古代有人说："刑罚不可偃于国，怒答不可偃于家。"是说国家不可能没有刑罚，家庭里也不可以没有惩处、打骂。有人甚至说："父赐子死，尚请安复？"是说父亲赐与子女死的"权利"，你就去死，用不着再去"请示"。鲁迅在《二十四孝图》一文中说，东汉郭巨为了孝养老母，硬是要把3岁的儿子活埋，根本不负任何法律责任。这就是封建家庭里父母子女之间最本质的关系特征。

2. 家庭是以长者为本位，子女是父母的私有财产和附属品

子女要绝对服从父母的意志，没有独立的人格，不许有自己的个性，不得违抗父母之命。子女对父母无非是"听话"、"驯良"，"低眉顺眼，唯唯诺诺，才算一个好孩子……"（《从孩子的照相说起》）正如古人说的那样："不用父言，便是忤逆不孝。""子孙受长上诃责，但当俯首默受，毋得分理。"

3. 父母生养子女，子女要为父母而牺牲

子女是父母生养的，就是得到了父母的"恩典"，理当报偿，为父母

而牺牲。

而父母对子女则不尽任何责任、义务，只生不教，任其在社会上、在家庭里"辗转"，只是把子女当成"福气的材料"。

在封建家庭中，父亲是中心。父母子女关系，特别是父子之间的关系，是封建家长制的主体关系。这种关系是封建社会人与人之间的社会关系的典型反映。鲁迅对旧家庭父子关系的揭露是具有革命意义的。

二、必须改革旧家庭的父母子女关系

父母和子女之间的关系要不要改革？鲁迅用进化论的理论论述了这个问题。

鲁迅认为，父母生育子女，类似生物进化的自然现象。他说，生物界的自然现象是："一要保存生命；二要延续生命；三要发展这些生命（就是进化）。生物都这样做，父亲也就是这样做。"

生物为保存生命起见，具有食欲的本能。"因为食欲才摄取食品，因有食品才发生温热，保存了生命。""为延续生命起见，又有一种本能，便是性欲。因性欲才有性交，因有性交才发生苗裔，继续了生命。"这是生命进化的一般过程。鲁迅指出："饮食的结果，养活了自己，对于自己没有恩；性交的结果，生出了子女，对于子女当然也算不了恩——前前后后，都向生命的长途走去，仅有先后的不同，分不出谁受谁的恩典。"

然而，鲁迅指出，中国许多父母生育了子女，"却以为天大的大功"，"独有对于孩子，却威严十足"，简直和"发迹的财主，不相上下了"。鲁迅认为，这是没有道理的。他说：父母"所生的子女，固然是领受新生命的人，但他也不永久占领，将来还要交付子女，像他们的父母一般。只是前前后后，都做一个过付的经手人罢了。"那种以为自己生育了子女，就是给了子女以"恩典"，指望子女报恩，要子女成为父母的牺牲品的观点，从进化论的角度看，也是站不住脚的。

鲁迅认为，生命是要不断发展的，要进化的，这进化又是无止境的。他说："所以后起的生命，总比以前的更有意义，更近完全，因此也更有价值，更可宝贵；前者的生命，应该牺牲于他。"

然而，他针对中国当时的实际情况指出："本位应在幼者，却反在长者；置重应在将来，却反在过去。前者做了更前者的牺牲，自己无力生存，却苛责后者又来专做他的牺牲，毁灭了一切发展本身的能力。"他又

进一步尖锐地指出："我们从古以来，逆天行事"，违背自然规律，这不仅使"人的能力，十分萎缩"，而且，"社会的进步，也就跟着停顿。我们虽不能说停顿便要灭亡，但较之进步，总是停顿与灭亡的路相近"。鲁迅对于中国家庭"逆天行事"的现象所造成的社会危害，做了十分深刻的分析。

因此，他强烈呼吁做父母的，应当觉醒，应该洗净"东方古传的谬误思想，对于子女，义务思想须加多，而权利思想却大可切实核减，以准备改作幼者本位的道德"，改革旧的父母子女关系，注重将来，为后起的新人做牺牲。

三、建立新型的父母子女关系

鲁迅认为，新型的父母子女关系，应体现在对子女的正确态度上。

1. 对子女要有无私的爱

鲁迅认为，在动物界有一种天性，即是爱。他说："动物界中除了生子数目太多——爱不周到的鱼类之外，总是挚爱它的幼子，不但绝无利益心情，甚或至于牺牲了自己，让它的将来的生命，走上那发展的前途。"与这种自然现象相通，"人类也不例外……例如，一个村妇哺乳婴儿的时候，决不想到自己正在施恩；一个农夫娶妻的时候，也决不以为将要放债。只是有了子女，即天然相爱，愿他生存；更进一步的，便还要愿他比自己更好，就是进化。"他认为这种爱是"离绝了交换关系利害关系的爱"，是纯洁的爱。

因此，他主张父母对子女要施以无私的爱："所以觉醒的人，此后应将这天性的爱，更加扩张，更加醇化；用无我的爱，自己牺牲于后起新人。"

2. 对子女要"健全的产生"

鲁迅认为，父母对子女无私的爱，首先体现在生育健全的子女上。生育健全的子女，从遗传生物学的角度看，才能实现继续生命的目的。而要生育健全的子女，做父母的应当"爱己"，也就是要检点自己，加强自身修养，提高自身素质。

他指出，做父母的"爱己"，这不仅是"保存生命的要义"，也是"继续生命的根基"。父母自身的素质，直接影响甚至决定着子女的素质。鲁迅举例说，易卜生的《群鬼》一文中说，由于欧士华的父亲生活不检点，得了病毒，致使他得了遗传病，生活不能自理。他不忍母亲服侍他，要母亲帮他服下吗啡，以了此残生。当时在旧中国，也有许多先天梅毒性病儿，惨不忍睹。

鲁迅告诫做父母的说："将来的命运，早在现在决定，故父母的缺点，便是子孙灭亡的伏线，生命的危机。"当然，可怕的遗传，并不只是梅毒，这是体质上的病毒；父母在精神上的缺点和"病毒"，也可以传给子女。不仅影响子女的身心健康，"而且久而久之，连社会都会蒙受影响"。

因此，他严肃地指出："凡是不爱己的人，实在欠缺做父亲的资格。就令硬做了父亲，也不过如古代的草寇称王一般，万万算不了正统。将来学问发达，社会改造时，他们侥幸留下的后裔，恐怕总不免要受善种学（Eugenics）者的处置。"为体现对子女的爱，父亲首先必须"爱己"。

3. 对子女要尽力地教育

鲁迅认为，父母对子女无私的爱，还要体现在尽力地教育上。他说，父母生育了健康的子女，"总算已经达到了继续生命的目的。但父母的责任还没有完，因为生命虽然继续了，却是停顿不得，所以还须教这新生命去发展。"

他还说："凡动物较高等的，对于幼稚，除了养育保护以外，往往还教他们在生存上必需的本领。例如，飞禽便教飞翔，鸷兽便教搏击。人类更高几等，便也有愿意子孙更进一层的天性。这也是爱，上文所说的（爱己）是对于现在，这是对于将来。只要思想未遭锢蔽的人，谁也喜欢子女比自己更强，更健康，更聪明，更高尚，——更幸福；就是超越了自己，超越了过去。"

因此，他主张觉醒的父母，应当尽力地教育子女。

4. 对子女要完全的解放

封建家庭的父母子女关系是"父为子纲"。所谓"纲"，即支配的意思。家长对子女实行专制，任意支配，使之成为附属品，子女没有独立的人格，没有自己的个性，不能成为独立的人。鲁迅主张这种不合理的状况必须改变，要完全解放子女。他说："子女即我非我的人，但既已分立，也便是人类中的人。"父母应当"交给他们自立的能力"，让他们自己掌握自己的命运，"全部为他们自己所有，成一个独立的人"。

完全解放子女，这是一件极伟大极紧迫的事；但在旧中国，却是一件极艰巨困难的事。对此，许多父母有各种各样的顾虑和担心，鲁迅都一一做了分析和说服：

第一，有人怕解放了子女以后，父母"便一无所有，无聊之极了"。

鲁迅说："这种空虑的恐怖和无聊的感想，也即从谬误的旧思想产生。"父母应当明白，子女独立了，"这才是完成了长者的任务。得了人生的慰安。"解放了子女的父母，自己也应有"独立的本领和精神，有广博的趣味，高尚的娱乐"，不能总是依赖子女。

第二，有人怕解放了子女以后，"父子间要疏隔了"。

鲁迅认为这个顾虑和担心也是多余的。他说："因为父母生了子女，同时又有天性的爱，这爱又很深广很长久，不会即离。现在世界没有大同，相爱还有差等，子女对于父母，也便最爱，最关切，不会即离。所以疏隔一层，不劳多虑。"

第三，有人怕解放了子女，"长者要吃苦了"。

鲁迅认为，长者受不受苦，不在于是不是解放子女，而在于社会。如果社会不改造，"不独老者难于生活，即解放的幼者，也难于生活"。要解除这种顾虑，首先应改造社会。

第四，有人怕解放了子女，"子女要吃苦了"。

鲁迅说，过去为避免子女吃苦，父母采取了一些谬误的"成法"："一种是锢闭，以为可以与社会隔离，不受影响"；"一种是教给他恶本领，以为如此才能在社会中生活"；"此外还有一种，是传授些周旋方法，教他们顺应的社会"。他认为，这些方法都是不可取的，不能避免子女吃苦，"根本方法，只有改良社会"。

鲁迅认为："中国旧理想的家族关系父子关系之类，其实早已崩溃。""历来都竭力表彰'五世同堂'，便足见实际上同居的为难；拼命的劝孝，也足见事实上孝子的缺少。而其原因，便全在一意提倡虚伪道德，蔑视了真的人情。"解放子女是大势所趋，父母应当顺应这个潮流，完全解放子女。

鲁迅呼吁说："觉醒的父母，完全应该是义务的，利他的，牺牲的……中国觉醒的人，为想随顺长者解放幼者，便须一面清结旧帐，一面开辟新路。就是开首所说的'自己背着因袭的重担，肩住了黑暗的闸门，放他们到宽阔光明的地方去；此后幸福的度日，合理的做人'。这是一种极伟大的要紧的事，也是一件极困苦艰难的事。"

鲁迅说这段话的时候，他还不是一个马克思主义者，他不能确切地知道所谓"宽阔光明的地方"是什么样子，什么时候才能达到。但在黑暗的旧中国，鲁迅对未来充满希望和信心，相信中国的前途一定宽阔光明，这是很可贵的。

鲁迅提出必须改革旧的家庭关系，特别是改革旧的父子关系这一重大的社会人生问题，主张要完全解放子女，这是具有深远社会意义的，反映鲁迅对社会生活的深刻理解和大无畏的革命精神。

四、改革旧的教育方法

鲁迅不但揭露、批判了传统的旧的家庭教育方法，还提出了正确的教育子女的原则和方法。

1. 要理解儿童

鲁迅认为，儿童不同于成人，有自己的内心世界，与成人截然不同。父母不要以成人的思想强加于他们，不要把他们"成人化"。他指出："往昔的欧人对孩子的误解，是以为成人的预备；中国人的误解，是以为缩小的成人。"这样做是有害于儿童身心正常发展的，"倘不先行理解，一味蛮做，便大碍于孩子的发达。"

理解儿童是教育儿童的前提。要教育孩子，使孩子接受父母的教导，必先理解儿童，了解儿童的心理特点，兴趣爱好，比如，"游戏是儿童最正当的行为，玩具是儿童的天使"，"孩子是可以敬服的"，等等。

2. 要指导儿童

中国传统的教育方法是强迫孩子服从父母的意志，按照传统的模式塑造孩子。

他指出，中国过去的父母教育孩子，有的是放任自流；有的却是"终日给以冷遇或呵斥，甚而至于打扑，使他畏葸退缩，仿佛一个奴才，一个傀儡"。这样教育的结果，"中国的男女，大抵未老先衰，甚至不到 20 岁，早已老态可掬"。对此，鲁迅极为不满。

他说："时势既有改变，生活也须进化，所以后起的人物，一定优异于前，决不能用同一模型，无理嵌定。"作为父母、长辈，对孩子来说，只能是"指导者、协商者，却不该是命令者"，不能以家长自居，强制孩子服从自己的意志。应当根据孩子的心理特点和发展趋势，循循善诱，因势利导，"要恰如其分，发展各自的个性"，以便"养成他们有耐劳作的体力，纯洁高尚的道德，广博自由能容纳新潮流的精神。也就是能在世界新潮流中游泳，不被淹没的力量"。

3. 要解放儿童

中国传统的观念是把子女看作是父母的私有财产或附属品，子女没有独立的人格，不能独立，不能自己掌握自己的命运。鲁迅对此十分反感。

他说："子女是即我非我的人，但既已分立，也便是人类中的人"，是独立的个体。子女是父母所生，正因为如此，父母"更应该尽教育的义务，交给他们自立的能力"；子女一旦出生，便是独立的人，父母不能据为己有，要解放他们，"全部为他们自己所有，成一个独立的人"，让他们自己掌握自己的命运。

鲁迅发表《我们现在怎样做父亲》一文时，仅仅是一个革命的民主主义者，文中还是运用进化论的思想作为反封建的武器的。但他对当时社会的深刻理解，他所主张的改革旧的父子关系、建立新型的父子关系以及改革旧的教育方法，在今天，仍有重要的指导意义。

正如鲁迅所说，改革旧的父子关系，建立新型的父子关系，"是一件极困苦艰难的事"。几千年来，我国推行"父为子纲"的父子关系，封建家长制盛行，它根深蒂固，盘根错节，基础牢固，很难完全根除。直至今天，封建家长制的旧思想还在许多做父母的头脑里残存。这个问题不彻底解决，很难培养造就出适应新社会需要的一代。因此，尽管《我们现在怎样做父亲》一文已经发表七十多年了，今天仍有必要认真学习。

艺术化的家庭教育

——陈鹤琴的《家庭教育》

在中国现代教育史上，家庭教育方面的专著在中国流行最广、影响最大的要属陈鹤琴先生的《家庭教育——怎样教小孩》一书了。

陈鹤琴，浙江上虞县人，中国现代著名教育家、儿童教育家。生于1892年，1982年逝世。1914年清华大学毕业后留学美国。1917年毕业于美国约翰斯·霍普金斯大学。1919年获哥伦比亚大学师范学院硕士学位。回国后任南京高等师范学校教授、东南大学教务长。1923年创办南京鼓楼幼稚园兼任园长。1927年任南京晓庄试验乡村师范第二院院长。1928年至1939年任上海工部局华人教育处处长。1949年至1959年任南京大学师范学院和南京师范学院院长。1955年任中国文字改革委员会委员。1964年被推选为九三学社中央委员兼南京市主任委员。连任全国政协委员和江苏省政协副主席。1979年任江苏省人大常委会副主任委员、中国教育学会名誉会长、全国幼儿教育研究会名誉理事长及江苏省心理学会名誉理事长。

陈鹤琴在求学时就立志献身教育事业，回国后尤其重视儿童教育。他一生都在致力于教育实践和理论研究。他的教育实践和教育思想对20年代至40年代的中国教育界和知识界是有影响的，对社会主义教育事业也做出了一定的贡献。

家庭教育是陈鹤琴进行儿童教育科学研究的一个重要领域。家庭教育思想是陈鹤琴整个教育思想体系的重要组成部分，也是对我国教育理论发展的一个重要贡献。

早在东南大学任教期间，陈鹤琴在研究儿童心理的同时，就着手研究儿童家庭教育理论。他是我国现代教育史上最早亲自进行家庭教育的观察和实验，并在家庭教育理论研究上卓有成效的教育家。他的家庭教育思想形成了较为完整的理论体系，奠定了我国现代家庭教育科学体系的基础。

陈鹤琴的家庭教育理论具有坚实的实践基础。在广泛、深入研究儿童心理的基础上，他对自己的子女和别人的子女所受的家庭教育进行了系统的观察试验，总结了经验教训；同时，他还批判地继承和发扬了我国古代家庭教育的优良传统，对于当时中国家庭教育的思想和方法也进行了研究。他的家庭教育理论具有强烈的实践性和民族特色。

陈鹤琴的家庭教育学说，主要反映在《家庭教育——怎样教小孩》这一家庭教育论著中。

《家庭教育》一书，是他对他的儿子一鸣进行几年观察研究后，同时吸取别人教育子女的经验教训而写成的。这部专著内容相当丰富，材料非常翔实，提出了一百零一条原则，几乎涉及到儿童家庭教育的方方面面。诸如，"小孩子从醒到睡，从笑到哭，从吃到撒，从健康到生病，从待人到接物的种种问题，都得到了充分的讨论。"（陶行知序）既有家庭教育的内容，又有家庭教育的一般原则、方法；既有理论，又有实践，可以说是一部儿童家庭教育的"百科全书"。

这部专著内容生动具体，写法深入浅出，通俗易懂，老幼皆宜，是一部非常受家长欢迎的父母必备读物。郑宗海先生在为该书撰写的序言中说："我阅过之后，但觉珠玑满幅，美不胜收，有数处神乎其技，已臻乎艺术的范域。私幸有此一卷，置绪案头，可以奉为龟鉴。"陶行知先生也非常赏识这部佳作，他在该书序言中称该书"系近今中国出版教育专书中最有价值之著作"，赞誉陈鹤琴的家庭教育是"艺术化的家庭教育"。他说："这本书出来以后，小孩子可以多发些笑声，父母也可以少些烦恼了。这本书是儿童幸福的源泉，也是父母幸福的源泉。著者既以科学的头脑，母亲的心肠，做成此书。我愿读此书者亦须用科学的头脑，和母亲的心肠去领会此书的意义。我深信此书能解决父母许多疑难问题，就说他是中国做父母的必读之书也不为过。"

事实正如陶行知先生所说，这部书非常受父母欢迎，是中国罕见的畅销书。该书1925年问世，不到5个月就再版，至今已经再版十余次，1981年还在再版。可见此书是经得起时间和历史考验的。此书虽是60年前著述出版的，但对今天的儿童家庭教育仍有现实的指导意义。

陈鹤琴的《家庭教育》一书，其内容有：

一、家庭教育的作用和意义

陈鹤琴所研究的对象是学龄前儿童（0～7岁）的家庭教育，他的理论也是侧重于儿童的早期家庭教育。他认为，学龄前儿童的早期家庭教育对儿童个体的成长发育关系极大，对于改造中国社会也有重大意义。

1. 家庭教育对儿童个体成长发育的作用

他认为，儿童的早期家庭教育在人的一生成长发展过程中起着奠基的作用。在《家庭教育》一书第一章，陈鹤琴首先提出这样的问题，为什么人们中"有的成为优秀公民，有的变为社会败类？推其原因，不外先天禀赋之优劣与后天环境及教育之好坏而已。"人们生下来先天的遗传素质大体是相仿的，究竟朝什么方向发展，成为什么样的人，"知识之丰富与否，思想之发展与否，良好之习惯养成与否，家庭教育实应负完全的责任。"

家庭教育为什么能有如此重要的作用呢？陈鹤琴说："……幼稚期（自出生至7岁——原作者注）是人生最重要的一个时期，什么习惯、言语、技能、思想、态度、情绪都要在此时期打下了一个基础，若基础打得不稳固，那健全的人格就不容易建造了。"因此，他告诫做父母的；虽然"小孩子实在难养得很"，"也难教得很"，但是，我们做父母的绝不能因为难养、难教，就不去教养。如果我们放弃教养、教育，就要使儿童养成许多坏毛病、坏思想、坏习惯，就需要去改造。而要改造，却是相当困难的，"非用尽九牛二虎之力不能改造他们"。

他针对当时中国的实际情况指出："我们有许多人，方在盛年，即显出衰弱的现象，驼着背，耸着肩，垂着头，气息奄奄不绝于缕；讲到他们的道德，真所谓道其所道，非我之所谓道；德其所德，非吾之所谓德；只知利己，不知利人，苟有利于己，虽卖国亦所不惜；倘利于人，即拔一毛而亦不为；至于他的知识，有的固然很丰富，但是有许多人实在欠缺得很；他们有病，不求人而求神，不问医而问卜；倘有不测，即诿之于天，脑筋的简单，知识的缺乏，真和太古民族，没有什么两样。"这是什么原因呢？他指出："因为他们小的时候没有受到过良好的教育，不但没有受过良好的教育，而且受了恶劣的教育。"

2. 家庭教育的社会意义

陈鹤琴不仅看到家庭教育在人们个体成长发展中的作用，而且也充分认识到它的社会意义。他说："对于如花含苞，如草初萌的小孩子，我们应当用很好的教育方法去教育他，使他们关于体、德、智三育都从小好好儿学起，那末老大的中国，未尝不可以一变而为少年的国家？"他把中国的未来和希望寄托在下一代人身上，非常有信心地说："不过少年中国的责任，固属诸今日之儿童，而造成少年中国的责任则属诸今日之父母，做父母的能教育小孩子，而小孩子能够从小学好，则少年中国，即在其中了。"儿童是中国的未来，而父母所从事的家庭教育直接关系着中国的未来。他对于中国的父母和孩子寄予深切的期望，他号召："做父母的！做小孩子的！大家努力！大家努力！切勿失之交臂！"陈鹤琴认为，中国当时是个极好的时机，希望父母们千万不可坐失良机，要努力抓好儿童的教育工作。

60年前，中国当时还处于半封建半殖民地的社会，陈鹤琴就认识到家庭教育同社会进步、国家强盛的密切关系，看到家庭教育的重大社会意义，是非常难能可贵的，充分反映他强烈的爱国主义思想。

陈鹤琴充分认识到儿童早期家庭教育的重要性，他一生都致力于家庭教育的实践和研究工作，并多次宣传、强调搞好儿童早期家庭教育的重大意义。在1979年全国幼儿教育研究会成立大会上，他还进一步明确指出："幼儿自一出生，就得到父母和家庭成员中的保护和关怀。幼儿在家庭中感到温暖，得到爱抚，这对儿童的感觉和情感上的发展特别重要。同时，幼儿个性形成的最初基础，也是在家庭中奠定的。家庭对幼儿的思想和行为习惯的影响是极

大的。家长是子女的第一任老师，父母应尽到教育好孩子的责任……幼儿在父母那里学说话，认识周围事物，模仿父母言行，在父母的影响下形成性格。"因此，他希望人们"必须十分重视幼儿的家庭教育"，"要重视幼儿家庭教育的科学实验，对幼儿的家庭教育应作为一门科学来研究和推广。"

近年来，我国的家庭教育，特别是幼儿的家庭教育，得到了广泛的重视，幼儿家庭教育的科学研究，也日益开展起来，陈鹤琴先生的愿望正在变为广大家长和教育工作者的实践。

二、学龄前儿童家庭教育的内容

家庭不是专门的教育机构，家长也不是专职的教育工作者，没有受过专门的训练。然而，陈鹤琴并不以为家庭教育的任务是单调的，家庭教育的内容是简单的。他认为，家庭教育同幼儿园教育一样，也负担着儿童体、德、智、美、劳等诸方面的教育任务，教育内容相当丰富，甚至比幼儿园的教育内容还要丰富。

根据一般家庭的条件和家庭教育的特点，他对学龄前儿童家庭教育的内容，提出了以下几个方面的建议：

1. 家庭体育与卫生

关于学龄前儿童家庭体育的教育和训练，陈鹤琴做了非常详尽的阐述，而且放在家庭教育中很重要的地位上。家庭体育与卫生大体有三个方面的内容：

（1）卫生习惯的培养和训练。他认为："卫生上的习惯与身体的健全是有密切关系的。强健的身体是小孩子幸福的源泉，若身体不健全，小孩子固然要终身受其累，而做父母的也要受无穷的痛苦。"

卫生习惯训练的内容包括：早晨起床要穿好衣服，天天刷牙齿，洗脸刷牙固定地点，洗脸单独用一条毛巾，洗脸要洗干净，洗脸刷牙前不吃东西，饭前洗手，吃饭要用适当的盘匙、桌椅，要围围巾，吃饭定时定量，让孩子先吃，不准孩子乱拿食物，不要乱藏食物，乱摊食物，午饭后睡觉，睡前要有适当的娱乐，睡觉穿睡衣，父母不抱着睡，不点灯睡，孩子单独睡一床，便溺有定所，大便定次定时，不要受外界过度的刺激，不要终日抱在手里，等等。

在这里，陈鹤琴提出的儿童卫生习惯的训练，主要是侧重于婴幼儿阶段。训练内容涉及儿童的吃、喝、拉、撒、睡、穿多方面，这都是很必要的。每一种习惯的训练，要求具体明确，意义阐述得清楚，训练的方法、步骤指导得详细，对于婴幼儿的家长很有指导意义。

（2）参加游戏锻炼身体。他认为："小孩子生来大概是喜欢动的。因为他常运动，所以他的肌肉就慢慢儿发展了。"家长应给予重视。

为方便孩子参加各种游戏，他主张不要让孩子终日穿着美丽的衣服，最好穿运动套衣。这样就不会限制儿童游戏。

小孩子玩耍、游戏，要有适宜的伴侣。因为"益者三友，损者三友"。小孩子最容易受小朋友的影响。

小孩子要有与动物玩耍的机会。玩动物可以养成小孩子不怕动物的胆量，养成爱护动物的习惯，知道动物的性质与动物的生理，发展孩子的同情心。

教育小孩子玩完玩具，要收拾好，放回原处。

应当让小孩子在家里玩水，也应由家长带他们到野外去玩水，不过要特别注意安全。

要让孩子玩好的玩物。好的玩物可以激发思想，启迪知识，强健身体，培养美感。凡是凶恶丑陋，不合卫生而有危险的玩物，一概不要给小孩子玩弄。

要创造条件，让小孩子画图、剪图、穿珠、锤击、泥壁、浇花、玩沙，这不仅可以增强孩子的美感，还可以锻炼他的手筋，增强体质。

（3）注意心理卫生。在《家庭教育》一书第八章《小孩子为什么怕的为什么哭的》中所谈的问题，实际上就是注意儿童的心理卫生。他说："小孩子忽而笑忽而哭，是很容易感受外界刺激的。我们做父母的需要支配他的环境，使他所接触的环境，都可以增加他的快乐，而减少他的痛苦。"

他要求做父母的，不要利用雷电、黑暗等暗示孩子产生惧怕；不要用"父亲"的名义恐吓不听话的孩子。小孩子发生惊慌时，要慎防其他大的声响，以免增加他的惊慌。不要让孩子常常哭泣，孩子哭闹总是有原因的，诸如睡觉刚醒、下身潮湿、冷热过度、肚里饥渴、疲乏、生病、太寂寞，忽然受了惊慌或见了生人等。父母应该弄清哭的原因，设法止住哭泣，"饥则为之食，寒则为之衣，疲乏劳苦则使之愉快"。千万不要轻易吓、骂、打，这样易使孩子受冤枉，精神上受压抑。

2. 家庭德育

关于学龄前儿童的家庭品德教育，陈鹤琴提出了九个方面：

(1) 教育孩子心中有他人。使孩子考虑别人的安宁，成为有道德的人。

(2) 教育孩子有同情心。他说："同情行为在家庭里在社会里是一种非常重要的美德。若家庭里没有同情行为，那父不父，母不母，子不子，家庭就不成为家庭；若社会没有同情行为，尔虞我诈，人人自利，社会也不成社会了。"

(3) 使孩子养成收藏玩物的好习惯。这样既可以使之知道爱护物力，也使之以后做事井井有条，不致于杂乱无章，费时费力。

(4) 教育小孩子对长者有礼貌。

(5) 教育小孩子尊重别人，尊重别人的劳动。

(6) 禁止孩子作伪，教育孩子诚实。他认为，如果孩子在父母面前作伪，"他们以为既可以欺父母，就不妨欺别人；既可以作伪于家庭，就不妨作伪于社会，久而久之，就成今日之现象（尔虞我诈——笔者注）了"。他告诫父母："使他们将来成为诚实的青年，则于国家，将来都不无裨益的。"

(7) 教育孩子不要强横霸道欺负别人。他认为，父母强调孩子小，让成年人让着他，就会惯出强横霸道的坏习惯。"强横之气既成，则放僻邪侈无所不为。"小时候好打别人，大了还要打自己的父母。

(8) 教育孩子适当参加家务劳动，学会劳动，不劳动就会"骄慢怠惰不知世事艰难"。

(9) 教育孩子爱父母，爱别人。爱人的思想和行为要从小培养。他说："要救国救民必定从教育小孩子爱人着手。小孩子今日能爱人，他年就能够爱国了。"

陈鹤琴所主张的这些儿童品德教育的内容，既反映了中华民族的传统美德，又符合孩子的年龄特征。他所强调的都是儿童品德的最基本的素质，是很实在的道德蒙养教育。

3. 家庭智育

对于学龄前儿童家庭教育中的智育，陈鹤琴并不像有些家长所主张的那样，过早地让孩子识字、读书，而是从孩子的实际出发，创造条件，让孩子增长对周围事物的感性认识，丰富生活常识，增进生活经验，开阔眼界，激发求知的欲望，等等。具体的要求是：

（1）丰富孩子的生活常识，增进生活经验。他建议家长要经常带孩子到街上去看看路上的行人和动物。凡是孩子喜欢看的，都让他看，比如，驴子磨豆腐，机匠织布，衣庄里卖衣服，市场里卖菜，炸油条，做烧饼，卖拳头，变把戏等。有不懂的就告诉他，这样可以使他的见识、生活知识渐渐丰富起来。

（2）鼓励孩子的探索精神，支持孩子探试物质。孩子对周围的一切事物都感兴趣，希望了解事物的性质。家长支持他们去探试，就可以丰富他们的经验，增长他们的科学知识。如孩子玩雪，则可以知道雪遇热会融化，玩砂石则可以知道砂石是坚硬的，剪纸和敲钉，可以知道纸和钉的性质，剪和锤的使用方法。

（3）鼓励孩子的好问精神，激发求知的欲望。小孩子有好问的天性，家长在回答孩子提出的问题时，要讲究艺术，既不要轻易拒绝孩子的问题，也不要有问必答，应引导孩子自己去追求答案。

（4）给孩子创造阅读的条件和环境，激发他们读书的兴趣。

以上这些进行智育的要求和措施，符合家庭教育的实际，有利于开发儿童的智力，从长远看肯定是有好处的；而且，在一般家庭里，也都是切实可行的。

4. 家庭美育

陈鹤琴重视儿童的家庭美育，主张有条件的家庭，要尽可能给孩子创造艺术的环境，诸如音乐的环境、绘画的环境、审美的环境等。让孩子早一些接触音乐、图画，生活在整洁、高雅的家庭环境中，这样可以陶冶孩子的情操，加强孩子审美的观点，使孩子养成审美的习惯。

5. 家庭劳动教育

陈鹤琴要求父母让孩子在家里帮助父母做点家务劳动。凡是小孩子自己能做的事情，父母不要代替他们做。他认为这样做有许多好处：

（1）"可以发展孩子的肌肉"；

（2）"可以养成勤俭的性质"；

（3）"可以使孩子知道做事的不易和世务的艰难"；

（4）"可以养成独立的精神"；

（5）"可以培养进取精神"。

陈鹤琴所主张的家庭劳动教育，其目的是非常正确的，并不单单是为

了使孩子学会劳动技能，更重要的是进行思想品德教育和个性气质的锻炼。

总之，陈鹤琴对于学龄前儿童家庭教育的内容，要求是很全面的。既实际，又有利于孩子的身心得到和谐、全面的发展，可以为孩子入学读书，以至于一生的发展，都打下良好的基础。这些要求虽然是在60年前提出的，仍然还适用于当前我们社会主义的家庭教育。

三、家庭教育的原则

家庭教育是一个相当复杂的过程，也是一件相当难的事。之所以说它复杂、困难，原因大体有三：一是家庭的情况千差万别，每个家长的个性千差万别；二是儿童的年龄特征不同，个性特征也千差万别；三是家庭教育的任务和内容相当复杂。

针对家庭教育的特点和学龄前儿童的年龄特征，陈鹤琴根据他自己对子女的亲自观察试验以及别人提供的材料，在《家庭教育》一书一共陈列了101条教育孩子的具体做法和要求，并逐条加以讨论。在书中被陈鹤琴称之为"原则"的101条，对于家长具体实施和教育孩子是很有指导意义的。纵观这101条，我们可以清楚地看到，其中自始至终贯穿着几个主要的指导思想，是适合于一切家庭和学龄前儿童教育所必须遵循的基本的共同要求，亦即家庭教育的一般原则。

归纳起来，陈鹤琴提出的家庭教育原则是：

1. 正面教育的原则

他认为，小孩子有一个重要的心理特征，就是喜欢称赞、嘉许、奖励，而不喜欢禁止、抑阻和消极的刺激。因此，他主张对小孩子要多进行正面教育，即给予积极的鼓励和诱导，不要给予消极的刺激。他说："无论什么人，受激励而改过，是很容易的，受责骂而改过，是不大容易的。而小孩子尤其喜欢听好话，而不喜欢听恶言。"如果家长总是用责骂、殴打的办法管教孩子，"其结果，小孩子改过的少，而怨恨父母的多；即（或）不怨恨父母，至少也要有一点不喜欢父母了……慢慢儿就不以父母之言为意……慢慢儿养成顽皮的恶习惯了。"

他要求父母，发现孩子做不应该做的事情，最好用积极的暗示，去引导他，不要用消极的命令；让孩子做什么事情，

不要常用命令的口气去指挥，强制他们去做，而应多用商量、诱导的方式；不要事事管得过严，总是禁止干这，禁止干那。在日常生活中，父母对是非善恶应有一个明确的态度，"别人做好的事情或坏的事情的时候，做父母的应当以辞色来表示赞许和不赞许的意思，给小孩子听，给小孩子看。"做父母的对是非善恶表现出一种明确的态度，孩子无形中就会受到积极的影响。

2. 以身作则的原则

他认为："小孩子是好模仿的，家中人之举动言语他大概要模仿的。若家中人举动文雅，他的举动大概也会文雅的；若家中人之言语粗陋，他的言语大概也是粗陋的。"小孩子不仅好模仿，而且，"小孩子的善恶观念很薄弱，普通知识很肤浅，所以对于所模仿的事物，他毫不加选择的。比方，他看见父亲随地乱吐，他也要吐吐看；看见他父亲吸烟，他也要吸吸看；或者他听见他母亲恶语骂人，他也要骂骂看，看到他母亲做针线洗衣服，他也要做做洗洗看。总而言之，我们成人的一举一动，一言一词，都能影响小孩子的。"

正是由于小孩子好模仿而善恶观念又薄弱，所以，陈鹤琴指出："所以做父母的不得不事事谨慎，务使己身堪有作则之价值。"要小孩子诚实，父母自己先诚实；要小孩子对人有礼貌，父母自己对人先有礼貌。要时时、处下、事事给孩子做出好榜样。

3. 及早施教的原则

陈鹤琴认为："幼稚期人称'可塑期'或'可教期'。"他说，这个时

期，儿童学东西很快，也容易接受教育，不仅动作语言很容易学会，就是各种常识也容易吸收，美感美德也容易养成。他引用中国古代思想家、教育家墨子的话说："染于苍则苍，染于黄则黄，所入者变，其色亦变，五入必而已，则为五色矣。故染不可不慎也。"他说，小孩子也像素丝一样，极容易染上各种颜色，"施以良好的教育，则将来成为良好的国民，倘施以恶劣的教育，那末将来成为恶劣的青年了。"早期教育的作用是非常重大的。

鉴于此，陈鹤琴不仅主张对孩子及早施教，而且提出早教要特别慎重。他认为，小时候孩子受教育印象相当深刻，基础打得好，打得正，以后就容易教育，甚至可以有益于终生；如果早期教育不慎，基础没有打好，会给以后的教育造成许多困难。

他列举了一个琴师招收学徒的例子。说该琴师招收学生，对从未学过琴的，收学费一元；而招收已学过琴的学生，则收学费二元。有人对此不解，以为琴师把事情弄颠倒了。其实不然。这位琴师说："你们哪里知道。未曾学过琴的，不过不会踏琴罢了，没有什么病根的。至于已经学过琴的，不但不会踏琴，而且（往往）学了许多弊病。我现在要教好他，非先把他的病根除去不可。既要除去病根，又要教好他，比较未学过的已经多一层困难了。所以学费也应当贵一倍。"这个例子说明，对小孩子早教要慎而又慎，施以正确的早期教育。正如孔子所说："少成若天性，习惯如自然。"早期教育极容易在孩子思想上扎根，因此，中国古人提出要"慎始"的主张。陈鹤琴的主张正是继承了中国古人"慎始"的教育思想。

4. 严格要求的原则

陈鹤琴反对对小孩子娇惯溺爱、迁就放任。认为不能他要怎样就怎样，要什么就给什么，要打人就打人，要骂人就骂人。对小孩子无原则地迁就有百害而无一利。

父母爱孩子，是人之常情。但不能溺爱。他说，有的母亲让孩子打爸爸、骂爸爸取乐，有的父亲让孩子打妈妈、骂妈妈取乐，父母不但不生气，反而"乐不可支"。这样做的结果，开始是当玩耍，以后就会真的敢打骂父母了。他列举他们老家绍兴地方的俗语："3岁打娘，娘发笑；念岁（20岁）打娘，娘上吊。"有的小孩子好打人，做父母的以为孩子小，做成人的应该让着他。这样久而久之，孩子就会变得强横霸道。他说："强横之气既成，则放僻邪侈无所不为。小则受人之辱，大则伤己之身，其害之大，真'不堪设想'。到那个时候，做父母的悔已迟了。"

陈鹤琴举出这样一个典型实例：

有一位富翁，年近五十，方得一子。老年弄璋（即生一男孩）是人生的乐事，这位老人自然是高兴得不得了。他看儿子喜则喜，儿子悲则悲，一切都顺着孩子。孩子到四五岁时，由于父母溺爱，强横霸道无所不至，一不高兴就骂人打人。到十七八岁时，年纪大了，胆子也大了，常常偷他父亲的钱到外边去赌博，一掷千金，毫不为意。父亲知道了，当众大骂他一顿。但儿子不但不听，反而骂他父亲："你死都不会死，还要来骂我。你当心点，我迟早些，总要杀死你。"其父听到儿子这么说，虽有点担心，但总是不大相信。不过，也不能不防备。这天夜里，父亲把一只小斗桶放在床上盖上被子，像是有人睡觉，他躲在暗处观察动静。果然不错，半夜里儿子摸进屋来，举起大斧朝床上猛劈下去。儿子以为砍死了父亲，马上逃跑了。

十几年以后，这位老人已有八十多岁，暮年孤独，苦不堪言，睹物兴怀悲感交集，虽恨他儿子无良，但也仍旧望他回来。一天，老人正在桑园散步，忽有一年逾三十的农夫走过来，对他说："请你把这株老桑枝弄它弯来。"老人笑嘻嘻笑道："老弟！老桑枝哪里还能弄得弯呢？"农夫说："不错，不错，桑枝要小弯，儿子要小教。"老人听到这句话，不觉顿触旧恨，泪珠点点，泣不能抑。原来这位农夫就是他失踪十几年的儿子。见到儿子，老人也终于醒悟过来，悔恨地说："我的儿呀，你以前要杀我，是我从小不教你的缘故呀！"

溺爱娇惯孩子，不仅害孩子，也害父母自己。因此，陈鹤琴主张对小孩子一定要严格要求，严格教育。"如果事属可行，就叫他行；事不可行，禁止他行。""可以允许的，就允许他；如不可以的，那末应当毅然拒绝他。"即使孩子用哭来要挟家长，家长也要拒绝，不能心慈面软，放弃原则，百依百顺。当孩子还不太懂道理的时候，如果是正确的要求，该强制他执行就要强制。"一令既出，必定要他去做"，不可迁就放任。

5. 教养态度一致的原则

陈鹤琴认为，家庭教育中常常发生父母教养态度不一致的现象。其具体表现是：一，在多子女家庭中，对待所有子女态度不公平，偏憎偏爱，有的喜欢，有的不喜欢；二，父母对同一个孩子态度不一致，有的家长这样要求，有的那样要求；有的要求严格，有的却放任自流。对孩子偏憎偏爱的现象，是许多家庭存在的，也是自古以来就有的。陈鹤琴引用北齐颜之推的《颜氏家训》一书中的话说："人之爱子，罕亦能均，自古及今，此弊多矣。"他认为，对子女偏憎偏爱，"适足以害子女"，既容易造成子女之间的隔阂，互为仇敌，也会使子女怨恨父母。无论对偏爱者还是偏憎者来说，都是没有好处的。

他分析了父母偏憎偏爱子女的原因。他指出："推原父母偏爱偏憎子女的缘故，概由于容貌与资质的关系。大抵容貌妍者，父母爱之；容貌媸者，父母恶之；资质灵敏者，父母宠之；资质愚鲁者，父母憎之。因爱憎的缘故就生出不平的待遇来了。"他告诫父母说："须知子女既同自己出，待遇自应当公平，贤俊者固可尝爱，顽鲁者亦当矜怜，断不能以面貌的妍媸，资质的敏钝，就分出爱憎来，就做出不平的待遇来。"应当公平对待子女，做到一视同仁。

父母对于同一个孩子，态度不同，要求不同，这种不一致也是有害的。他说："要知道小孩子知识薄弱，以父母之言为言，以父母之意为意。现在他们俩自己意见不对，互相吵嘴，那末使小孩子'无所适从'了。"以吃东西为例，父亲不让孩子多吃肉，母亲主张让孩子多吃肉。"吃吗？就得罪了父亲；不吃吗？那末得罪了母亲。小孩子在这当儿，其所谓'处于两大之间，难以为人'了。"他指出："做父母教训子女，不能使子女有所适从，这就算不得教育了。"而且，父母态度不一致，还会引起孩子轻视父母之心。正确的态度是：有不同意见，要先统一，再管教孩子。

对子女态度不一致，也有这种情况：母亲不管不教，专以父亲的名义恐吓孩子，背着父亲宠爱孩子。这是更为明显的不一致，甚至可以说是相互矛盾的态度。比如，下雨天，孩子不愿上学去，父亲不准；待父亲走后，母亲应允，等父亲回来就说上学去了。像这样一个管一个护的教育方法，陈鹤琴认为这简直是自行使孩子堕落。

陈鹤琴提出的对孩子教养态度要一致的原则，是非常重要的。对于这个主张，陶行知先生给予充分肯定和高度赞扬。他在《家庭教育》一书的序言中说："陈先生写这本书有一个一贯的主张，这个主张就是做父母的对于子女的教育应有一致的措施。中国家庭教育素主刚柔并济。父亲往往失之过严，母亲往往失之过宽。父母所用的方法是不一致的。虽然有时相成，但流弊未免太大。因为父母所施方法宽严不同，子女竟至无所适从，不能了解事理之当然。并且方法过严，易失子女之爱心。过宽则易失子女之敬意。这都是父母主张不一致的弊病。陈先生此书所述各种教育方法或宽或严，都以事体的性质作根据，不以施教育的（指教育者——笔者注）为转移。他和夫人对于一鸣（陈鹤琴之子）的教育就是往这条路去走的。"

6. 宽严适度的原则

陈鹤琴指出，在家庭教育中，家长对孩子的管教往往发生两种偏向：一是过于宽容姑息，一点也不管教，任其为所欲为。这是很有害的。他说："这种'姑息养奸'的教育在家庭里是常见的，会使孩子养成利己害人的坏思想。"二是规矩过严，事事都要秉承他父母的意旨。父母待孩子好像待成人一样，"既叫一个活泼好动的孩子穿起长袍马褂来限制他们动作，又叫小孩子一举一动要模仿成人的样子"。这样，就会使孩子成为一个"萎靡不振、具体而微的小成人"。他叹息道："无怪国中多'少年老成'的小孩子了。"

这两种完全相反的态度，都是走了极端。陈鹤琴认为这样"太姑息"和"太严厉"，"两者都失其平，不得谓之良教育"。

他主张对孩子管教要宽严适度，在宽和严之间掌握平衡。他说："我们教小孩子当折其衷，一方面予以充分机会以发展自动的能力和健全的意志，一方面限以自由范围使他不得随意乱动以免侵犯他人的权利。教育若能如此折衷施去，小孩子未有不受其惠的。"

陈鹤琴提出"折其衷"的主张，这是非常重要的一个家庭教育原则。对待孩子适当的宽容，可以有利于发展孩子的主动性，使孩子形成良好的个性品质；对孩子要严格，严得适当，可以使孩子言行有规矩。这两种教育态度都是有益的，必要的。但在这两个问题上，许多家长却是往往掌握不好分寸，好过分。说宽，就过宽；说严，就过严。一过分，就要出现相反的效果。这是中外许多教育家都十分注意的一个问题。像中国古代颜之推的"父子之严，不可以狎；骨肉之爱，不可以简"的思想；朱庆澜提出的"用个适中的法子"，划清活泼和放肆、规矩和呆板的界限的原则；前苏联马卡连柯的讲究分寸尺度、"中庸之道"的原则，这都和陈鹤琴"折其衷"的思想是一致的，只是说法不同罢了。

7. 责罚要慎重的原则

小孩子是很难避免行为上有过失或犯错误的，家长为此责罚孩子，也是允许的。因为责罚也是一种教育手段，虽不能说是主要教育手段，但也是不可缺少的。责罚手段使用得好，也会收到积极的效果。事实上，在家庭教育中差不多都或多或少地运用这种教育手段。陈鹤琴不回避这个问题，正面提出这个问题，要求家长在运用这种教育手段时，一定要慎而又慎。

他要求家长在运用责罚手段时做到：

（1）要弄清情况。看孩子是否真的有过失、错误，过失或错误的情节和严重程度。"如果不论皂白，听一面之辞，逞一已之怒，就去鞭挞小孩子，那末小孩子也要不服他父母的。"而且，"他恨父母之心恐怕从此发生了"。

（2）要弄清原因。他认为："大凡小孩子决不会无故而恶作剧的。恶作剧的原因，大概是由环境造成的。"就是说总是有客观原因的。如果不弄清原因，只管责罚，就等于"治末"没"治本"。"小孩子虽然怕你，一时不敢作恶，但是他作恶的心，依旧存在"，一旦有条件，他还要作恶。弄清原因，就可以"除其本"。"除本是永久的；至于除末，不过一时有效罢了"。

（3）不要当别人的面责罚孩子。无论大人小孩都是有羞恶之心的，小孩子尤喜欢顾全面子。"倘使父母当着别人的面前去骂他，他以为受了莫大的耻辱，就要怨恨父母了"。进而不乐意听父母的教训，不服父母的管教，也会"失掉羞恶之心"，破罐破摔，"慢慢儿成为顽童了"。

他指出，中国有许多家庭，父子间感情不融洽，"父不以子为子，而子不以父为父，双方面各趋极端像仇敌一样"。之所以出现这种情况，往往和父母当外人的面责罚孩子，不顾孩子的面子有直接关系。

（4）不要在早上或晚间责罚孩子。晚间睡前责罚孩子，孩子夜里心神不宁，不能睡好，易做恶梦。一早起床就责罚，使孩子受惊吓，一天都惊恐不安，对孩子身心健康也不利。

（5）不要迁怒于孩子。父母在有心事的时候，往往迁怒

于孩子。"因为拿别人来出气，别人是不答应的，所以只好把自己的子女，拿来做出气的东西"，使孩子受"无妄之灾"。这样做是很不应该的。因为这是不道德的，而且，会极大地伤害孩子，造成父母子女之间的隔阂。陈鹤琴要求父母在要发怒的时候，"应当平心静气，使其躁释矜平"，绝不能迁怒于孩子。

（6）重责其事，轻责其人。孩子犯了错误，着重批评其错误言行，分析错在哪里，有什么危害，性质怎样，这样孩子既可以产生羞恶之心，也觉得有自新之路，能促使其改正错误。而过多地责怪孩子本人，往往会助长其为恶之心，堕落他的人格。

（7）不能让别人代孩子受责罚。孩子做了错事，有的父母为博得孩子的欢心，不去责罚小孩子，而是无端地责罚别人，归罪于他人，这是要不得的。这样会助长孩子的过错。

（8）父母责罚孩子，别人不能表示同情。责罚孩子是因为他犯了错误，别人在旁边表示同情，那责罚是没有什么用处的，还会助长他的错误。

（9）责罚不能滥用。"滥用了，那末受之者就不以为意了"。还会引起孩子的"轻视之心"、"厌恶之心"。

（10）最好不用体罚。他认为："若不能用别的方法而只诉诸野蛮的体罚，这分明是显出家庭教育之失败。"因此，他对父母们说："若能以诱导法得到良好结果的，我们千万莫去打骂我们的小孩子。"

四、家庭教育的方法

陈鹤琴根据学龄前儿童的年龄特征，在他教育子女和别人教育子女实践的基础上，总结并提出了一系列行之有效的教育方法：

1. 游戏教育法

他认为，小孩子生下来是好动的，是以游戏为生命的。他说："多游戏，多快乐，多经验，多学识，多思想。"他主张利用游戏使孩子增长知识，听从教诲。比如，要孩子认识红、黄、蓝、绿等几种颜色，呆呆板板地说"这是红的，那是绿的"，孩子未必听，也未必记得牢。要是让孩子穿彩色珠子，边穿边说："这个绿珠子多好看，那颗红珠子多光滑。"或是教孩子画图画，指给孩子这个颜色那个颜色。这样孩子就很容易辨认几种颜色了。

2. 激励教育法

激励教育法就是"用言语来激励他，使得他居于自动的地位，而且使得他很高兴地去做。"有一次，陈鹤琴的小儿子一鸣拿了一块破烂的棉絮裹着身体当毡毯玩耍，很不卫生。如果马上把那块破棉絮夺过来扔掉，同时还骂他，甚至打他，这样孩子不仅不易接受，而且会产生对父母的怨恨之情，至少也要有一点不喜欢父母。陈鹤琴用言语来激励一鸣，说："一鸣！这是很脏的有气味的，我想你一定不要的，你要一块干净的，你跑到房里去问妈妈拿一块干净的。"这样使孩子居于主动，而不是被动，一鸣扔掉棉絮，跑到房里换了一块清洁的毯子。

3. 榜样教育法

教育小孩子，靠空洞说教不容易见效。只有在日常生活中，随时给孩子找出身边的榜样，并给以赞扬，让孩子愿意模仿，便于模仿。陈鹤琴举例说，有个小孩叫小香，最不喜欢在早上刷牙，即使刷牙，在未刷之前常常要吃饼干糖果等食物。他父亲没有去训斥小香，而是当着她的面跟她妈妈说："静波是个好孩子，每天早晨起来是一定要刷牙的。未刷牙之前，别人即使拿食物给他吃，他总不肯吃的。"父亲在说这些话时，脸色上表现出很钦佩静波的样子，嘴里还不住地称赞。小香在旁边听见爸爸称赞静波的话，心里也觉得很羡慕静波。到第二天早晨起来，母亲叫小香刷牙，她就很快去刷牙。在未刷牙之前，也不要吃东西了。小香还有一个毛病，不讲卫生，随地吐痰，父亲为此也不高兴。小香的小朋友来家玩耍时，嘴里要吐痰了，这个小孩子东看看西望望，去寻个痰盂。父亲看到了，就极力称赞小朋友注意清洁，不随地吐痰。小香看见小朋友的举动，又听到父亲的称赞，也很敬重小朋友，以后再也不随地吐痰了。

4. 诱导教育法

陈鹤琴主张，做父母的教育小孩子，应当以"循循善诱"为依归，不应当以力强迫威胁为能事。比如，小孩子一般不喜欢穿衣服，要让孩子穿，最好用种种方法去诱导他。他儿子一鸣小时候，每天早晨穿衣服时，母亲给他一本图书看，有时候同他唱唱歌，讲讲故事。这样一鸣常常忘记穿衣服这件事，安安稳稳地让他母亲给他穿衣服。但是也有许多父母不是这样，孩子不愿穿衣服，又哭又吵，父母就打孩子的屁股，拧大腿，用种高压手段去压服孩子。没办法，孩子也只好吞声饮泣让母亲给穿衣服。陈鹤琴认为，虽然引诱和威胁都使得小孩子服从，但心理却有愉快不愉快之分，做父母的也有喜怒之别。既然是这样，做父母的对待孩子何苦不用引诱的方法呢？

5. 暗示教育法

父母要求孩子做什么，怎样去做，不是直接去命令，而是用含蓄的语言或各种示意的举动，使孩子领会父母的要求和意图。陈鹤琴举例说，普通小孩子一般不喜欢刷牙齿，有不少家长运用暗示教育法，比如用彩色图画去暗示。在一张图画上，画了两三个儿童在一间很美丽的洗脸室内，很起劲地都在那里刷牙齿，站在他们旁边的又有一位笑嘻嘻的母亲看着他们刷牙齿。小孩子看了这种图画，就会模仿着去刷牙齿。在这里，图画就是一种暗示品。家长给孩子做一个样子看也是暗示。

6. 督察教育法

有些小孩子玩过东西、看过书报，不高兴去整理好，睡觉起来不折被子，吃过饭后不乐于洗碗筷，等等。久而久之，就会养成懒惰和不整洁的坏习惯。这既不雅观，又会惹人讨厌。陈鹤琴主张在教小孩整理用物过程中，去培养其爱整洁的好习惯。父母向孩子提出整理东西的要求，起初孩子不大高兴去整理，还需要家长引导、督察。比如，一鸣将自己的书搬到另外一个房间做"贩卖"的游戏，玩了没多久，该吃饭了，父亲叫他将书整理好，送回书架上去。一鸣说吃饭后再放好。吃过饭，他又说要睡觉了。父亲说："我帮助你！"边说边帮他整理好，同一鸣一齐动手搬到书架上。陈鹤琴告诫父母说："在这个时候，做父母的要做到'帮而不代'，以免孩子产生依赖（思想）。"

7. 动作教育法

陈鹤琴认为，小孩子是好动的，引导孩子适当动作，可以对孩子施行良好的教育。既发挥活泼精神，又发展智力和创造力。例如，画图、看图、剪图、剪纸、着色、穿珠、锤击、浇花、塑泥、玩沙等活动，小孩子一般都是喜欢的，而且与小孩子身心之发展有密切关系的。比如，让小孩子浇花，在他的爱护下，花卉长大起来，孩子就会产生爱花的情感，这是浇花的第一个好处；通过浇花，他晓得了花木必须依靠水而生长，这种知识就是从浇花的动作学到的，这是第二个好处；小孩子浇花的时候，还可以教他花的颜色、花卉的名字以及花卉的结构，这是浇花的第三个好处。又比如，小孩子爱搞泥塑，他能塑出各种动物和人物，在泥塑中可以养成他们的创造精神，提起他们的兴趣，忘却许多恶劣的感情。塑成一种动物或一个人物后，还可以让他们应用彩色加以点缀，从而增加他们的想象力。

8. 鼓励教育法

孩子做事做得好的时候，做父母的就给孩子一个金星，以示肯定、鼓励，做得不好的时候就没有。把孩子所得到的金星，贴在一个本子上，使他时常可以看看。将来年岁大的时候，可以当做日记本以养成时间的观念，还可以鼓励他做好的事情。陈鹤琴认为，这种用金星来鼓励儿童的方法是非常行之有效的。他举例说，一鸣有一天在吃饭间画图画，有许多碎纸丢在地上，我就叫他拾起来，他不回答也不去拾。后来母亲对他说："一鸣，你给拾起来，爸爸给你一个金星。"他就高兴地拾了。

9. 练习教育法

陈鹤琴认为，这是对孩子最常用的行之有效的教育方法。他说，为了教育小孩子尊敬长者，一鸣两岁三个月的时候，有一天坐在小凳子上，他祖母在他旁边站着。我立刻对他说："快去拿把椅子来让祖母坐。"他立刻就去搬来一把椅子给他祖母坐，这既练习了动作，也是在教他尊敬长辈。又如，有一次，为了培养孩子的同情感，在女儿秀琴 3 岁半的时候，她哥哥一鸣病了，而且病得很重。母亲对她说："秀琴，你哥哥今天病了，饭也不要吃了，玩也不要玩了，他现在卧在床上觉得很难受，你要进去看看他吗？"秀琴说："要的。"母亲又对她说："你见了哥哥，问声哥哥你好吗？"母亲随同她轻轻地进去探望她的哥哥，进了寝室，她看见哥哥卧在床上，就走近去问她哥哥说："你好吗？"问后，母亲领她出来，微笑对她说："秀琴，我们到外边去采一点好的花装

在花瓶里，摆在哥哥的旁边，让哥哥看看闻闻好不好？"她说："好的。"她照着做了，行动练习了，同时情感增强了。

10. 环境教育法

陈鹤琴认为，小孩子生下来大概都是好的。到了后来，或者是好，或者变坏，这和环境有很大关系。环境好，小孩子就容易变好；环境坏，小孩子就容易变坏。环境影响相当重要。古时候孟母三次迁居，就是孟母深深明了小孩子到了哪种环境，就会做出哪种动作来。因此我们不得不为小孩子创造优良的环境，寓教育于环境，潜移默化，熏陶渐染。

他主张，一般家庭应为孩子创造三种环境：一是游戏的环境。游戏可以给小孩子快乐、经验、学识、思想、健康；二是艺术的环境；三是学习的环境。在国外，看书的环境，到处皆然。在火车上、电车上、轮船上，差不多每个人不是看书，就是看报。在家庭里，小孩子都有很好的阅读的环境，小孩子常常自己有一个书架子，摆了许多图画故事儿童读物。小孩子不知不觉受到这种环境的影响，也喜欢阅读了。我们也应当这样，在家庭里，父母应当给孩子买各种相当的儿童读物，指导孩子阅读。

陈鹤琴所提出的学龄前儿童家庭教育的方法，有它独具的特点，形成了一定的方法体系。教育方法不单纯是个方式方法问题，也反映了教育家的教育思想。陈鹤琴的家庭教育方法论，有如下特点：一是体现了对孩子的充分尊重。尊重孩子的人格，尊重孩子的个性；二是注重因势利导，不是强制、命令，不是简单粗暴；三是体现了教育孩子是一种艺术，父母必须有强烈的教育意识，注意发现并及时抓住一切教育时机，及时、适时施教；四是要运用好教育方法，父母必须有高度的理智，不能感情用事，要克制无益的感情冲动。在教育小孩子时，要保持平静的心情和稳定的情绪。如果在激动的情绪下施教，绝不会有理想的效果。

五、家长的教育思想

不管家长是否意识到，也不管家长是否承认，每个家长教育子女总有一定的教育思想，教育工作都是在一定的教育思想指导下实施的。教育思想是否正确，关系到家庭教育工作能不能顺利进行，也关系到究竟要把孩子培养造就成什么样的人这样一个根本问题。几千年的中国封建社会，其旧的家庭教育思想流毒相当深。要把孩子培养成才，必须肃清旧家庭教育思想的影响，树立正确的家庭教育思想。陈鹤琴注意到了这个问题。

1. 家长和子女的关系问题

中国旧式的家庭，普遍实行封建家长制。家长和子女感情疏远，关系紧张，且地位上不平等，更没有什么民主可言。陈鹤琴指出："我们贵族式的旧家庭里面的父亲大概不同小孩子作伴侣的。"他对此深有体会。因为他的父亲对他就非常严厉，从不和他作伴。6 岁以前未曾和父亲一同吃过饭。他特别怕他父亲，一听说父亲要来了，"正如同听见轰雷一般吓得魂飞九天之外"。他父亲死后几十年，那可怕景象还印在脑海里。他认为，"父子不作伴侣，则父子间容易产生隔膜"。父不爱子，子也不管父，名虽是父子，但实际上如同路人。"子女一见了他的父亲，就一声不敢出声，父亲问他一句，他就说一句，不问则不说；叫他立则立，叫他坐则坐，叫他进则进，退则退。天真烂漫的一个小孩子，此时竟同木鸡一般了"。在这种关系下，父子相夷，没有感情；同时，因为不作伴侣，父亲也根本不了解子女，无法实施教育。

他主张要改善旧式父子关系。父亲要主动亲近孩子，和孩子作伴侣。并认为这样有几个方面的好处：

一是没有隔膜，父子间产生浓厚的感情。二是容易训育小孩子。和孩子作伴侣，父亲可以了解孩子，有针对性地进行教育，孩子从感情上也乐于接受父亲的教育。三是可以在作伴侣时，随时随地教给孩子一些知识。

有的父亲不和小孩子作伴侣，是怕孩子轻视、不尊重自己。以为少理孩子，就会使孩子怕自己，打骂都会服。陈鹤琴认为不然。他说，跟小孩子作伴侣，并不是放弃原则，不讲是非，不怕使孩子轻视父亲，相反，会使孩子更敬重父亲。他引用颜之推的话说："父子之间不可以狎；骨肉之爱，不可以简。简则慈孝不接，狎则怠慢生焉。"只要在是非善恶问题上坚持原则，和孩子作伴侣是有利于教育的。

陈鹤琴提出这样一个父亲和孩子的关系问题，这关系到教育的效果和成败。正如颜之推所说："夫同言而信，信其所亲；同命而行，行其所服。"关系改善了，亲密了，教育效果就会更好。

2. 家长对子女的态度问题

中国旧式的家庭里，一般家长对子女过于严厉专制。古代有"君要臣死不得不死，父要子亡不得不亡"之说。他说，在过去，人们都认为"父严子孝，法乎天也"。有的父母认为，"要子女畏敬我，就必定要很严厉地对待子女"。

陈鹤琴认为，这种观念是不对的。要子女畏敬，"须要在行为上举动上处处能够使得做子女的尊敬你佩服你"。"倘使做父母的行为乖张举止轻狂，实在足以引起做子女的轻视之心，那么即使你天天打他们，骂他们，他们也不会畏敬你的"。

他指出，不管是谁，对人太严厉，都是不会有好结果的。他借历代暴君的教训说："你看商朝的纣王待臣下何等严厉，比干去谏他，就剖比干的心；周朝的厉王待百姓何等专制，国人毁谤他，他派人去监视他们；还有秦朝的始皇帝对待博士何等刻毒，因为博士要说他的坏话，就把好几百个博士，活活葬杀。对待臣下，百姓，博士，真正严到极点了。'顺我者生，逆我者死'，'生杀与夺之权，尽操诸己'，有这样威权，宜乎他们可以高枕而无忧了。料不到没有几年的功夫，他们不是被臣下烧死，就是被百姓放逐；不是身遭其灾，就是子罹其殃；一家流血，万众快心。"他告诫父母说："皇帝具有无上威权尚且如此，何况父母想在家庭里用高压的手段以对待子女呢？"

这个道理不言自明：对孩子太严厉，孩子绝不会更畏敬你，更听从你的教导，而是更仇恨你。他主张家长对子女应当爱护和尊重，不可过于严厉。

陈鹤琴所提出的家庭教育思想问题，是有鲜明的针对性的，具有重要的社会意义。肃清封建家长制的思想影响，是我国家庭教育的重要任务。

综上所述，可以看到陈鹤琴的家庭教育理论，确实形成了较为完整的体系，实用性强，理论基础也是很科学的，是我国家庭教育理论宝库的一份珍贵遗产，应继承发扬，使之为现代的家庭教育服务。

做父母的学问

——陈鹤琴的《怎样做父母》

陈鹤琴特别关心家庭教育工作，一生中花了很大的气力研究学龄前儿童的家庭教育理论，于1925年出版了我国现代家庭教育史上最有影响的家庭教育专著《家庭教育——怎样教小孩》一书。

1937年，陈鹤琴针对中国许多做父母的不懂得做父母的学问，而又不打算学习、钻研、掌握做父母的学问，撰写了一篇题为《怎样做父母》的文章，专门和父母们谈了掌握做父母的学问的重要意义和做父母应该具备哪些条件、掌握哪些学问的问题。文章写得通俗易懂、深入浅出、简明扼要、情深意切，读后会使做父母的掌握教育子女的最起码的知识。

他首先指出："父母，不是容易做的，一般人以为结了婚，生了孩子，就有做父母的资格了，其实不然。我们知道，栽花的人，先要懂得栽花的方法，花才能栽得好；养蜂的人，先要懂得养蜂的方法，蜂才能养得好；育蚕的人，先要懂得育蚕的方法，蚕才能育得好；甚至养牛、养猪、养羊、养马、养鸟、养鱼，都先要懂得专门的方法，才可以养得好。难道养小孩，不懂得方法，可以养得好吗？可是一般人对于自己的孩子，反不如养蜂、养蚕、养牛、养猪看得重要。对于养孩子的方法，事先既毫无准备，事后又不加研究，好像孩子的价值，不及一只猪、一只羊。这种情形，在我国目前，到处可以看见，真是一件奇怪的事。"

陈鹤琴谈到的上述情况，确实属人们司空见惯。虽则是一种奇怪的现象，但人们见怪不怪。这充分反映当时中国文化观念的愚昧落后，因此，必须改变这种陈旧的观念。

要想取得做父母的资格，成为合格的父母，必须要学习、掌握教育子女的科学知识。陈鹤琴说："做父母的，要想把孩子养得好，在未做父母之前，应该问问自己：是否懂得养孩子的方法？有什么资格做孩子的父亲或母亲？怎样养育孩子，使得孩子身心两方面都充分而又正当地发育？这些，都该弄明白，才配做孩子的父亲或母亲。"

陈鹤琴根据自己几十年的经验，向做父母的提出了五个方面的要求。

一、做父母的必须了解孩子的身体状况

陈鹤琴认为，最主要的是要了解以下三个方面的生理状况以及应注意的问题。

1. 孩子的躯干

他说："一两岁的小孩子，他的躯干，与他全身的高度作比例，比我们成人要长些，四肢反而短得多。所以孩子站得久了，很容易造成歪腿以及足背弯曲等病。"鉴于此，他告诫做父母的说："做父母的，要设法多给孩子坐着游戏的机会，减少两腿支持躯干重量的疲劳。最好备几种摇椅、三轮脚踏车这一类游戏器具给孩子玩，还要在走廊、花园等处，安置几只矮的凳子，孩子们玩得倦了，可以坐下来休息休息，这对于孩子的身体很有益。"

2. 孩子的心脏

陈鹤琴说："我们知道小孩子的心脏，比成人跳动得快，所以小孩子如做长久剧烈的运动，很容易发生危险。"鉴于此，他告诫说："做父母的应该留心孩子游戏的情形，如果孩子玩得气喘吁吁的，要设法劝他去休息或是引导他做别的玩意。比如带领孩子到草地上玩，让他躺在草在地上，或在草地上爬，都可以的。"

3. 孩子的消化力

陈鹤琴说："小孩子的消化力很弱，吃东西又不会细细地咀嚼。"鉴于此，他告诫说："做父母的，要注意孩子的饮食，要选择容易消化的食物给孩子吃；还要留心适当的分量，每日三餐以外，最好少吃零食。"

陈鹤琴择其最重要的生理特点，向父母讲清了孩子与成年人的区别，以期引起父母的高度注意。这对于初做父母的年轻人来说，是很有益处的。

二、做父母的必须了解孩子的心理状况

陈鹤琴认为，小孩子的心理特点突出的有以下四个方面。

1. 孩子是好游戏的

他说："三四岁大的孩子，在家庭里喜欢把椅子推来推去地玩，有时

还要和弟妹等把椅子抬来抬去地玩，拿到一根木棒，或是一根竹竿，就要这里敲敲，那里敲敲，有时还要背着当枪放。所以小孩子是以游戏为生命的，游戏还须玩具来帮助。做父母的，应该为孩子备些良好的玩具，使孩子得着充分的游戏，强健孩子的身体，快乐孩子的心境。"

2. 孩子是好奇的

他说："五六个月大的婴孩，一听见声音，就要转头去寻，一看见东西，就要伸手去拿。到了四五岁，他的好奇动作格外多了。看见路上汽车来了，总要停住脚看看，听见外面的锣声鼓声响了，总要跑出去看看；看见一块冰，总要伸手去摸摸；遇到不懂的事，总要问个明白。"这些都反映孩子有强烈的好奇心，家长应该充分理解，设法满足他们的好奇心："做父母的应该让他去看，去摸，还要答复他所问的话。这样，孩子才能知道汽车是什么东西，锣鼓场里玩的什么把戏，冰是怎样冷，如此就可获得许多关于日常生活的知识。"

3. 孩子是好群的

他说："小孩子喜欢和许多人在一起玩的，如果叫他离开同伴，他就要哭。二岁的小孩，就要和同伴游玩，到了五六岁，这个好群心发展得更加强了，假如此时没有伴侣游玩，他一定要觉得孤苦不堪了。"针对这种特点，他告诫说："做父母的要引导孩子，常和弟妹等在一起游戏，倘有邻家的孩子跑来游玩，父母要表示欢迎。倘若他们在一起造房子，造桥，或是排队做小兵，父母见了，要说两声好，鼓励他们成功。因为这种活动，一定要互助、合作，才能玩得满意。互助、合作，乃是人类生活上最重要的条件。"

4. 孩子是喜欢野外生活的

他说："小孩子都喜欢野外生活，到门外去就高兴，终日在家里就不高兴。有许多孩子在家里哭的原因虽然很多，但是不能到外边去看看玩玩，也是一个大原因。"针对这种特点，他告诫说："做父母的应该在空闲的时候，带孩子到外面去游玩，让他们在旷野里跑来跑去，看看草木的样子，看看飞禽走兽的形状，看看天空的颜色，采采野花，抛抛石子，这种野外的游玩，对于小孩的身体、知识、行为都有很好的影响。"

三、做父母的必须明白爱孩子的方法

陈鹤琴认为，父母爱孩子，是人之常情。但是，父母爱孩子的方法往往不正确，主要表现为两种偏向，必须加以纠正。

1. 纠正错爱

他指出："做父母的没有不爱自己小孩的。可是爱的方法，很容易弄错。有些父母，看见孩子乱翻东西，或是吵闹不听话，就去打他骂他。有些父母，不懂得孩子生理和心理的状况，往往因为自己的成见，把孩子管束得像囚犯一样。于是什么残忍、暴躁等恶习，也随之长大了。轮到他做父母时，不知不觉的，便把他自己以前从父母处学得的方法，又教给自己的孩子，以致一代一代地受到恶劣的影响。"

的确，如陈鹤琴所说，这种错爱的方法如不加以纠正，受害的不仅仅是一代人，应当引起重视。

他认为："父母爱小孩的真正方法，要顾到小孩的需要。"根据这种思想，陈鹤琴向父母们提出以下要求：

第一，"孩子会自己吃饭，做父母的应该让他自己吃，不要嚼烂了喂他；并且要购置一套桌子、凳子、碗、碟等适合孩子的吃饭用具，不要叫孩子站在椅子或在椅子上放小凳子给孩子坐着吃饭。"

第二，"孩子穿的衣服，应该顾到孩子所喜欢的颜色和式样，只要穿得舒服而且寒暖适度就行了。不要给他穿着我们成人式的长袍马褂，高领大袖，妨碍他的奔跑，使孩子感觉不方便。"

第三，"孩子睡觉，应该让他单独睡在小床上，不要和父母同睡一床，而且小孩子的睡觉时间，至少要在十小时以上，我们成人睡觉时间，至多不过八小时就够了，这一点，做父母的要特别注意。"

第四，"父母带着孩子出去游玩，应该让他自由地跑跳、歌唱，切勿握着孩子的手牵着。"

第五，"家庭一切设备，如门上的拉手，窗口的插销，以及面盆、手巾等等应该顾到小孩子的使用。"

2. 克服溺爱

陈鹤琴认为，不正确的爱的另一种偏向就是溺爱。具体表现是："有些父母把孩子当成宝贝，孩子要怎样便怎样，一天到晚不住嘴地吃东西，父母不加禁止，也不让孩子勤劳一点，活动一点，逼着孩子坐着，文文雅雅地读书、写字，日久，孩子因为没有活动，感觉痛苦，看见书就害怕，不独知识没有长进，身体也日渐瘦弱了，父母本是爱子女的，但结果反害了子女了。所以错爱固然不妥，溺爱更加不妥。"

陈鹤琴认为正确的爱孩子是教育，教育孩子的前提是："爱，一定要明白爱的方法，才能把小孩养得好，教得好。"不论是错爱，还是溺爱，都是违背孩子生理和心理发展的需要，影响孩子身心正常发育、发展的。像上述那些违背孩子身心发展自然规律的做法，父母自以为是为孩子好，其实恰恰相反，却是害了孩子。陈鹤琴所提出正确爱孩子的具体做法，都体现了一个指导思想，那就是顺应孩子生理和心理发展的需要，因此，是科学的、实用的、有益的。对于年轻的父母是很有教益的。

四、要树立正确的教育观念

陈鹤琴认为，要教育好孩子，必须树立正确的教育观念。所谓"教育观念"，即教育孩子的指导思想。

在中国的家庭教育中，做父母的一般有哪些错误的教育观念呢？陈鹤琴认为有三：

1. 成人化的观念

他说："小孩是一个小人。因为父母把小孩看成一个雏形的成人，要缩短他当小孩的时间，使他早点成为一个大人，好做大人的事，于是小孩的地位，就根本抹煞了，小孩的利益也就被人忽略了。"

2. 孩子私有观念

他说："小孩是父母的财产。俗语说：'积谷防饥，养儿防老。'可见为父母的，是已经把儿女当做资产看待了。父母如今在儿女身上用的钱，比如在商业上放出的投资，将来还要生利息，可以收回来的。这样一来，小孩子便成为父母的附属品，而失去了他们的独立人格了。"

3. 父母一贯正确的观念

他说："小孩子是错误的，父母是对的。常言说，'天下无不是的父母'，可见得一切的理，都是父母的，一切的错，都是儿女的了。可是我们若仔细研究一番，拿合理的眼光看过去，在普通情形之下，小孩子大都是对的，父母大都是错的。小孩子虽然有时发生错误，那错误也大概是父母的错误所引起来的。"

陈鹤琴所指出的这三种错误的教育观念，在中国来说，是相当普遍的。它的存在，表明它有非常深刻的社会根源，是传统的人身依附的社会关系的反映。长期以来，中国的家庭普遍盛行封建家长制，家长是"一家之主"，家庭其他成员全都处于从属地位，是家长的附属品。因此，孩子在家庭里没有应有的地位，没有独立的人格，从来都是无理的。这些错误教育观念的存在，不可能对孩子实施正确的教育，不能使孩子身心得到正常发育，使个性得到充分发展。

为此，陈鹤琴主张做父母的一定要自觉地纠正上述错误的教育观念。他要求做父母的：

第一，"要把小孩看做小孩，不可妄想缩短他做小孩的时期，不可剥夺他在小孩时期中应该享受的权利。"

第二，"要尊重小孩的人格，不可把他当做资产看待，自私的爱，算不得真爱，惟独不自私的爱，才算得真爱。要知道教养儿女，乃是父母应尽的责任，你能培育小孩，那便是为国家尽忠，为人类服务。"

第三，"要打破自己的成见，遇见什么问题发生，应该虚心研究，是否孩子的错？就是孩子的错，也是自己的错，不可冤枉孩子。"

除了上面所指出的三种错误教育观念以外，陈鹤琴又指出做父母的在教育孩子的实践中常常出现的两种错误做法：

一是："父母们一有不和睦，当着孩子的面，便争吵起来，甚而有时动武，这样便在儿童脑海中留下极不好的印象。"为此，他要求："父母最好不要彼此吵闹，倘若必须吵闹胸中才觉得舒服的话，那末最好的方法，便是关起门来，在自己卧室内吵闹一番了事，

千万不要给孩子们看见，听见。"

二是："父亲或母亲心中有什么不高兴，而又不便与家人冲突，便拿小孩子出气，以发泄胸中郁闷，这样，小孩就痛苦极了。"因此，他要求："父亲和母亲如若心中有什么不高兴的事，最好弹琴、唱歌来消遣，或到外面去散步、游逛，也可以消释闷气，切勿在孩子身子出气。当着孩子的面拍桌子打板凳，也是不可以的。"

五、做父母的要以身作则

陈鹤琴认为，父母以身作则在教育孩子中非常重要。他说："我们知道小孩子生来都是好的，生来都是无知无识的，父母怎样做，小孩子就怎样学。做父母的一举一动，都直接或间接影响小孩子。所以父母是怎样一种人，他们的孩子大概也是怎样一种人。不过小孩子的环境不限于父母的一举一动，也要受到各种环境的影响。但是父母的影响比任何影响来得快。父母喜欢喝酒，小孩子大概也喜欢喝酒，父母喜欢吸烟，小孩子大概也喜欢吸烟。父母说话吞吞吐吐，没有条理，小孩说话不知不觉地像父母一样，总之，做父母的行为好，小孩的行为大概也是好的。反过来说，做父母的行为坏，他的小孩子的行为大概也是坏的。所以父母教养儿女，一定要以身作则。"

最后，陈鹤琴谆谆告诫做父母的说："做父母不是一件容易的事，实在负有极重大的责任，惟有能好好教养儿女的人，才配得上做父母的资格。假如拿孩子做了试验品、牺牲品，那真是对不起孩子。"他希望父母们按照上述五个方面的要求去教养自己的孩子。果真这样做，"不独孩子得到幸福，父母得到安慰，就是社会、国家也要受到不少的利益呢！"

陈鹤琴的《怎样做父母》一文，非常简明扼要地向年轻的父母们介绍了怎样才能取得做父母的资格的问题，是一份非常好的家长学习的教材。虽然已过去 50 年，但这份教材仍很有现实的指导意义。

民国年间的家庭教育辅导用书

——王鸿俊的《家庭教育》

辛亥革命后，我国的社会教育又有了发展，据当时的教育部统计，全国的社会教育机关，1928 年为 10773 所，1936 年增为 121713 所，约增加 11 倍。教育工作人员，1928 年为 14495 人，1936 年为 204012 人，增加 14 倍多。为了更好地促进社会教育事业的发展，当时的教育部社会教育司主持编辑了一套《社会教育辅导丛书》。

这部丛书之一，就是王鸿俊编写的《家庭教育》一书。该书于 1942 年 12 月初版。

《家庭教育》一书，是由当时主持全国家庭教育工作的教育部社会教育司，向全国社会教育机关和社会教育工作人员推荐的一部辅导家庭教育工作的教科书。文字浅显，证例详实，通俗易懂，有很强的实用价值。

该书认为，家庭教育有狭义、广义两种含义。狭义的家庭教育，"系指子女入学以前之教育，又名曰'学前教育'，其意即谓子女入学以前时期之教育，应由家庭负责"；广义的家庭教育，"系指家庭对于子女一切直接或间接，有意或无意之种种精神上、身体上之教育也"。后者实际指的是终身家庭教育。王鸿俊的这本《家庭教育》论述的是终身家庭教育。

《家庭教育》一书，共分三章十三节。第一章，家庭教育之意义，包括家庭教育要义、家庭教育之重要、家庭教育之目标三节。第二章，家庭教育要项，包括民族意识、家庭伦理、家庭卫生、家庭经济、儿童保育、儿童习惯、儿童教导等七节。第三章，家庭教育之推行，包括推行机关、推行方法两节。

从该书章节的内容看，这部书里家庭教育的对象是相当广泛的，不仅仅包括儿童、青少年，也包括成年人；家庭教育所担负的任务，不仅仅是使儿童、青少年身心得到健康发展，而且还要教会人们掌握主持家庭生活的本领。这部家庭教育辅导用书，类似家政学的辅导用书。由此看来，这部书的作用比一般家庭教育辅导用书更广泛、更大了。

现对该书的主要内容作详细介绍。

一、家庭教育的重要意义

该书认为，家庭教育在人的一生中有重大意义。在第一章第一节"家庭教育要义"中，开宗明义说："婴儿呱呱坠地，不识不知，饮食起居，全赖父母及他人之辅助，提携卫护，教之养之，历十余年之久，始能自立。儿童终日处于家庭环境之中，其一切学习，几全靠家庭环境所给予之刺激。自教育史考之，社会文化尚未大进步之前，人类本无特设之教育机关，更无所谓学校教育。人民自幼而壮，自壮而老，其立身处世之学识，大半得之于家庭中，家庭为古代唯一有效之教育机关，即学校制度建立，在事实上，家庭仍不失为儿童教育之中心。"

为什么说家庭教育在人一生中有重大意义呢？作者从三个方面论述了这个问题：

1. 家庭是儿童生活的中心

该书说："儿童未入学以前，终日处于家庭之中，即入学之后，亦大部分时间消费在家庭之中，家庭实儿童生活之中心，亦即儿童教育之中心。"书中引用美国教育家杜威的话说："教育是经验继续不断的改组与改造，这改组是使经验的意义增加，也是使后来控制经验的能力增加的。"而"经验之改组与改造，均以实际生活为出发点"。因此，作者认为，我们教育儿童，"应自家庭日常生活着手也"。

这里作者是从杜威的"教育即生活"、"从做中学"的教育理论出发，来论述家庭生活对儿童成长的作用的。从这个具体问题上看，这种观点不能不说是有道理的。

2. 家庭教育是基础教育

该书认为，从儿童生理与心理发展的角度看，学龄前儿童期，"乃一生发育上学习上之最重要时期"。

为什么说是最重要时期？一是发展身体的重要时期。书中说："儿童自初生，以至五六岁时，为肉体发育最速及生命保养最难之时期，家庭必须有适当之保育，使之营养充足，且具有良好的卫生习惯，始克发育成长而达于健康。"

二是习惯培养的重要时期。书中引用英国教育家罗素的话说："儿童之品行，在 6 岁入学前，已大部完成。" 6 岁以前极容易形成良好的习惯，也容易形成不良的习惯，"最初偶一不慎，管理失当，即易养成儿童不良习惯"。

三是基础知识与道德发展的重要时期。书中说："且此时感觉器官发育完成，学习与模仿之能力甚强。"是进行感官训练、德性训练的极好时期，有利于"养成儿童之基础知识与道德"。

四是发展儿童社交、审美、经济等能力的重要时期。这几方面能力的形成与发展，"亦莫不以家庭生活奠其基础"。

总之，"在德、智、体三方面，家庭训练为个人一生训练之初步"。"家庭教育为个人生存世界之基础训练"。

3. 家庭在教育上有其特有的优势

作者认为，"家庭教育有其特殊之便利，为学校教育所不及者"：

一是："学校为人为环境，家庭乃现实之自然环境。在人为环境中所获之知识，往往不易保持，或竟不感保持之兴趣；然而对于现实之自然环境中所获得之教育，因其真实，常不期然而然的保持坚固。西洋罗马时代，对于国民精神训练，均责成家庭负责，良有以也。"

二是："最熟悉儿童之个性者，莫过于父母，学校教师虽经长期之观察，仍不能明了儿童之个性，而父母在日常亲密接触之间，对儿童个性之了解甚详，最易因材施教。且学校之中，教师管理十数或数十儿童，虽欲个别加入训练，往往为时间所限，心有余而力不足。而在家庭之中，父母常能向子女施以个人辅助，随其天资与性情而训练之，则儿童之进益自更迅速矣。"

王鸿俊所提出的家庭在教育上的优势，是很有道理的。

二、家庭教育的任务

作者提出了八项家庭教育的任务：

1. 改进家庭卫生

书中说："家庭卫生状况，影响于儿童身体发育与卫生习惯甚大，惟吾国一般家庭环境之能适于卫生条件者，尚不可多得，故儿童之死亡率较之其他各国为高，实民族国家之大损失。吾人欲使儿童得有正常之身体发育与良好卫生习惯，自非从改进家庭卫生着手不为功。"

2. 提倡家庭作业

书中说："家庭为儿童训练之中心，儿童在校内之课业与德性之养成，多赖家庭父母之指导与辅助，以收家庭教育与学校教育互为联系，相得益彰之效。故为父母者对于儿童之家庭作业，应尽指导与辅助之责。"

3. 节约家庭财用

书中说："家庭经济能有正当之支配与使用，可使儿童养成正确之经济观念与节约习惯。家庭之开支应量入为出，实行节约，子女之教育用费必须早为储备，故父母对于家庭财用应妥为管理，并指导儿童养成记账、节约、储蓄等习惯。"

4. 敦睦家庭邻里

书中说："家庭亲善，邻里和睦，儿童处如此环境之中，在心理上自易发生良好印象。而为父母者，尤应规劝子女养成孝悌忠信礼义廉耻谦让温恭宽大容忍诸美德，以与家庭邻里相处。"

5. 保护儿童健康

书中说："'健康之精神，寓于健康之身体'，健康实为人生之基础。为父母者对儿童健康之保护，应随时注意，除改善家庭环境，注意儿童营养外，尤应予儿童以健康教育，灌输儿童卫生知识，培养儿童卫生习惯，以达健康之目的。"

6. 改善儿童习惯

书中说："习惯之力量甚大，吾人每依习惯如何，而别人之善恶。孔子曰：'性相近，习相远。'故必须有良好之习惯，始能有良好之生活。儿童时期基本习惯之养成，所关尤为重要，家庭教育要负责纠正儿童之不良习惯，并养成儿童之良好习惯。"

7. 教导儿童求学

书中说："关于儿童求学，父母应随时指导，如学校之选择，课业用品之选购，课外作业之辅助，入校时间之督促，学习方法之指导等，以免除儿童之困难，养成儿童对求学之兴趣。"

8. 激发民族意识

书中说："民族意识，国家观念，应于儿童时期加以训练。父母可为儿童讲述中国历史之伟大，国耻史实，中日战事及民族英雄故事等，以激发其民族意识。"

以上八项家庭教育任务，是较为全面的，今天仍可以参考。尤其可贵的是，当时正处在中国人民进行的抗日战争时期，能够提出"激发民族意识"的任务，这是很具有进步意义和现实意义的。

三、家庭教育与父母教育

王鸿俊认为，教育者必先受教育。要搞好家庭教育，必须首先对父母进行教育。

他说："盖'盲者不能教人以色，聋者不能教人以声。'为父母者欲施行良好之家庭教育，必须自身先有适当之学习与修养，取得教育子女之必备知识、技能、态度等，方能有良好之结果。惟现在身为父母能深切明了教养儿童方法者实寥寥无几，大多数父母对于教养子女之方法，完全依据传统习惯与个人成见。如何应用科学方法，为国家培育第二代之新国民，则盲无所知，实为当前民族国家之严重问题。故欲推行家庭教育，必先以父母教育，训练良父贤母，乃推行家庭教育之基础工作也。"

那么，成为良父贤母应具备哪些条件呢？

1. 彻底抛弃宗法传统观念

王鸿俊认为："吾国社会现实仍充满宗法社会气氛，家庭关系中尤为显著。如夫权与父权，重男轻女，视子女为私产等观念均为家庭教育之障碍。"

他认为，这些宗法传统观念的存在，对于儿童的成长很有害。他指出："因有夫权观念之存在，使儿童感到父母间之不平等；因重男轻女，使儿童感到彼此待遇之差异；因有父权观念之存在，使儿童感到父亲特别尊严可怕；因视儿童为私产，成为父母之附属品，而儿童失去独立人格。"

针对上述实际情况及危害，王鸿俊要求对父母进行教育："应灌输为父母者以正确之观念，使之在家庭中排除一切权威制，不平等制，而实行合理之民主制度，如此始能扫除各种隔阂，而养成儿童亲爱活泼精神。"他特别强调要克服"儿童私有"观念，树立"儿童国有"观念，"使儿童深切了解求学立行，乃准备献身社会，为群众谋福利，为民族增光荣，非只为一人一家谋生已也。一旦国家有事，始能牺牲个人自由，家庭幸福，而献身民族国家。"

2. 养成良好的习惯与行为

他指出："'以身作则'是教育儿童最有效之方法，父母之言笑举止，儿童极易效法模仿，故父母教育务使为父母者在各方面能养成合理之态度与良好之习惯，如生活上力求迅速敏捷整齐清洁，简单朴素，待人方面应诚恳、温和、宽大、慷慨，如此始能作儿童之楷模。反之，如酗酒、赌博、虚伪、骄傲、欺骗以及一切自私自利之行为，均应切戒。否则，必贻儿童以恶劣影响。"

3. 学习儿童教育所必需的知识

他指出："吾国之一般为父母者，既多以传统习惯与个人成见，教养儿童，致鲜有优良之成绩。故父母教育必须教之以儿童生理、儿童心理以及儿童教育方法等，使其能根据科学方法教育儿童。"

4. 能正确控制自己的态度

这里所说的"态度"，是指父母对儿童的教养态度。他认为："父母对于子女之态度，影响儿童人格发展至巨，如父母对于儿童态度失当，往往使儿童养成盲从或傲慢态度，而此种态度于不知不觉中，又可迁移于家人以外。"

王鸿俊指出："在吾国家庭中父母所最常表现之态度为溺爱、专制、时宽时严、父严母慈。因溺爱而养成儿童怯懦、依赖或性情乖僻之习惯；因专制而养成儿童绝对服从，缺乏独立判断之能力；因时宽时严，致使儿童对某种行为，往往不知何去何从；因父严母慈，以致养成儿童畏怯父亲而亲近母亲，形成父子间之隔阂，而对于母亲之正当教训，又往往视为不足轻重。"

因此，他要求父母们，必须"明了自身态度对儿童之影响，而加以正确之控制"。

四、家庭教育的内容及其方法

1. 民族意识王鸿俊把"民族意识"教育放在家庭教育内容的首位。

(1) 民族意识与民族生存的关系

什么是民族意识？王鸿俊解释说："民族之构成，乃由于血统、生活、语言、宗教、风俗习惯五大要素之不同，于是民族分子在主观上即自觉与他民族有异，而产生民族意识。"

他认为民族意识意义重大，可以决定一民族的盛衰荣辱。他指出："民族意识实为民族团结生存之精神要素，民族意识愈强烈，则内部之团结愈坚，抗敌之力量亦厚；不然，消沉涣散，一遇外力侵入，即不克维持其民族之独立矣，所以民族意识之强弱，可决一民族之盛衰。"他说，中国人自古以来，就有自尊、自重、自强心理；但鸦片战争以后，帝国主义侵入中国，有的人由惧外变为媚外。最可耻的，中国公司在外国注册；中国船舶悬挂外国旗；中国人身在中国而入外籍，竟借外国领事裁判权以抗本国法庭。民族意识如此消沉，诚所谓"哀莫大于心死"。要实现抗战胜利，必须唤起民众，恢复民族精神，以挽救民族危亡。

（2）家庭观念与民族意识的关系

王鸿俊说："人生于家庭长于家庭，甚至老死于家庭。在家庭中既有密切之父母子女关系，因而对家庭发生浓厚感情，形成牢固之家庭观念。中国社会生活，一切文物制度风俗习惯，均以家庭为中心。所以国人对家庭观念特别浓厚。"

他指出，如果只有家庭观念，缺乏民族意识，则民族就缺乏团结力，很容易受外族侵略。孙中山曾经说过：外国人说中国人是一片散沙，"就是因为一般人民只有家族主义和宗族主义，没有国族主义"。应当发扬宗族团结之观念，进而发展为国族之团结。

他告诫父母们说："个人及家庭之利益常包含于民族利益之中，欲求家庭之康乐，必先求民族之安全。"他要求父母们：要"激发儿童民族意识，养成其'民族至上，国家至上'之观念，成为民族之健全分子，能为国家尽大忠，为民族尽大孝。"

（3）如何激发民族意识

布置富有民族思想之家庭环境。他说："环境有潜移默化功能，一切习惯态度，均从适当之环境中养成之。"因此，他主张家庭陈设应尽量民族化，如悬挂历史伟人、民族英雄照片等。

讲述民族史地及时事消息。他认为，史地教育最容易激发民族意识，要给儿童讲史地故事及知识。如秦始皇、汉武帝等开拓边疆；运河、长城之伟大建筑；火药、罗盘针、印刷术等发明；卫青、霍去病、戚继光等振兴民族之有功人物；岳飞、文天祥等民族英雄，等等。地理方面，如山川之伟大，风景之秀丽，气候之优美，物产之丰饶等，以唤起爱国保国之信念；也要讲领土之被割让，港湾之被租借，国防之被破坏等，以激发其雪耻复仇之观念。

教之以爱国家爱民族之歌曲及游戏。音乐及游戏均富教育意味，且为儿童天性所喜爱，实为实施家庭教育之良好工具。

奖励为国家民族牺牲奋斗之行为。

2. 家庭伦理

（1）家庭伦理与儿童道德发展的关系

王鸿俊认为，家庭伦理是社会道德的基础。要使儿童将来能对国家尽大忠，对民族尽大孝，必须从孩子小时候就培养其正确的家庭伦理观念，这是家庭教育的一项重要内容。

他认为，通过家庭伦理教育会促进儿童道德的发展。他说："盖幼年儿童富好奇模仿心理，家庭为儿童生活之中心，父母兄姐为儿童之所依以为生活者，感情亲密，其一切行为，尤足为儿童所注意而认为足资模范，影响儿童观念习惯以养成者颇巨。设家庭之中能夫妇和睦，兄友弟恭，父慈子孝，则自然予儿童以良好之暗示而易于养成良好之思想与习惯。此不仅造成家庭间之幸福，为一生幸福之基础，且对国家社会，亦裨益非浅也。"

（2）家庭中应有的伦理关系

家庭伦理，是指家庭成员之间应该持什么态度才是最合理的。

①夫妇关系。

夫妇关系是人伦之始，构成家庭之基础，家庭中有无幸福，即以夫妇间相处是否美满为断。夫妇结合要先深刻了解、相互爱慕，再结婚。婚后要平等互助，虚心共信，和睦相处。夫妇和睦，才会尽心教育子女。

②亲子关系。

父母子女关系在我国人伦上居于重要地位。父母尽心尽力抚养教育子女，子女对父母也应尽其孝道。孝道应体现在："以物质侍奉，以养父母之体；以精神侍奉，以养父母之志。精神侍奉体现在：听从父母教训，体谅父母意志或遗训，几谏父母之过失，立大业作大事，以满足父母之希望。父母对子女要尽慈爱之道：要爱而不溺，不可迁就姑息；也要于宽爱之中，要教之以方，依照儿童心理生理状况，善为诱导，使之在知识上人格上得到发展。"

③兄弟姐妹关系。

兄弟姐妹为一母所生，是同胞手足之亲。彼此间地位平等，应相亲相爱，共同生活，兄姐爱护、帮助弟妹，弟妹感谢兄姐帮助，遇事要谦让。

此外对伯叔要尊敬，妯娌之间要和爱，对邻里要和睦，对亲戚要往还以礼。

（3）如何培养儿童的家庭伦理观念

①故事讲演。

通过讲寓言、故事、传记，使儿童从人物和情节中懂得是非善恶。

②指导实践。

中国人向来重视伦理教训，但儿童往往"闻而不记，知而不行"。应当使儿童亲身实践，实践能养成习惯，习惯而成自然。不能只是空谈伦理。

③奖励与暗示。

儿童行为符合伦理，要予以言语或物质奖赏，而且奖赏要得法。暗示即用间接方法，使儿童于不知不觉中做出合理之德行。

3. 家庭卫生

（1）家庭卫生的重要性

王鸿俊说："健康乃生活之要素，亦个人幸福与社会幸福之基础。只有强健之民族，始能创造发展一种高等文化，只有最壮健之个人，始能充分实现其天赋才能。"

他指出，中国人健康状况不佳，身体大多瘦弱，未老先衰，由传染病致死甚多，婴儿死亡率比其他国家高，这种情况同不讲卫生不注意健康有直接关系。"今后欲求民族文化之发达，个人事业之增进，必须讲求卫生，而以家庭卫生为起点"。

（2）家庭卫生之设施

他认为："衣食住为人生三大要素，欲使家庭生活合于卫生条件，须先自此三者入手。"

①饮食与健康。

"人之于饮食也，得之则生，弗得则死，得之烹调不以其道，或饮食而过其量，以及饮食无定时，则疾病生矣。饮食之功用为生热与力，成长体格与调节生理作用，若非使之合于卫生，则无以维持健康生活。"要注意饮食成分，加强营养，讲究饮食卫生。

②衣服与身体。

衣服质料以朴素为原则，因年龄、时令不同加以选择；颜色要美观、调和，适合季节需要；式样大小要注意适合身体发育，穿着舒适。

③住所卫生。

要注意地址选择、墙壁与地板厚度、采光与透气、住宅数目、家庭之设备、厕所之设置、扫除与整理等问题。

④家庭卫生教育。

要教育儿童养成个人和社会卫生习惯，养成姿势、饮食、排泄、性欲、运动、休息、游戏、工作、睡眠、清洁及其他保健的习惯。要向儿童传授卫生知识，养成卫生之道德。

4. 家庭经济

（1）家庭经济原则

"家庭中有生产能力者，应尽力谋生产之道，增加家庭收入。"

"家庭支出，应确立预算，量入为出，严戒浪费。"

"每月应有定量之余款储蓄，作为准备金，以便应付特别开支。"

"建设科学式家庭记账法，以便稽核经济收支状况。"

"对于婚、丧、交际、应酬等事，不可铺张场面，以致浪费金钱。"

"用财宜节俭，不宜啬吝，所谓'常与者万金不惜，不当者一文为多'是也。"

"应培养商业知识，注意物价变动。"

"家庭中一切用品，应取适用而耐久者，用时须加爱惜，不可任意毁坏。"

"儿童用款，应自幼予以训练，以养成正确之经济观念，及良好之用钱习惯。"

（2）家庭会计

家庭会计包括预算、现算、决算。

（3）储蓄

储蓄对个人对家庭对社会国家都有益。储蓄方式有银行储蓄、人寿保险、邮政储金、储蓄会储金。

（4）儿童用款训练

王鸿俊认为，训练儿童用款很必要。一是社会文明越进步，商品经济越发达；二是儿童长大都要成立家庭，主持家务；学会用款，可使儿童知道金钱来之不易，以及学会购买物品。

从儿童入幼儿园时，就开始进行用钱教育。给儿童一定数目津贴，要儿童做出用钱计划，家长给予指导。

5. 儿童保育

（1）儿童保育的意义

"儿童对国家对社会，负有承前启后之责任，他日国家民族是否强盛，即以今日教养儿童之是否得法为断。""儿童是国家未来之主人翁，健全之国家，建筑于健全之人民，欲使未来之国民品质优良，应在儿童时代予以培养训练。""家庭乃社会基本组织，儿童为家庭幸福之基础，儿童教育是否健全，足以决定家庭之运命，故保育儿童，实足以增进家庭之幸福。"

（2）孕妇的卫生

孕妇卫生包括孕妇产前检查、个人卫生、临产卫生、产后护理等。

（3）婴儿的养护

婴儿的养护包括哺乳、睡眠、沐浴、衣服、排泄、疾病预防、啼哭等。

（4）儿童生理保育法

儿童生理保育包括饮食、衣服、居住、睡眠、各部位器官之保健、清洁、健康检查、缺点矫治、疾病预防等。

（5）儿童心理保育法

王鸿俊认为："儿童心理之保育，有消极和积极两种任务，消极方面为预防心理疾病之产生，积极方面为促进心理之健康，养成完整之人格。"

①儿童情绪卫生。

儿童情绪表现过度，足以破坏人格之完整。最常见的情绪过度一是愤怒，二是惧怕。避免愤怒的方法有：注意生理上的障碍；不可对儿童干涉、管束太过；使儿童生活有秩序；如儿童借发怒以示威为要挟手段时，应置之不理，等其平息时再以理喻之。

避免惧怕的方法有：不让儿童有感到不安的感觉经验；避免一切高声；不讲恐怖、鬼怪故事；不用恐吓方法管理儿童；成人不要在儿童面前表现恐惧；不让同年龄儿童同儿童惧怕之物件游戏。

②儿童正常适应的发展。

培养儿童乐观、进取，不怕困难失败的精神；使儿童养成遵守纪律的习惯；不娇生惯养，增强儿童的自信力；让儿童善于与人交往、相处，等等。

③父母应注意的问题。

家庭生活要美满，精神和谐尤为重要；家长要以身作则，家长自己的心理要健康；父母对儿童的要求、训练、态度要一致；对儿童不可溺爱或过于严厉，父严母慈也非所宜；对儿童要求要适当，不可过高；母亲在怀孕时要注意精神、情绪涵养，不可忧虑、惧怕、怨恨。

6. 儿童习惯

（1）儿童习惯的重要性

王鸿俊说："习惯为一种学习之行为，经过反复训练之后，刺激与反应间在大脑中枢遗留下牢固之通路，以后再遇相同之情境，即可不费思考仍现出相同之反应。良好习惯之功用有三：一省时，二省力，三减少错误。可见习惯实为应付复杂生活之基础。儿童时代为一生之重要时期，将来之良好品行，均建立于儿童时期所养成之良好习惯上，故家庭教育，应以培养儿童基本习惯为主要工作。"

（2）养成儿童习惯的一般法则

习惯的养成，决非一朝一夕之故，乃与生命同时开始，欲养成任何习惯，越早越好。养成儿童习惯的一般法则是：

①不可有例外。

养成良好习惯的第一个条件是，培养习惯的计划决定后，立即实行，不可轻有例外。

②创造适当的环境。

环境的布置要与习惯的养成相适应，环境对要养成的习惯应有暗示作用。

赏罚应慎重应用。

③赏罚都可以用，但不可太多太滥。

④反复练习。

习惯的养成，非一朝一夕之功。因此，要尽可能创造机会让儿童实地练习。

⑤以善代恶。

儿童天生好活动，不要一味消极制止，要多加引导。

⑥使儿童发生兴趣而愉快。

要使儿童对练习感兴趣，儿童才会乐于练习。使儿童发生兴趣的条件：一是让儿童享受到成功的快乐；二是让儿童发挥主动性、自觉性；三是儿童完成一种任务给予称赞。

（3）儿童要养成哪些良好习惯

①卫生习惯。

不吃不洁食物、食不太饱、细嚼慢咽、不吃零食、不吃腐败食物、不喝生水、依天气冷热增减衣服、大便定时、早睡早起、睡眠头外露、用鼻呼吸、姿势正直、开窗调换空气、适时运动、户外散步、在光线充足之下看书、有病听医生指导。

②清洁习惯。

随身带手帕、咳嗽或喷嚏时用手帕掩住口鼻、洗脸用自己的面巾、饮水用自己的茶杯、每日早晚刷牙、大小便后洗手、常剪指甲、常洗手、常洗澡、饭后嗽口、常剪洗头发、衣服保洁、衣服鞋帽用品收拾整齐、留心公共卫生、不随地吐痰、不乱扔果皮纸屑。

③快乐习惯。

喜欢听笑话说笑话、不怕生、不怕羞、种植花卉布置庭园、听音乐、看戏剧、遇到困难不垂头丧气。

④自制习惯。

不乱要东西、不乱发怒、不到不正当的处所游玩、不做不正当娱乐、在危险时力持镇静。

⑤勤勉习惯。

自己能作的事自己作、收拾保管自己一切物品、做事专心致志、努力学习功课、不无故缺课。

⑥敏捷习惯。

每日事每日作完、作事快而有效、动作敏捷但不粗鲁。

⑦精细习惯。

对一切事物能仔细观察思考，不盲从；不迷信、作事有计划、不草率；说话不冒然辩论是非，有证据始下判断。

⑧诚实习惯。

损坏他人财物或公物，自己承认或赔偿；不说谎不骗人；借他人物品如期归还；与人约会准时践约；不掩饰自己过失。

⑨仁爱习惯。

对人和气，尊重他人意见，宽恕他人无心之过；孝敬长者，对兄弟姐妹亲爱，爱护同学；保护动物，公共场所礼让，帮助贫弱，做好事，他人有过，婉言规劝。

⑩礼貌习惯。

外出回家告诉家长，遇师长行礼，遇熟人打招呼，分别说再会；衣帽整齐，入室脱帽；受人之帮助表示感谢，得罪他人道歉；不打断别人谈话；进他人门敲门，经允许方可入内；不私开别人信件、包裹、抽屉；与人同行，让长者先行，等等。

⑪服从习惯。

听从父母师长训导；听从维持秩序者指挥；尊重大多数人意见；受训诫能反省改过。

⑫负责习惯。

做事不达目的不止；自己应作之事，不委托他人；受人之托必尽力为之。

⑬勇敢习惯。

遇有危险能救助别人；反抗强暴及敌人威胁。

⑭沉着习惯。

遇事不慌乱，不轻信谣言，不轻举妄动等。

⑮守纪律习惯。

每日准时到校，准时回家；不高声乱叫；室内行走，脚步要轻，不乱跑，等等。

⑯尊重公益的习惯。

爱护公共花木，公共集会要安静，爱惜公用图书，不在墙壁乱涂。

⑰劳动习惯。

自己折被褥，用东西自己取，尽力作家务，玩具自制。

⑱爱国爱群习惯。

爱用国货；爱护名胜古迹与纪念物；学习战时常识，研究国防，为保卫国家服务；与人合作能牺牲成见；爱护同学、同胞。

⑲奉公守法习惯。

遵守各地方公共规则；遵守国家法律，能尽分内义务，不放弃应享权利，选举时推选自己的敬佩之人。

（4）破除不良习惯

破除肮脏、懒惰、好吃、偷窃、说谎、争吵、打架骂人等不良习惯。

7. 儿童教导

（1）教导儿童应有的基本观念

教导儿童是父母应尽的义务；

教导儿童要尊重儿童人格；

家庭与学校要密切合作。

（2）教导儿童应有的主要措施

为儿童选择优良学校；

在学习方法上加以指导；

正确对待和回答儿童的问题；

为儿童选购学习用品；

辅导儿童课外作业；

家庭与学校要密切联系。

五、家庭教育的推行

王鸿俊认为，家庭教育的推行，必须动员所有各级学校、社会教育机关、文化团体、妇女团体等共同努力，才能实现。

1. 推行家庭教育的机关

教育行政机关；

各级学校；

社会教育机关，如民众教育馆、图书馆、体育场、科学馆等，均应各就所长，推行家庭教育。

文化团体，如中华儿童教育社、中国教育电影协会、中华卫生教育社、中国心理卫生协会、中国社会教育社、中华健康教育研究会、中华慈幼协会，应根据本身性质不同，负责家庭教育指导或理论研究。

妇女团体，推行家庭教育颇为便利，因妇女本身或现在为儿童母亲，或将来为儿童母亲，直接负教养儿童之责，应积极研究家庭教育理论，并将经验传授给父母们。

2. 推行家庭教育的方法

开办家庭教育讲习班；

组织家庭教育会；

举办家庭教育展览会；

举办家庭教育同乐会；

举办家庭教育比赛会；

树立特约模范家庭；

组织家庭教育讲演；

创办家庭教育壁报；

组织主妇会。

综上所述，可以看到，王鸿俊撰写的《家庭教育》一书，在解放前是一部全面、系统的家庭教育辅导用书。对于家庭教育的意义、任务、家长修养、家庭教育的内容及方法、家庭教育的推行等家庭教育的基本理论和实践问题，做了非常细致的论述，实用性相当强。

这部著作，虽然是在20世纪40年代前撰写、出版的，当时正处国民党统治时期；但其指导思想总的看是进步的，适应社会的发展。该书所介绍的教育方法，也是科学的，吸收、运用了近现代教育科学、心理科学理论成果，同中国封建社会的"家训"完全不同。

总之，该书具有现代家庭教育科学中较为完备的体系，是我们建立社会主义家庭教育科学体系的重要借鉴，今天的父母教育子女也可以参考。该书的学术价值和实践价值，我们都不能低估。

呕心沥血的教子篇

——《傅雷家书》

中国古代，有的文人学者利用写家书形式对子弟进行教育，如前所述清朝的郑板桥、曾国藩等人。在现代，也有不少人运用这种形式对子女进行教育，在社会上最有影响的恐怕就是傅雷写给儿子傅聪的家书了。

傅雷生于 1908 年，1966 年 9 月 3 日逝世。字怒安，号怒庵，我国著名的文学艺术翻译家。上海市南汇县渔潭乡人。中学时代，因反迷信反宗教，言辞激烈，被学校开除。1927 年赴法留学，学习美术理论和文艺批评。1931 年返回祖国，被聘在上海美专讲美术史和法文。1934 年与人合办《时事汇报》周刊，任总编辑。

抗日战争期间，特别是抗日战争胜利以后，傅雷一面从事外国文学译著工作，一面积极参与各种文艺社会活动和反蒋运动。1945 年抗日战争胜利以后，为反对美蒋反动派发动内战的阴谋，他奔走活动，与马叙伦、陈叔通等发表宣言，筹备成立了"中国民主促进会"，并当选为第一届理事。在那时，傅雷熟识了不少的党地下工作者和进步人士，曾不顾个人安危，为他们做掩护工作。

新中国诞生以后，傅雷被推选为第一、二届全国文代会代表，上海市政协委员；曾任中国作家协会上海分会理事、书记处书记等职；1957 年应邀在北京出席了中共中央宣传工作会议。

傅雷从十五六岁时就爱好文艺，18 岁时开始创作、发表短篇小说。留法回国后，主要从事外国文学翻译工作。他一生勤奋工作，从 20 世纪 30 年代开始，一共翻译了外国文艺名著 33 部，其中巴尔扎克的作品有 15 部，如《高老头》、《欧也妮·葛朗台》、《邦斯舅舅》、《幻灭》等世界名著的译作都是出自他之手。60 年代，傅雷以其研究与翻译巴尔扎克著作的卓越成就，被吸收为法国巴尔扎克研究协会会员。

傅雷对翻译工作严肃认真，一丝不苟，每天工作常常达到十二三小时。他的译作严格遵循"信、雅、达"的原则，风格力求符合原作，文笔优美，细腻流畅。尽管如此，他对自己的译品还从不满意，总是说："翻译是无止境的，可以说没有完美的境地。"傅雷把他的精力完全贡献给了外国文学艺术的研究和翻译事业。

傅雷是一位进步的知识分子，他热爱祖国，热爱共产党，热爱社会主义。

傅雷从小受过极严格的家庭教育，所以，他对儿子的教育也极其严格。儿子在国内时是如此，在波兰、英国期间，他也是极为关心儿子的成长，通过书信了解儿子的思想、生活、学习、工作情况，进行耐心而严格的教育。从 1954 年到 1966 年，傅雷给傅聪共写了中文信件 190 封，信中对儿子的业务、思想、心理、思想方法、恋爱婚姻等多方面给予指导，使身居海外的儿子受到了极深刻的教育。傅聪在父亲的谆谆教导下，业务上提高很快，成为世界著名的钢琴家；在思想上也严格要求自己，虽远在海外，但从未做过有损于祖国荣誉的事。

傅雷写给儿子的家信，在 1981 年由生活·读书·新知三联书店整理出版，名为《傅雷家书》。书中收集了他写给长子傅聪的 125 封中文信和写给次子傅敏的两封信。傅雷的家信，在指导儿子成才、成名过程中，发挥了重大作用，是广大青年的父母教育子女的不可多得的参考书，也是广大青年加强自身修养的必读之物。

现将主要内容作简要介绍。

一、激励儿子在事业上取得巨大成就

1954 年 1 月 17 日，傅聪由上海启程赴北京，准备去波兰参加第五届肖邦国际钢琴比赛并在波兰留学。儿子在京期间，傅雷结合自己对事业的态度，写信谆谆告诫说："我一生任何时期，闹恋爱最热烈的时候，也没有忘却对学问的忠诚。学问第一，艺术第一，真理第一，——感情第二，这是我至此为止没有变过的原则。你的情形与我不同：少年得志，更要想到'盛名之下，其实难副'，更要战战兢兢，不负国人对你的期望。你对政府的感激，只有用行动来表现才算是真正的感激！我想你心目中的上帝一定也是 Bach，Beethoven，Chopin（巴赫、贝多芬、肖邦）等第一，爱人第二。既然如此，你目前所能支配的精力与时间，只能贡献给你第一个偶像，还轮不到第二个神明。你说是不是？"

傅雷深深懂得，当孩子在事业上有所进步或取得成功时，家长由衷地表示高兴是对孩子最好的奖赏，是极大的激励。

1954年2月1日晚广播电台播放了傅聪赴京前在上海举办的告别音乐会上演奏的录音。傅雷听了以后，按捺不住激动的心情，于第二天，也就是2月2日，写信给还在北京的傅聪说："以演奏而论，我觉得大体很好，一气呵成，精神饱满，细腻的地方非常细腻，tonecolour（音色）变化的确很多。我们听了都很高兴，很感动。好孩子，我真该夸奖你几句才好。回想1951年4月刚从昆明回沪的时期，你真是从低洼中到了半山腰了。希望你从此注意整个的修养，将来一定能攀登峰顶。从你的录音中清清楚楚感觉到你一切都成熟多了，尤其是我盼望了多年的你的意志，终于抬头了。我真高兴，这一点我看得比什么都重。你能掌握完整的乐曲，就是对艺术增加深度，也就是你的艺术灵魂更坚强更广阔，也就是你整个的人格和心胸扩大了。孩子，我要重复Bronstein（即原上海音乐学院钢琴系曾指导过傅聪钢琴的前苏联籍教师勃隆斯丹）信中的一句话，就是我为了你而感到骄傲！"

1955年初，傅聪参加在波兰举行的第五届肖邦国际钢琴比赛，他的演奏相当成功，受到波兰音乐学院院长的称赞。当傅雷得知这个消息以后，写信给儿子，表达了他无比激动的心情。信中说："孩子！要是我在会场上，一定会禁不住涕泗横流的。世界上最高的最纯洁的欢乐，莫过于欣赏艺术，更莫过于欣赏自己的孩子的手和心传达出来的艺术！其次，我们也因为你替祖国增光而快乐！更因为你能借音乐而使多少人欢笑而快乐！想到你将来一定有更大的成就，没有止境的进步，为更多的人更广大的群众服务，鼓舞他们的心情，抚慰他们的创痛，我们真是心都要跳出来了！能够把不朽的大师的不朽的作品发扬光大，传布到地球上每一个角落去，真是多么神圣，多光荣的使命！孩子，你太幸福了，天待你太厚了。我更高兴的更安慰的是：多少过分的谀词与夸奖，都没有使你丧失自知之明，众人的掌声，拥抱，名流的赞美，都没有减少你对艺术的谦卑！总算我的教育没有白费，你20年的折磨没有白受！你能坚强（不为胜利冲昏了头脑是坚强的最好证据），只要你坚强，我就一辈子放了心！成就的大小、高低，是不在我们掌握之内的，一半靠人力，一半靠天赋，但只要坚强，就不怕失败，不怕挫折，不怕打击——不管是人事上的，生活上的，技术上的，学习上的——打击；从此以后你可以孤军奋斗了。

"中国正到了'复旦'的黎明时期，但愿你做中国的——新中国的——钟声，响遍世界，响遍每个人的心！滔滔不竭的流水，流到每个人的心坎里去，把大家都带着，跟你一块到无边无岸的音响的海洋中去吧！名闻世界的扬子江与黄河，比莱茵河的气势还要大呢！……黄河之水天上来，奔流到海不复回！……无边落叶萧萧下，不尽长江滚滚来！……有这种诗人灵魂的传统的民族，应该有气吞牛斗的表现才对。"

1955年3月20日清晨，傅雷得知儿子傅聪获得国际钢琴比赛第三名的特大喜讯，当即写信向远在万里之外的儿子祝贺："难为你，亲爱的孩子！你没有辜负大家的期望，没有辜负祖国的寄托，没有辜负老师的苦心指导，同时也没有辜负波兰师友及广大群众这几个月来对你的鼓励！

"这七个月的成绩已经近乎奇迹。想不到你有这么些才华，想不到你的春天来得这么快，花开得这么美，开到世界的乐坛上放出你的异香。东方升起了一颗星，这么光明，这么纯净，这么深邃；替新中国创造了一个辉煌的世界记录！我做父亲的一向低估了你，你把我的错误用你的才能与苦功给点破了，我真高兴，我真骄傲，能够有这么一个儿子把我错误的估计全部推翻！

"谁想得到，1951年回上海时只弹 Pathétique Sonata（悲怆奏鸣曲）还没弹好的人，五年以后会在国际乐坛的竞赛中名列第三？多少迂回的路，多少痛苦，多少失意，多少挫折，换来你今日的成功！可见为了获得更大的成功，只有加倍努力，同时也得期待别的迂回，别的挫折。我时时刻刻要提醒你，想着过去的艰难，让你以后遇到困难的时候更有勇气去克服，不至于失掉信心！人生本是没穷尽没终点的马拉松赛跑，你的路程还长得很呢，这不过是一个光辉的开场。"

傅聪之所以成为国际上有名的钢琴家，同他父亲傅雷的谆谆教诲、热情洋溢的勉励是分不开的。远在异乡的傅聪，从父亲的教诲和激励中，得到了巨大的精神力量，艺术修养日臻完美，演奏水平不断提高，努力攀登世界钢琴艺术的顶峰。

二、教育儿子加强道德修养

傅雷有很高的艺术修养。在给儿子的家信中，他不仅给儿子在艺术上给予指导，而且特别重视儿子的道德修养，教儿子做人。他所期望的，不单单使儿子在钢琴的演奏艺术有巨大成就，而是希望儿子成为"德艺俱备、人格卓越的艺术家"！

在1954年12月27日写给儿子的信中，傅雷说："我始终认为弄学问也好，弄艺术也好，顶要紧是 human（人），要把一个'人'尽量发展，没成为××家××家以前，先要学做人；否则那种××家无论如何高明也不会对人类有多大贡献。"

他怕儿子对于他过多地进行道德方面的教育不大理解，在1954年9月4日的信中就坦诚地向儿子表明他的期望。他说："哪个教育一个年轻的艺术学生，除了艺术以外，再加上这么多的道德的？我完全信任你，我多少年来播的种子，必有一日在你身上开花结果——我指的是一个德艺俱备，人格卓越的艺术家！"

在这种教育思想指导下，傅雷对儿子在加强道德修养上多方面加以指导，并且要求相当严格。

1. 注意讲究礼貌

他要求儿子在国外生活、学习，要学习外国人的举动、态度、礼貌，做到使自己的一切更加完满，更受人喜欢。在1954年8月16日的信中，对这方面做了非常详尽、具体的指导：

"你素来有两个习惯：一是到别人家里，进了屋子，脱了大衣，却留着丝围巾；二是常常把手插在上衣口袋里，或是裤袋里。这两样都不合西洋的礼貌。围巾必须和大衣一同脱在衣帽间，不穿大衣时，也要除去围巾。手插在上衣袋里比插在裤袋里更无礼貌，切忌切忌！何况还要使衣服走样，你所来往的圈子特别是有教养的圈子，一举一动务须特别留意。对客气的人，或是师长，或是老年人，说话时手要垂直，人要立直。使这种规矩成了习惯，一辈子都有好处。

"在饭桌上，两手不拿刀叉吃东西时，也要平放在桌面上，不能放在桌下，搁在自己腿上或膝盖上。你只要留心别的有教养的青年就可知道。刀叉尤其不要掉在盘下，叮叮当当的！

"出台行礼或谢幕，面部表情要温和，切勿像过去那样太严肃。这与群众情绪大有关系，应及时注意。只要不急，心理放平静些，表情自然会和缓。"

真是拳拳慈父心，为儿子想得多么周到啊！

2. 对人要坦白、诚恳

傅聪在波兰的克拉克夫先是跟一位杰老师学习钢琴，后来杰老师要调往华沙。傅聪怕跟随到华沙，来往应酬事太多，另外，也想跟随一位叫斯加东的老师解决一些弹琴技巧问题。于是想继续留在克拉克夫，但又不知如何对杰老师说，怕说不好引起杰老师误会，认为他忘恩负义。父亲得知后，写信告诉他对人要坦白、诚恳，光明磊落。

信中说："我认为一个人只要真诚，总能打动人的，即使人家一时不了解，日后仍会了解的。我这个提议，你觉得如何？因为我一生作事，总是第一坦白，第二坦白，第三还是坦白。绕圈子、躲躲闪闪，反易叫人疑心，你要手段，倒不如光明正大，实话实说，只要态度诚恳、谦卑、恭敬，无论如何人家不会对你怎么的。我的经验，和一个爱弄手段的人打交道，永远以自己的本来面目对付，他也不会用手段对付你，倒反看重你的。你不要害怕，不要羞怯，不要不好意思，但话一定要说得真诚老实。既然这是你一生的关键，就得拿出勇气来面对事实，用最光明正大的态度来应付，无须那些不必要的顾虑，而不说真话！就是在实际做的时候，要注意措辞及步骤。"（《傅雷家书》第64～65页）

3. 要勇于批评与自我批评

傅雷是一个要求进步的知识分子，很容易接受新思想、新观念。1955年，他学习了毛泽东的《矛盾论》、《实践论》以后，教育儿子多学多看，以便掌握马列主义、辩证法。

他针对儿子的思想实际，写信告诫儿子要勇于批评与自我批评。他说："批评与自我批评所以能成为有力的武器，也就在于它能培养冷静的科学头脑，对己、对人、对事，都一视同仁，作不偏不倚的检讨。而批评与自我批评最需要的是勇气，只要存着一丝一毫懦怯的心理，批评与自我批评便永远不能作得彻底。我并非说有了自我批评（即挖自己的根），一个人就可以没有烦恼。不是的，烦恼是永久免不了的，就等于矛盾是永远消灭不了的一样。但是不能因为眼前的矛盾消灭了将来照样有新矛盾，就此不把眼前的矛盾消灭。挖了根，至少可以消灭眼前的烦恼。将来新烦恼来的时候，再去消灭新烦恼。挖一次根，至少可以减轻烦恼的严重性，减少它危害身心的可能；不挖根，老是有些思想的、意识的、感情的渣滓积在心里，久而久之，成为一个沉重的大包袱，慢慢的使你心理不健全，头脑不冷静，胸襟不开朗，创造更多的新烦恼的因素。这一点不但与马列主义的理论相合，便是与近代心理分析和精神病治疗的研究结果也相合。"（《傅雷家书》第74～75页）

4. 不要骄傲，要谦和有礼

在1956年10月11日的信中，傅雷集中谈了这个问题：

"说到骄傲，我细细分析之下，觉得你对人不够圆通固然是一个原因，人家见了你有自卑感也是一个原因，而你有时说话太直更是一个主要原因。例如你初见恩德，听了她弹琴，你说她简直不知所云。这说话方式当然有问题。倘能细细分析她的毛病，而不先用大帽子当头一压，听的人不是更好受些吗？有一夜快十点多了，你还要练琴，她劝你明天再练，你回答说：像你那样，我还会有成绩吗？对待人家的好意，用反批评的办法，自然不行。（过去）妈妈要你加衣，要你吃肉，你也常用这一类口吻。你惯了，不觉得，但恩德究竟不是亲姐妹，便是亲姐妹，有时也吃不消。这些毛病，我自己也常犯，但愿与你共勉之！——从这些小事情上推而广之，你我无意之间伤害人的事一定不太少，也难怪别人都说我们骄傲了。我平心静气思索以后，有些感想，不知你以为如何？

"人越有名，不骄傲别人也会有骄傲之感，这也是常情，故我们自己更要谦和有礼！"

三、教育儿子加强思想方法修养

1955年夏天，傅雷身体不太好，翻译工作暂停了一段时间。趁此机会，他读了一些马列主义基本理论方面的书，有许多感受和收获。他写信给儿子，专门谈了加强思想方法方面的修养问题。

1. 理论要与实践、现实生活相结合

他说："马列主义不是抽象的哲学，而是极现实极具体的哲学。它不但是社会革命的指导理论，同时亦是人生哲学的基础。"他批评有些人的政治学习，"完全是为学习而学习，不是为了生活而学习，不是为了应付实际斗争而学习。所以谈起理论来头头是道，什么唯物主义，什么辩证法，什么批评与自我批评等等，都能长篇大论发挥一大套，一遇到实际事情……就把一切理论忘得干干净净。"对此，他很反感。他指出："这种学习态度，我觉得根本就是反马列主义的。为什么把最实际的科学——唯物辩证法，当作标榜的门面话和口头禅呢？为什么不能把嘴上说得天花乱坠的道理化到自己身上去，贯彻到自己的行为中、作风中去呢？"

2. 要重视意识的能动作用

他说："……马克思主义的世界观，应该使我们有极大的、百折不回的积极性与乐天精神。比如说：'存在决定意识，但并不是意识便成为可有可无了。恰恰相反，一定的思想意识，对客观事物的发展会起很大的作用。'换句话说，就是'主观能动作用'……既然客观的自然规律，社会的发展规律，都可能受到人的意识的影响，为什么我们要灰心，要气馁呢？不是一切都是'事在人为'吗？"

3. 摆脱过去的烦恼，多向前看

他说："一切事物的发展，包括自然现象在内，都是由于内在的矛盾，由于旧的腐朽的东西与新的健全的东西作斗争。这个理论可以帮助我们摆脱许多不必要的烦恼，特别是留恋过去的烦恼，与追悔以往的错误的烦恼……既然一切都在变，不变就是停顿，停顿就是死亡，那末为什么老是恋念过去，自伤不已，把好好的眼前的光阴也毒害了呢？认识到世界是不断变化的，就该体会到人生亦是不断变化的，就该懂得生活应该是向前看，而不是往后看。这样，你的心胸不是豁然了吗？思想不是明朗了吗？态度不是积极了吗？"

4. 注意总结经验教训

他说："古人说：'鉴往而知来'，便是教我们检查过去，为的是要以后生活得更好。假如不要检讨过去，就能从今以后不重犯过去的错误，那末'我们的理性认识，通过实践加以检验与发展'这样的原则，还有什么意思？把理论到实践中去对证，去检视，再把实践提到理性认识上来与理论复核，这不就是需要分析过去吗？"

5. 要从感性认识上升到理性认识

他说："所谓理性认识是'通过人的头脑，运用分析、综合、对比等等的方法，把观察到的（我再加上一句：感觉到的）现象加以研究，抛开事物的虚假现象，及其他种种非本质现象，抽出事物的本质，找出事物的来龙去脉，即事物发展的规律'。这几句，倘若能到处运用，不但对学术研究有极大的帮助，而且对做人处世，也是一生受用不尽。因为这就是科学方法。而我一向主张不但做学问，弄艺术要有科学方法，做人更尤甚需要有科学方法。"

6. 认识量变和质变的关系

他说："'从量变到质变'一点，与你的音乐技术与领悟的关系非常适合。你老是抱怨技巧不够，不能表达你心中所感到的音乐，但你一朝获得你眼前所追求的技巧之后，你的音乐理解一定又会跟着变化，从而要求更新更高的技术。说得浅近些，比如你练肖邦的练习曲或诙谐曲中某些快速的段落，常嫌速度不够。但等到你速度够了，你的音乐表现也决不是像你现在所追求的那一种了。假如我这个猜测不错，那就说明了量变可以促成质变的道理。"

四、教育儿子加强政治思想修养

傅雷不仅在业务上关心儿子，而且在政治上要求儿子也很严格，经常对儿子进行政治思想教育。

1. 关心国家大事

他在1956年1月13日给傅聪的信中说："一般小朋友，在家自学的都犯一个大毛病：不太关心大局，对社会主义的改造事业很冷淡……他们只知道练琴。这样下去，少年变了老年。与社会脱节，真正要不得。"他对傅聪关心国家大事，非常高兴。他说："家长们只看见你以前关门练琴，可万万想不到你同样关心琴以外的学问和时局；也万万想不到我们家里的空气绝对不是单纯的，一味的音乐，音乐，音乐的!"

为使傅聪及时了解祖国日新月异的变化和社会主义建设事业取得的巨大成就，傅雷经常写信，详细给远在异国他乡的儿子傅聪介绍祖国的情况，并且向儿子述说自己的感受。1956年6月，他到安徽参观煤矿、水库，看到人民群众为改变中国落后的面貌，急起直追的勇猛精神，非常兴奋；看到祖国面貌日新月异的变化，非常激动。他将自己看到的情景及感受及时写信给儿子。

2. 将自己的艺术和祖国的利益连结起来

他说："遇到任何一件出入重大的事，你得想到我们——连你自己在内——对艺术的爱！不是说你应当时时刻刻想到自己了不起，而是说你应当从客观的角度重视自己：你的将来对中国音乐的前途有那么重大的关系，你每走一步，无形中都对整个民族艺术的发展有影响，所以你更应当战战兢兢，郑重其事！随时随地要准备牺牲目前的感情，为了更大的感情——对艺术对祖国的感情。"（《傅雷家书》第 111 页）

当时在国外，傅聪演出相当多。信中他告诫儿子说："千万别做经理人的摇钱树！他们的一千零一个劝你出台的理由，无非是趁艺术家走红的时期多赚几文，哪里是为真正的艺术着想！……你如今每次登台都与国家面子有关，个人的荣辱得失事小，国家的荣辱得失事大！你既热爱祖国，这一点尤其不能忘了。为了身体，为了精神，为了艺术，为了国家的荣誉，你都不能不大大减少你的演出。"

3. 要洁身自好

傅聪身居资本主义国家，政治环境相当复杂。特别是他又是国际上知名的艺术家，各种政治势力都很注意他。傅聪没有辜负父亲的教导，洁身自好，保持艺术的圣洁，不被反动政治势力与金钱利用，对此，父亲非常赞赏，写信鼓励他，要他经受住考验。

在 1960 年 1 月 10 日的信中说："你不依靠任何政治背景，单凭艺术立足，这也是你对己对人对祖国的最起码而最主要的责任！当然极好，但望永远坚持下去，我相信你会坚持，不过考验你的日子还未来到。至此为止你尚未遇到逆境。真要过了贫贱日子才真正显出'贫贱不能移'！居安思危，多多锻炼你的意志吧。"

1960 年 8 月 5 日的信中又说："身在国外，靠艺术谋生而能不奔走于权贵之门，当然使我们安慰。我相信你一定会坚持下去。这点儿傲气也是中国艺术家最优秀的传统之一，值得给西方做个榜样。可是别忘了一句老话：岁寒而后知松柏之后凋；你还没经过'岁寒'的考验，还得对自己提高警惕才好！一切珍重！"

五、指导儿子做学问

傅雷一生做学问，积累了许多经验。儿子傅聪在身边时，他经常悉心指导儿子做学问，儿子远离家庭，父亲照样特别关心儿子的做学问问题，常常针对儿子在学习过程中遇到的种种问题和困难加以指导。傅雷虽不是钢琴家，但儿子傅聪之所以能成为著名的钢琴家，在艺术修养上提高相当快，取得举世瞩目的成就，同傅雷的具体指导、点拨是分不开的。

1. 要循序渐进，不要操之过急

在指导儿子学外国语文时，他介绍自己的体会说："到了法国，半年之间，请私人教师与房东太太双管齐下补习法文，教师管读本与文法，房东太太管会话与发音，整天的改正，不用上课方式，而是随时在谈话中纠正。半年以后，我在法国的知识分子家庭中过生活，已经一切无问题。十个月以后开始听几门不太难的功课。可见国外学语文，以随时随地应用的关系，比国内的进度不啻一与五六倍之比……别把俄文学习弄成'突击式'。一个半月之间念完文法，这是强记，决不能消化，而且过了一晌大半会忘了的。我认为目前主要抓住俄文的要点，学得慢一些，但所学的必须牢记，这样才能基础扎实。贪多务得是没用的，反而影响钢琴业务，甚至使你身心困顿，一空下来即昏昏欲睡……一切学问没有速成的，尤其是语言。"

2. 要科学地安排学习计划

他说："你对时间的安排，学业的安排，轻重的看法，缓急的分别，还不能有清楚明确的认识与实践。这是我为你最操心的。因为你的生活将来要和我一样的忙，也许更忙。不能充分掌握时间与区别事情的缓急先后，你的一切都会打折扣。所以有关这些方面的问题，不但希望你多听听我的意见，更要自己多想想，想过以后立刻想办法实行，应改的应调整的都应当立刻改，立刻调整，不以任何理由耽搁。"

3. 要科学地处理日常生活

他说："环境安静对你的精神最要紧。做事要科学化，要彻底！我恨不得在你身边，帮你解决并安排一切物质生活，让你安心学习，节省你的精力与时间，使你在外能够事半功倍，多学些东西，多把心思花在艺术的推敲与思索上去。一个艺术家若能很科学的处理日常生活，他对他人的贡献一定更大！"（《傅雷家书》第70页）

4. 要处理好手段与目的的关系

他告诫儿子要正确理解和处理技巧与音乐的关系。他说："音乐主要是用你的脑子，把你蒙蒙眬眬的感情分辨清楚，弄明白你的感觉究竟是怎么一回事，等到你弄明白了，你的境界十分明确了，然后你的 technic（技巧）自会跟踪而来的。""凡是一天到晚闹技巧的，就是艺术工匠而不是艺术家！艺术是目的，技巧是手段。老是只注意手段的人，必然会忘了他的目的。"（《傅雷家书》第 29 页）

5. 贯彻重点学习的方针

他说："首先要集中几个作家（的作品）。作家的选择事先可郑重考虑，决定以后切勿随便更改，切勿看见新的东西而手痒心痒——至多只宜作辅助性质的附带研究，而不能喧宾夺主。其次是练习的时候要安排恰当，务以最小限度的精力与时间，获得最大限度的成绩为原则。和避免分散精力连带的就是重点学习。选择作家就是重点学习的第一个步骤；第二个步骤是在选定的作家中再挑出几个最有特色的乐曲。譬如巴哈，你一定要选出几个典型的作品，代表他键盘乐曲的各个不同的面目的。这样，你以后对于每一类的曲子，可以举一反三，自动找出路子来了。"（《傅雷家书》第 83 页）

6. 要抓紧时间，不要浪费光阴

他说："……最基本的是要抓紧时间。你该记得我的生活习惯吧？早上一起来，洗脸，吃点心，穿衣服，没有一件事不是用最快的速度赶着做的。而平日工作的时间，尽量不接见客人，不出门，万一有了杂务打岔，就在晚上或星期日休息时间补足错失的工作。这些都值得你模仿。要不然，怎么能抓紧时间呢？怎么能不浪费光阴呢?"（《傅雷家书》第 84 页）

7. 要劳逸结合，"空"与"忙"得当

他说："你这一行的辛苦，当然辛苦到极点。就因为这个，我屡次要你生活正规化，学习正规化。不正规如何能持久？不持久如何能有成绩？如何能巩固已有的成绩？以后一定要安排好，控制得牢，万万不能'空'与'忙'调配得不匀，免得临时着急，日夜加工的赶任务。"（《傅雷家书》第 90 页）

8. 要做到感情深入

他说："艺术不但不能限于感性认识，还不能限于理性认识，必须要进行第三步的感情深入。""感性认识固然是初步印象，是大概的认识；理性认识是深入一步，了解到本质。但艺术的领会，还不能以此为限。必须再深入进去，把理性所认识的，用心灵去体会，才能使原作者的悲欢喜怒化为你自己的悲欢喜怒，使原作者每一根神经的震颤都在你的神经上引起反响。"

所谓"感情深入"，他解释说："换言之，艺术家最需要的，除了理智以外，还有一个'爱'字！……而且这个爱决不是庸俗的，婆婆妈妈的感情，而是热烈的、真诚的、洁白的、高尚的、如火如荼的忘我的爱。"（《傅雷家书》第92～93页）

9. 要真诚、虚心

他说："大多数从事艺术的人，缺少真诚。因为不够真诚，一切都在嘴里随便说说，当作唬人的幌子，装自己的门面，实际只是拾人牙慧，并非真有所感……真诚是第一把艺术的钥匙。知之为知之，不知为不知。真诚的'不懂'，比不真诚的'懂'，还叫人好受些。最可厌的莫如自以为是，自作解人。有了真诚，才会有虚心，有了虚心，才肯丢开自己去了解别人，也才能放下虚伪的自尊心去了解自己。"（《傅雷家书》第94页）

10. 要目光远大，不慕虚名

在傅聪留学期间，有一次国际钢琴比赛，我国政府决定他不参加。傅雷写信说："早一日露面，晚一日露面，对真正的艺术修养并无关系。希望你能目光远大，胸襟开朗，我给你受的教育，从小就注意这些地方。身外之名，只是为社会上一般人所追求，惊叹；对个人本身的渺小与伟大都没有相干。孔子说的'富贵于我如浮云'，现代的'名'也属于精神上'富贵'之列。"（《傅雷家书》第109页）

11. 要正确对待艺术批评

他说："所谓'文章千古事，得失寸心知！'往往自己认为的缺陷，批评家并不能指出，他们指出的倒是反映批评家本人的理解不够或者纯属个人的好恶，或者是时下的风气和流俗的趣味……因为批评家也受他气质与修养的限制……批评家囿于成见，也未必马上发生共鸣……但即使批评家说的不完全对头，或竟完全不对头，也会有一言半语引起我们的反省，给我们一种 inspiration（灵感），使我们发现真正的缺点，或者另外一个新的角落让我们去追求，再不然是使我们联想到一些小枝节可以补充、修正或改善。——这便是批评家之言不可尽信，亦不可忽视的辩证关系。"（《傅雷家书》第155～156页）

六、指导儿子注意心理卫生，加强心理修养

傅雷针对傅聪所从事职业的职业特点，还特别注重指导儿子讲究心理卫生，加强心理修养。这对于傅聪的艺术劳动与成功是很有帮助的。

1. 要放松，不要过度紧张

傅聪在参加比赛前，心理上总是很紧张，思想负担很重。傅雷常常及时给予开导、教诲。

在 1954 年 9 月 21 日的信中说："你别把'比赛'太放在心上。得失成败尽量置之度外，只求竭尽所能，无愧于心，效果反而好，精神上平日也可减少负担，上台也不至紧张。千万千万！"

在 1954 年 10 月 22 日在信中说："下功夫叫自己心理上松动，包管你有好成绩。紧张对什么事都有弊无利。从现在起，到比赛，还有三个多月，只要凭'愚公移山'的意志，存着'我尽我心'的观念，一紧张就马上叫自己宽弛，对付你的精神要像对付你的手与指一样，时时刻刻注意放松，我保证你明年成功。这个心理卫生的功夫对你比练琴更重要，因为练琴的成绩以心理状态为基础，为主要条件！……但要紧的是实地做去，而且也要跟自己斗争；斗争的方式当然不是紧张，而是冲淡，而是多想想人生问题，宇宙问题，把个人看得渺小一些，那末自然会减少患得患失之心，结果身心反而舒泰，工作反而顺利！"

2. 要节制感情，不要冲动

傅聪在比赛前的练琴中，神经太兴奋。傅雷写信指出，这样太伤精神，太动感情，对健康大有损害。"艺术是你的终身事业，艺术本身已是激动感情的，练习时万万不能再紧张过度。人寿有限，精力也有限，要从长里着眼，马拉松赛跑才跑得很好。你原是感情冲动的人。更要抑制一些"。（《傅雷家书》第 24 页）

"练琴一定要节制感情，你既然自知责任重大，就应当竭力爱惜精神。好比一个参加世运的选手，比赛以前的几个月，一定要把身心的健康保护得非常好，才能有充沛的精力出场竞赛。俗语说'养兵千日'，'养'这个字极有道理"。（《傅雷家书》第 25 页）

"中国哲学的理想，佛教的理想，都是要能控制感情，而不是让感情控制。假如你能掀动听众的感情，使他们如醉如狂，哭笑无常，而你自己屹如泰山，像调度千军万马的大将军一样不动声色，那才是你最大的成

功,才是到了艺术与人生的最高境界。你该记得贝多芬的故事,有一回他弹完了琴,看见听的人都流着泪,他哈哈大笑道:'嘿!你们都是傻子。'艺术是火,艺术家是不哭的。这当然不能一蹴即成,尤其是你,但不能不把这境界作为你终生努力的目标。(《傅雷家书》第28~29页)"

3. 要正确看待和解决思想苦闷

在1961年2月7日的信中,傅雷用了很大的篇幅跟儿子谈这个问题。他说:"人没有苦闷,没有矛盾,就不会进步。有矛盾才会逼你解决矛盾,解决一次矛盾即往前迈进一步。到晚年矛盾减少,即是生命将要告终的表现。没有矛盾的一片恬静只是一个崇高的理想,真正实现的话并不是一个好现象。——凭了修养的功夫所能达到的和平恬静只是极暂短的,比如浪潮的尖峰,一刹那就要过去的。或者理想的和平恬静乃是微波荡漾,有矛盾而不尖锐,而且随时能解决的那种精神修养,可决非一泓死水:一泓死水有什么可羡呢?我觉得倘若苦闷而不致陷入悲观厌世,有矛盾而能解决(至少在理论上认识上得到一个总结),那末苦闷与矛盾并不可怕。所要避免的乃是因苦闷而导致身心失常,或者玩世不恭,变做游戏人生的态度。从另一角度看,最伤人的(对己对人,对小我与集体都有害的)乃是由passion(激情)出发的苦闷与矛盾,例如热衷名利而得不到名利的人,怀着野心而明明不能实现的人,经常忌妒别人、仇恨别人的人,那一类苦闷便是与己与人都有大害的。凡是从自卑感自溺狂等等来的苦闷对社会都是不利的,对自己也是致命伤。反之,倘是忧时忧国,不是为小我打算而是为了社会福利,人类前途而感到的苦闷,因为出发点是正义,是理想,是热爱,所以即有矛盾,对己对人都无害处,倒反能逼自己作出一些小小的贡献来。但此种苦闷也须用智慧来解决,至少在苦闷的时间不能忘了明哲的教训,才不至于转到悲观绝望,用灰色眼镜看事物,才能保持健康的心情继续在人生中奋斗——而唯有如此,自己的小苦闷才能转化为一种活泼泼的力量而不仅仅成为愤世嫉俗的消极因素。因为愤世嫉俗并不能解决矛盾,也就不能使自己往前迈进一步。由此得出一个结论,我们不怕经常苦闷,经常矛盾,但必须不让这苦闷与矛盾妨碍我们愉快的心情。"

4. 遇事勿急躁,要有耐性

在1956年4月29日的信中,傅雷专门和儿子谈了这个问题。他说:"你有这么强的斗争性,我很高兴。但切勿急躁,妨碍目前的学习。以后要多注意：坚持真理的时候必须注意讲话的方式、态度、语气、声调。要做到越有理由，态度越缓和，声音越柔和。坚持真理原是一件艰巨的斗争，也是教育工作；需要好的方法、方式、手段，还有是耐性。万万不能动火，令人误会。这些修养很不容易，我自己也还离得远呢。但你可趁早努力学习！

"经历一次磨折，一定要在思想上提高一步。以后在作风上也要改善一步。这样才不冤枉。一个人吃苦碰钉子都不要紧，只要吸取教训，所谓人生或社会的教育就是这么回事。你多看看文艺创作上所描写的一些优秀共产党员，就有那种了不起的耐性，肯一再的细致地说服人，从不动火，从不强迫命令。这是真正的好榜样。而且存了这种心思，你也不会再烦恼，而会把斗争当做日常工作一样了。要坚持，要贯彻，但是也要忍耐！"

七、指导儿子处理好恋爱、婚姻及家庭问题

傅雷反对爱情至上，但并不禁止儿子谈情说爱，而是经常提醒儿子如何正确处理恋爱、婚姻以及家庭问题。因为傅雷知道，"男大当婚，女大当嫁"，这是自然规律。有时儿子在家信中，未好意思谈及此方面的问题，傅雷都是主动提出这方面的问题，给儿子以积极地引导。

1. 不要以感情冲动定终身，要理智从事

在 1955 年 12 月 11 日的信中说："我相信你不是爱情至上主义者，而是真理至上主义者，那末你就应该用这个立场去分析你的对象（不论是初恋还是以后的），你跟她（不管是谁）在思想认识上，真理的执着上，是否一致或至少相去不远？从这个角度上去把事情解剖清楚，许多烦恼自然迎刃而解。你也该想到，热情是一朵美丽的花，美则美矣，无奈不能持久。希望热情能永久持续，简直是愚妄；不考虑性情、品德、品格、思想等等，而单单执着于当年一段美妙的梦境，希望这梦境将来会成为现实，那末我警告你，你可能遇到悲剧的！世界上很少如火如荼的情人能成为美满的、白头偕老的夫妇的……"

1959 年 10 月 1 日的信中又说："我知道你的性格，也想象得到你的环境。你一向滥于用情，而即使不采取主动，被人追求时也免不了虚荣心感到得意，这是人之常情，于艺术家为尤甚，因此更需警惕。你成年已久，到了 25 岁也该理性坚强一些了，单凭一时冲动的行为也该能多克制一些了。不知事实上是否如此？要找永久的伴侣，也得多用理智考虑，勿被感

情蒙蔽！情人的眼光一结婚就会变，变得你自己都不相信，事先要不想到这一著，必招后来的无穷痛苦。"

2. 对终身伴侣的要求不能太苛刻，择偶标准要适当

1960 年 8 月 29 日写给傅聪的信中说："对终身伴侣的要求，正如对人生一切的要求一样不能太苛。事情总有正反两面：追得你太迫切了，你觉得负担重；追得不紧了，又觉得不够热烈。温柔的人时会有显得懦弱，刚强了又近乎专制。幻想多了未免不切实际，能干的管家太太又觉得俗气。只有长处没有短处的人在哪儿呢？世界上究竟有没有十全十美的人或事物呢？抚躬自问，自己又完美到什么程度呢？这一类的问题想必你考虑过不止一次。我觉得最主要的还是本质的善良，天性的温厚，开阔的胸襟。有了这三样，其他都可以逐渐培养；而且有了这三样，将来即使遇到大大小小的风波也不至于变成悲剧。做艺术家的妻子比做任何人的妻子都难。你要不预先明白这一点，即使你知道'责人太严，责己太宽'，也不容易学会明哲、体贴、容忍。只要能代你解决生活琐事，同时对你的事业感到兴趣就行，对学问的研究等等暂时不必期望过奢，还得看你们婚后的生活如何。眼前双方先学习相互尊重、谅解、宽容。"

3. 恋爱时要冷静，深入细致了解对方的优缺点

1962 年 3 月 8 日在给次子傅敏的信中说："在恋爱时，首先态度和心情要尽可能的冷静。否则观察不会准确。初期交往容易感情冲动，单凭印象，只看见对方的优点，看不出缺点，甚至夸大优点，美化缺点。便是与同性朋友相交也不免如此，对异性更是常有的事。许多青年男女婚前极好，而婚后逐渐相左，甚至反目，往往是这个原因。感情激动时期不仅会耳不聪，目不明，看不清对方，自己也会无意识地只表现好的方面，把缺点隐藏起来。"

他要求儿子要耐心、细致、深入了解对方。在了解对方时，"处处要把科学的客观精神和大慈大悲的同情心结合起来。对方的优点，要认清是不是真实可靠的，是不是

你自己想象出来的，或者是夸大的。对方的缺点，要分出是否与本质有关。与本质有关的缺点，不能因为其他次要的优点而加以忽视。次要的缺点也得辨别是否能改，是否发展下去会影响品性或日常生活。人人都有缺点，谈恋爱的男女双方都是如此。问题不在于找一个全无缺点的对象，而是要找一个双方缺点都能各自认识，各自承认，愿意逐渐改，同时能彼此容忍的伴侣（此点很重要。有些缺点双方都能容忍；有些则不能容忍，日子一久即造成裂痕）。最好双方尽量自然，不要做作，各人都拿出真面目来，优缺点一齐让对方看到……唯有极坦白，才能暴露自己；而暴露自己的缺点总是越早越好，越晚越糟！为了求恋爱成功而尽量隐藏自己缺点的人其实是愚蠢的"。

4. 夫妻间要互相关心、体贴、帮助

在傅聪与英国姑娘弥拉结婚以后，傅雷也常常写信指导他们如何处理好夫妻关系。

在 1961 年 9 月 14 日的信中，傅雷告诫儿子说，不能只独自生活在一个小圈子里，要关心、体贴、帮助妻子。要抽出时间，多和弥拉谈谈，上下古今，无所不谈。双方经常交流一些看法，都会从中得到好处，不知不觉地提高自己，提高对方。"弥拉年轻，根基未固，你得耐心细致，孜孜不倦地关怀她，在人生琐事方面，读书修养方面，感情方面，处处观察、分析、思索，以诚挚深厚的爱作原动力，以冷静的理智作行动的指南，加以教导，加以诱引，和她一同进步！……你在音乐艺术中固然只许成功，不许失败；在人生艺术中，婚姻艺术中也只许成功，不许失败！这是你爸爸妈妈最关心的，也是你一生幸福所系。而且你很明白，像你这种性格的人，人生没法与艺术分离，所以要对你的艺术有所贡献，家庭生活与夫妇生活更需要安排得美满"。

在 1961 年 10 月 5 日的信中又说："你切不可只顾着你的艺术，也得分神顾到你一生的伴侣……所以分些精神顾到弥拉（修养、休息、文娱活动……），实际上是为了你的艺术，虽然是间接的，影响与后果之大却非你意想所及。"

5. 对孩子要严格要求，不要娇惯溺爱

傅雷告诫儿子傅聪，不能娇宠自己的孩子。他说："小孩经常有人跟他玩，成了习惯，就非时时刻刻抓住你不可，不但苦了弥拉，而且对孩子也不好。耐得住寂寞是人生一大武器，而耐寂寞也要自幼训练的！疼孩子

固然要紧，养成纪律同样要紧。几个月大的时候不注意，到两三岁时再收紧，大人小儿都要痛苦的。"

综上所述，我们可以清楚地看到，傅雷是把培养教育儿女视为对社会、对祖国、对人类世界所应尽的一种神圣的义务与责任。在傅聪成长的道路上，不论是在父母身边，还是在海外学习、生活，父亲都是以高度负责的精神与心力，精心培养，悉心指导，谆谆教诲。特别是傅聪在异国飘流的生活中，从父亲的书信中吸取了十分丰富的精神养料，使他在海外孤儿似的处境里，好像父母仍在他身边，时时给他以指导、鼓励与鞭策，使他有勇气与力量，去战胜各式各样的魔障与阻力，踏上自己正当成长的道路。通过这些书信，不仅仅使傅聪与亲人之间，建立了牢固的纽带，也通过这一条纽带，使傅聪与远离的祖国牢牢地建立了心的结合。他始终没有背弃他的祖国。他不受祖国敌对者多方的威胁利诱，没有说过或做过有损祖国尊严的言行。甚至在他的艺术巡礼中，也始终一贯，对与祖国采取敌对态度的国家的邀请，一律拒绝接受。直到1979年初次回国，到了香港，还有人替他担心可能产生麻烦，劝他暂时不要回来，但他相信祖国，相信祖国会给他以信任。这种信赖祖国、热爱祖国的精神，与傅雷在数万里外给他殷切的爱国主义的教育，是不能分开的。

傅雷写给儿子的这些文字，教育他的儿子热爱祖国，相信祖国，在海外一言一行一举一动，都要考虑到对祖国声誉的影响，这足见傅雷是一个正直、爱国、爱党的知识分子，令人肃然起敬。

怎样教育我们的子女

——宋庆龄的《把培养革命后代的责任 担当起来》

中华人民共和国名誉主席、全国人民代表大会常务委员会副委员长宋庆龄，是举世闻名的爱国主义、民主主义、国际主义、共产主义的伟大战士。她原籍广东省海南岛文昌县，1893 年 1 月 27 日出生于上海，1981 年 5 月 24 日逝世，享年 88 岁。

宋庆龄的一生是革命战斗的一生。她对中国新民主主义革命、社会主义革命和社会主义建设均做出了卓越的贡献。半个多世纪以来，她历尽社会的沧桑变迁，她那慈爱宽广的胸怀里，始终怀抱着亿万儿童。无论在乌云压城的白色恐怖下，还是在战火纷飞的艰难岁月中，她为少年儿童做了大量工作。自新中国成立以来，她更是坚持不懈地为培养下一代竭尽心力。就是在十年动乱、万马齐喑的日子里，千万儿童的命运仍然牵动着她的心。1981 年 5 月，宋庆龄已经卧床不起，生命垂危，她依旧以最大的热情和毅力，关怀着少年儿童，关心着少年儿童工作。我们永远不会忘记，1981 年 5 月 14 日，她在写给"六一"儿童节报告会的贺信中，向广大儿童工作者留下的最后遗言——"我关怀热爱儿童少年的心和你们一起跳动"。

宋庆龄一生关怀儿童少年，关心儿童少年工作。她在"为新中国奋斗"的同时，一直为少年儿童教育事业和福利事业呕心沥血。正如自己所说："我一生是同少年儿童工作联系在一起的。"

宋庆龄认为，儿童少年是祖国的未来，全社会都应当关心他们，爱护他们，担当起教育他们的责任来。她关心学校教育，社会教育，也很关心家庭教育。在许多文章、讲话中，她都强调家庭教育的重要性，号召广大家长重视子女的家庭教育，并且对家庭教育工作进行具体的指导。1964 年《工人日报》开展"怎样教育我们的子女"问题的专题讨论，当年 4 月 9

日，宋庆龄应邀为该报的专题讨论，撰写了题为《把培养革命后代的责任担当起来》的文章，集中论述了社会主义社会的家庭教育问题。在这篇家庭教育问题的专论中，她全面、系统、深刻地论述了家庭教育的重要作用，指出树立正确的家庭教育观点和掌握正确的家庭教育方法问题，是加强和改善我国社会主义时期家庭教育工作的指导方针。为建立具有中国特色的社会主义的家庭教育科学理论体系奠定了基础。这篇文章集中反映了宋庆龄的家庭教育思想，在实践上和理论上都有着非常重要的价值。

一、要重视儿童少年的教育工作

宋庆龄认为，儿童少年的教育工作非常重要，它是关系到儿童少年成为什么样的人，关系到祖国前途和命运的大问题。

她说：”离开了教育，即使无产阶级家庭的子女，也不可能自发地形成无产阶级思想；离开了教育，即使老子是英雄，儿子也不一定会成为好汉；离开教育，孩子不会因为‘生在新社会，长在红旗下，而‘自然红’起来。”她运用非常通俗的比喻又说："幼苗纵然生在肥沃的土地上，但是如果没有农民细心地培育，不去锄草、施肥、灌水、除虫、修枝，就很难长成茂盛的庄稼。"

宋庆龄指出，我们的孩子降生在社会主义的肥沃土地上，有党的无微不至的关怀和教育，虽然完全有可能成为共产主义事业的接班人。但是，我们也不能掉以轻心。她提醒广大家长们说："我们的孩子们，生长在和平的环境中，没有经受过剥削和压迫，没有经历过残酷的阶级斗争，不了解旧中国劳动人民所遭受的苦难，不了解革命成果得来不易，加上他们年轻幼稚，知识不足，因而对资产阶级思想的侵袭，缺乏抗毒的能力。而当他们开始睁开眼睛看这个世界的时候，开始认识生活的时候，我们这个社会上还存在着无产阶级和资产阶级之间的斗争，存在着社会主义和资本主义两条道路的斗争，不甘心死亡的阶级敌人，把消灭共产主义的企图寄托在我们的下一代身上，千方百计地用腐朽的资产阶级思想影响下一代。"因此，她谆谆告诫广大家长说："把我们的孩子教育成具有坚定的革命立场，成长为吃得了艰苦，经得起风浪，挑得起重担的英雄，乃是‘百年树人’的重要工作，是关系到我们革命事业成败的问题，是关系到能否保得住社会主义江山，我们的革命在今后几代人的手里会不会变质，共产主义事业能否取得最终胜利的重大问题。"

　　宋庆龄对儿童少年教育工作重大意义的论述，虽然是在 26 年前做出的，但在今天看来，仍然具有深刻的现实意义，很值得广大家长们深思。我们既要认识到教育下一代的重要性，也要认识到教育下一代的艰巨性。

二、要特别重视家庭教育

　　宋庆龄认为，家庭教育在儿童少年成长过程中意义重大，家长的责任也是非常重大的。她说："人，是一切革命事业的决定因素。把这一代孩子教育成人，教育成符合革命需要的人，是全社会的责任，需要家庭、学校、社会三个方面很好的结合起来。其中家长的责任非常重大。"在 1958年 6 月 1 日，她又说："孩子们的性格和才能，归根结蒂是受家庭、父母，特别是母亲的影响最深。孩子长大成人以后，社会成了锻炼他们的环境。学校对年轻人的发展也起着重要的作用。但是，在一个人的身上留下不可磨灭的印记的却是家庭。"(《在儿童节向母亲们说几句话》)

为什么说，在儿童少年成长过程中，家庭教育的意义和家长的责任非常重大呢？

宋庆龄指出："这是因为父母是孩子第一个老师，孩子从幼儿到小学、中学时期，大部分是生活在家庭里，而这正是孩子们长身体、长知识，培养性格、品德，为形成世界观打基础的时期，父母的一言一行都给孩子深远的影响。如果父母不对孩子进行正面的教育，就难免产生反面的影响。"所以，她告诫父母说："以为父母只管生、养，不管教育，是不负责任的态度。为了共产主义事业，为了革命的利益，要求父母把教育子女的责任担当起来。子女是父母心上的宝贝，但更重要的，他们是属于人民的，他们是革命的接班人，是未来的创造者。教育子女的工作，是革命工作的一部分，具有重大而深远的政治意义。我们没有权利放弃责任。"

宋庆龄充分肯定广大家长在培养教育下一代工作中所做出的巨大的努力和取得的巨大成绩。与此同时，她又指出家庭教育中存在的问题。她说："现在有些作父母的认为教育儿童是国家的事情，自己可以放任不管；有些人以打骂代替教育；有些人以溺爱代替爱护；甚至有些家长对应届中、小学毕业生施加压力和威胁，增加儿童们在毕业升学问题上的不必要的紧张。不能让这些现象长久地存在下去，全社会的人应该负起责任来，首先作家长的应该学会正确地教养自己的子女，这是作为一个新中国的公民对国家应尽的义务！"她反复强调说："教育下一代是我们全民的责任。首先作家长的要负起这个责任来。"(《把教养儿童的责任担当起来》1957年6月1日《人民日报》)

三、要树立正确的家庭教育观点

宋庆龄指出："担当培养革命后代的责任，首先要树立正确的教育观点。"教育观点指的是什么？她解释说："就是说，用什么思想去教育孩子，把孩子培养成什么样的人。"

她认为，我们今天的家庭教育观念，应当从根本上不同于旧社会的家庭教育观念。她说："'我教子，惟一经'。教子有'经'是好的，问题是用什么'经'去教子。不同的时代和不同的阶级，使教子的'经'具有不同的内容。旧社会的'经'，不外是要么做'人上人'，升官发财，光宗耀祖；要么安分守己，逆来顺受，甘心做奴隶。我们社会主义时代的'经'，无产阶级的'经'，是用共产主义思想教育下一代……把我们的下一代培养成像雷锋那样'毫不利己、专门利人'的人，像雷锋那样'忠于革命忠于党'，像雷锋那样，'把有限的生命投入到无限的为人民服务之中去'。把我们的孩子培养成能够继承革命传统，成为我们伟大社会主义祖国未来的建设者和保卫者，成为实现共产主义、解放全人类的战士。"

在这里宋庆龄明确地指出，家庭教育观念是具有强烈的时代特点和鲜明的阶级性的，这一点十分重要。

那么，社会主义时代的无产阶级的家庭教育观念应是怎样的呢？

1. 树立为国家造就人才的思想

宋庆龄指出："有人把孩子看成是父母的私有财产，抱着'养儿防老'的目的，只关心孩子个人前途的发展，希望他报答父母养育之恩；不积极鼓励孩子参加革命斗争、参加生产劳动；把孩子拖在身边'膝下承欢'，而不让他远走高飞。这正是一种私有观念的表现。企图把孩子关在家庭的小天地里，既表现了父母的个人主义思想，也滋长了孩子的个人主义思想，是要不得的。"

她告诫父母们说："在我们社会主义制度下，人民的利益和家庭的利益是一致的，革命家庭应该是老子革命也要儿子革命，教育子女从小听毛主席的话，学雷锋的样，从小学习为集体谋幸福，学习为人民服务；从小培养集体主义思想，而不是个人主义思想；从小鼓励他们志在四方，而不是留恋乡土。做父母的眼光应该放得远大些，鼓励孩子树立革命大志，准备投身到变革社会，改造大自然的轰轰烈烈的斗争中去冲锋陷阵，这样才称得起是好样的后生。"

2. 培养孩子艰苦奋斗的精神

宋庆龄指出："有人说，我们受了一辈子苦，现在应该让孩子享享福了。于是有些父母不愿意对孩子讲过去受的苦难，怕损伤孩子的心。只要给孩子吃好些，穿好些，生活得舒服些，对孩子的某些缺点，也不认真教育，不严格要求，以为这样才表现了父母之爱。试问这样的爱，将产生什么结果呢？势必把孩子惯成好吃懒做，贪图安逸，把他们引导到不择手段地追求个人享受的路上去。这种对子女的娇惯、溺爱，实质上是资产阶级的教育观点，和培养坚强的革命后代的要求背道而驰。"

她告诫父母们说："爱孩子，是人之常情，但怎样爱法，怎样才是真正的爱？却很有值得研究的道理。"她提醒说："对孩子的任何娇惯、溺爱，不但害了孩子，也不利于革命。"必须要纠正，要正确地爱孩子。

怎样爱才是真正的爱呢？宋庆龄说："对于将肩负大任的新的一代，应该是'苦其心志，劳其体肤'……应该分配给孩子力所能及的家务劳动，自己的事情尽可能自己做，这样来培养劳动观点。等待着一代新人的，是复杂的国内外阶级斗争，是艰巨的建设任务。这就要求他们具有清醒的头脑，健强的身体，他们要准备到高山、海洋、森林、沙漠去进行战斗，要在生产战线上和科学技术领域中去艰苦劳动，去创造、革新、发明。等待他们的不仅有胜利的欢呼，还有困难、失败、犯错误等的考验。如果不能从小养成吃苦耐劳的习惯，坚忍不拔的意志，独立解决各种问题的能力，那末长大以后，就不可能担负起党交给他们的任务，就不可能在任何艰苦的条件下保持旺盛的、乐观的革命精神。"

3. 要自觉地担当起教育子女的责任

宋庆龄指出："还有人说，孩子的好坏是天生的。或者说，孩子还小，长大了自然会好的。"这两种思想，前者是先天决定论的思想，后者是"树大自然直"的思想。这都是忽视或否定了教育的作用，都是不正确的教育观点。

她告诫父母们说："我们承认孩子的秉赋有差异，但是孩子的好坏，主要是教育的结果。孩子从初生之日起，就受着社会环境的影响，他们是'染于苍则苍，染于黄则黄'。生活环境随时随地在感染孩子。成年人——特别是亲人的生活习惯、兴趣爱好、思想品德强烈地影响着孩子……资产阶级思想和旧的习惯势力并不因为孩子太小而不去影响他们，事实上，国内外阶级敌人正使用各种方式来毒害我们的下一代，应该引起警惕。借口天生的坏孩子管也好不了，从而放弃教育；或者借口孩子还小，长大了自然会好的，从而放任自流，都是不负责任的表现，都会给资产阶级思想侵蚀下一代以可乘之机。"为此，宋庆龄又告诫说："我们应该随时随地在孩子幼小的心灵中插下革命的秧苗，不断地用共产主义精神去教育他们，增强他们的抗毒能力，使他们能够分清好坏是非，爱憎分明，成长为坚强的无产阶级战士。"

4. 要教育子女树立正确的人生观

宋庆龄指出："还有人往往喜欢问孩子的志愿，'你长大了要干什么？'

有些孩子就回答要当工程师、医生、音乐家、运动员、解放军等等。发问的人听到这些回答以后，不免称赞孩子有志气，鼓励一番。这里遇到一个问题：什么样的孩子是有志气的孩子？孩子应该有什么样的志气？"这个问题提得非常好，也非常重要。

她告诫父母们说："立志愿和选职业是两回事，过早地定下当工程师、医生之类的目标，将使孩子学习的目的性不明确，而且随着孩子各方面的发展和祖国的需要，孩子的这些志愿会变得不切实际，甚至造成思想上的负担。真正的志愿不是选择什么职业，而是和树立什么人生观联系在一起的。革命后代的大志应该是革命，立志做个革命者，做无产阶级革命战士，为实现共产主义而终生奋斗。只要是革命工作，不管是哪一行，都要认真做好。"她要求家长教育孩子像雷锋那样"做一个永不生锈的螺丝钉"，"把孩子炼成革命的优质钢，不管把他们制成什么成品，都能永远锋利、坚韧、不生锈"。

四、要掌握正确的教育方法

1. 要以身作则

宋庆龄从孩子好模仿的特点出发，首先告诫家长要注重"身教"。她说："孩子的认识和学习首先是模仿的过程，从咿呀学语、认识周围事物，到学会各种动作，都是从模仿开始的。成年人的一言一行，都是孩子的榜样，大人骗孩子，孩子也就学会了欺骗；大人打孩子，孩子也就学会了打人。大人大公无私、团结友爱、艰苦朴素、诚实勇敢，才能为孩子树立（好）榜样，使他们受到潜移默化的教育。这就叫'以身作则'，这就叫'身教'。单凭'言教'是不行的，孩子的认识主要是直观的、感性的。父母、教师以及社会各方面人士都要为孩子树立（好的）行为榜样。为了教育下一代，更应该严格要求自己。"

2. 不要简单粗暴

宋庆龄针对中国的父母好打骂孩子的情况，告诫家长要启发诱导，不要打骂孩子。她说："孩子由于年幼无知，分不清是非，意志薄弱，贪玩等等，往往产生一些错误行为。对待这些问题，只能用反复教育，启发诱导的方法，而不能粗暴对待。"

她深刻分析了对孩子简单粗暴的危害。她说："有些人采取'打'的办法，认为孩子不听话只有'打'才能生效，'棒头出孝子吆'。打，可以使孩子被迫服从，勉强行事，但是不能使他心悦诚服地改正错误，反而会损害他们的心理发展。打的办法会使一些孩子因恐惧而屈服顺从，逐渐养成怯懦无能、抑郁自卑的性格；会使另一些孩子起而反抗，逐渐形成粗暴专横的性格；还会使一些孩子表面服从、背后故犯，逐渐养成虚伪欺骗的习性。"

她告诫父母们说："教育孩子是个十分细致的工作，不能简单急躁行事，尤其不能因泄愤、出气而打孩子。这些都是与社会主义教育原则，与培养革命后代的要求不相容的。"

3. 要坚持正面教育

宋庆龄要求家长对孩子要用摆事实、讲道理的方法，反复进行正面教育。她说："对孩子要坚持正面教育，运用启发、说服、鼓励等方法进行长期的、反复的教育工作。要善于用革命领袖和英雄模范的形象鼓舞孩子，以表扬孩子的好行为，用生动的事实对他们讲清道理，树立榜样，帮助他们分清是非，找到行为的标准。孩子由于幼稚，由于不能坚持，往往做些糊涂事，甚至有时出于好心却做了错事。这时仍要耐心地、反复地进行教育，启发他们自己弄清对在哪里，错在哪里，帮助他们自己改正错误，相信他们自己能够改正错误。对孩子应该严格要求，不放松任何小事情，但也要讲究教育方法，从正面进行教育纠正。"

4. 要循循善诱

宋庆龄注意到，孩子们一般有两种特点：一是好动，二是好问。她认为，这不是缺点，要正确看待，应利用这些特点循循善诱。

她指出："孩子活泼好动、好奇敢问，这是年龄特点使然，不能把这些一律当成调皮捣蛋。我们希望孩子成为生龙活虎、坚强勇猛、敢于追求真理、敢于冲锋陷阵的人；而不希望他们变成萎靡不振、胆小怕事、优柔寡断的人。那么活泼好动、好奇敢问正是孩子的优点，而不是什么调皮捣蛋。"

针对孩子的这些特点，她认为正确的态度是："关键在于引导他们，利用他们好动好问的特点来进行教育。积极组织孩子的体育游戏活动，引导他们阅读图书，给他们讲有意义的故事（千万不要讲鬼故事）等等。"

她特别提醒家长要正确看待孩子的"好玩"。她说："我们往往一看到孩子在玩，就觉得不对头，其实玩是孩子生活的需要，通过玩可以发展孩子的体力和智力，培养集体主义思想和活泼开朗的性格，而且适当的玩有助于提高学习的积极性，正如成年人的文体活动能够促进生产积极性一样。人们有时要求孩子老成持重、循规蹈矩，不准玩，不准笑，这是脱离实际的不适当的要求。"

5. 要鼓励孩子参加集体活动

宋庆龄说："相信集体力量能使孩子更自觉地上进。和邻居孩子一起玩，参加班级活动，参加少先队活动，都有助于培养集体主义思想。让孩子在集体玩、集体工作的过程中，逐渐养成团结友爱、互助合作的精神，在集体舆论的约束下，养成服从集体利益、遵守纪律的习惯。当然应该关心他的伙伴是些什么样的孩子，但不要认为只要和别的孩子玩，就一定会学坏，因而把他关在家里，带在身边，不准他把玩具拿出去和伙伴一起玩，不准他去积极帮助别人。这样会使孩子性格变得孤僻，变得自私自利，滋长特殊化的思想。孩子只有在自己的集体中，才能更好地成长。"

在《把培养革命后代的责任担当起来》的最后，宋庆龄再次强调："教育下一代毕竟是全社会的事业，社会各方面人士都应该以对党和革命事业高度负责的态度，积极参加教育下一代的工作。"

开拓社会主义家庭教育新局面

——新中国成立以后的家庭教育

在社会主义制度下，家庭教育获得了新生，成为我国新型教育体制的重要组成部分。在社会主义物质文明和精神文明建设中，日益发挥着越来越重大的作用。

一、社会主义的家庭和家庭教育

社会主义社会的家庭，尽管它是由旧的家庭形式演变而来，不可避免地带有旧的家庭的某些痕迹，如封建家长制思想残余、重男轻女意识、买卖婚姻等，而且在有些家庭还表现得较为严重。但是，从本质上看，社会主义的家庭已经是一种崭新的家庭形式，那些旧社会遗留下来的传统婚姻家庭意识已经不合时宜，并且随着时代的进步和社会的发展将逐步被消除。

我们知道，任何家庭形式都具有自然属性和社会属性。以两性结合为基础的血缘关系，决定着家庭的自然属性；而决定家庭的本质和社会职能作用的，则是它的社会属性，即一定的社会关系对家庭的制约性。社会主义制度下的家庭，同过去一切由剥削阶级占统治地位的阶级社会的家庭相比较，在性质上发生了根本的变化。

在社会主义制度下，实行了生产资料公有制，工农业基本实行社会化生产，绝大多数家庭已不再是生产单位。但是，在我国现阶段，农民家庭还保留着少量的家庭经济；在城市，也有部分个体劳动者。尽管如此，这些家庭也只是部分的生产单位，不再是完全的生产单位。随着生产方式的改变和社会生产力的发展，随着生产社会化程度的提高，家庭的物质生产职能会逐步削弱，以至最后消失，这是必然的发展趋势。但是，家庭的其他职能，如消费、抚养和赡养、休息和娱乐，特别是抚养教育子女的职能，并没有也不可能削弱和消失。

社会主义社会消灭了私有制，是以生产资料公有制的生产关系为基础的社会制度，决定着作为社会细胞存在的家庭的性质，是社会主义的真正的一夫一妻制，再加上妇女社会地位的提高，走出家门，参加社会工作和劳动，自食其力，这就从根本上铲除了"大男子主义"和"金钱关系"所依赖的男子掌握家庭财权的基础，从而保证了夫妻双方在家庭生活中政治和经济的平等地位。这是社会主义家庭生活的基础。在社会主义制度下，家庭所有成员关系亲密，根本利益一致，夫妻之间、父母与子女之间是民主平等的关系，家庭关系正常、稳定。

在社会主义制度下，不仅家庭关系发生变化，同时也对家庭结构的变化带来了影响。中国传统社会存在着世代同居的大家庭。这里所说的大家庭，包括两层意思：一是从世代上讲，祖孙三代的家庭居多，四世同堂、五世同堂的家庭也有不少；二是从每一代的人数上看，已婚的同胞兄弟和他们的妻子儿女也生活在一起，家庭人口众多。这种代多人多的大家庭是同当时的经济条件和文化状况直接相联系的。

新中国成立以后，我国的家庭结构逐步发生变化，不必说"四世同堂"、"五世同堂"的大家庭在现实生活中已为数不多，就是三代人在一起生活的家庭也越来越少。这是因为我国提倡晚婚晚育，一个人活到能见到曾孙，已经很不容易，所以很难出现四世同堂。至于三代同堂家庭的减少，那是因为实行生产资料公有制，子女长大后在经济上可以独立，不必依靠父母的财产过活。子女成年以后，一般都分别建立家庭，城市和乡村都有这种发展趋势。所以，父、母、子三角结构的两代人家庭逐步增多。就城市职工来说，女儿出嫁，儿子结婚，各处一方，自立门户，生活工作两方便，同时也减少代际之间的不必要的矛盾。就农村而言，子女婚后分居，另起炉灶，也是一种比较普遍的现象。年迈的老人虽仍由子女赡养，但不一定要采取同居形式。特别是近年来，由于贯彻计划生育政策，提倡晚婚少生，一对夫妇只生一个孩子，每个家庭的人数减少，"三口"之家越来越多，即使是三代同居的家庭人口也不多。

在社会主义制度下，尽管学校教育和社会教育事业在规模上有了较大的发展，儿童、青少年都有了入学读书的权利和机会。但在相当长的历史时期内，儿童、青少年的教育工作不可能全部交由社会负责，家庭仍旧是儿童、青少年生活和受教育的重要场所，家庭教育仍然是整个社会主义教育体系的重要组成部分。社会学向来很重视"首属（或基要）群体"（指家庭成员及关系亲密的亲朋）对一个人品格形成的功能。在人们的伦理关系上，也是"同言而信，信其所亲；同命而行，行其所服"，关系亲密、有威信的人对别人的影响更大。在社会主义制度下，在新型的人与人之间的关系下，在新型的家庭生活和家庭关系中，这种功能得到更充分地发挥。许多事实表明，社会主义社会的家庭教育对于青少年一代的成长和发展，起着十分重要的作用。而且，同其他一切旧的家庭教育相比较，社会主义社会的家庭教育有许多新特点。

第一，家庭关系和睦，生活稳定、幸福，子女从小就生活在温暖的家庭里，享受着真诚的父母之爱。

社会主义制度下，劳动人民在政治上得到解放，经济上得以翻身，当家做了主人。社会生活的稳定，也给每个家庭带来幸福、安定。生产资料公有制，社会生产力的高速度发展，物质财富的不断丰富，使广大人民群众家庭的物质生活条件大大改善，生活有了可靠的保证。一般家庭都不像旧社会那样要未成年子女承担家庭经济负担，更没有卖儿卖女或把儿女当成债务抵押品的情形。儿童青少年的合法权益在法律上得到保护，在社会上和家庭中得到应有的尊重，他们享有比他们的父母小时候优越得多的生活条件。社会主义社会的婚姻道德原则，使夫妻保持纯真的爱情，夫妻地位平等，相互尊重，敬老爱幼的社会风气在家庭生活中得到充分的发扬。

第二，重视子女教育，逐步形成普遍的社会舆论，越来越多的家长自觉地承担这一义务。

在社会主义制度下，随着社会主义精神文明程度的提高，"子女私有"观念大为削弱，越来越多的家长把家庭教育和社会发展联系起来，当成国家大事来对待，把培养教育子女作为向社会输送合格的建设者，向社会尽义务的一种重要途径。尽管一般家长在将来并不打算在生活中依靠子女，但人们还是在千方百计地精心培养、教育下一代，尽最大的努力供子女读书学习。

特别是党的十一届三中全会以后，全党全国工作的着重点转移到社会主义现代化建设上来，教育工作被列为战略重点之一，重视知识、重视人才，成为普遍的社会舆论。改革开放的全面展开，政治经济体制改革的深入，对劳动后备力量的素质提出了更高的要求。在这种形势下，广大家长从社会发展趋势上看到，自己的子女作为未来社会的公民和建设者，没有高度的科学文化知识水平，不具备德、智、体诸方面较好的素质，很难适应未来社会的需要，很难在优胜劣汰的人才竞争中立足于社会。因此，家长在重视子女接受学校教育的同时，也越来越重视子女的家庭教育，迫切希望发挥"家庭"这个"课堂"和"家长"这个"教师"的作用，纷纷要求并主动争取对家庭教育工作给予具体指导，以提高家庭教育的效率。

第三，用共产主义理想和科学文化知识教育子女，家庭成为建设社会主义精神文明的重要阵地。

在社会主义制度下，国家和人民群众的根本利益一致，国家的前途命运与每个家庭的未来息息相关。家长把子女德、智、体诸方面的素质，同社会主义建设事业联系起来，自觉按照社会对下一代的要求进行培养教育。广大家长用共产主义思想和道德武装子女的头脑，按照党的教育方针造就自己的孩子，努力使子女在德、智、体诸方面全面发展，成为有理想、有道德、有文化、守纪律的一代新人。家庭成为建设社会主义精神文明的重要阵地，成为一代新人成长的摇篮。

二、运用多种形式指导家庭教育工作

新中国成立以后，我们党和政府一向非常重视家庭教育工作，通过多种形式和渠道指导家庭教育，向家长普及教育子女的科学知识，发挥家庭教育的作用。

1952年颁布的《小学暂行规程》（草案）第六章第三十八条规定："小学成立家长委员会，由家长代表、教育委员、校长等组成。定时举行会议，反映家长对学校的意见，听取学校的工作报告，以密切家庭和学校的联系，并协助学校解决困难。其决议由校长采择施行。"

1955年，教育部指出："各中学还应注意做好学生家长工作，使学校教育取得学生家长的配合与协助，把学校教育与家庭教育密切地结合起来。因此，各校应建立一种经常的家长工作制度，有条件的学校，可试行组织家长委员会。"

在《全日制小学暂行工作条例》（草案）和《全日制中学暂行工作条例》（草案）中，都明确规定："学校应该采取家庭访问和家长会等方式，同家长取得联系，共同研究学生思想行为和教育学生的方法，互相配合，教好学生。"

进入 20 世纪 80 年代以后，党和国家更加重视家庭教育工作，在原有基础上，进一步拓宽普及家庭教育知识的途径，并且进一步注重系统地进行科学知识普及，努力从根本上提高家长的素质。

从我国的国情出发，多年来，我们采取了以下形式指导家庭教育工作，向家长普及教育子女的科学知识：

1. 家庭访问

家庭访问是对家庭教育进行个别指导的一种常用的有效方式，主要解决儿童、青少年的个别家庭教育问题。学校的教师、领导、共青团和少先队干部，已经参加工作的子女所在单位的干部、民警、街道干部、妇联干部，以及负责儿童、青少年教育工作的干部，都经常采用这种方式进行个别指导。家庭访问的目的和任务，一般是沟通情况，与家长共同商讨教育儿童、青少年的方式方法。这种指导方式方法比较灵活机动，便于进行，又有针对性，指导得也比较具体，因此，一般效果很好。

按照家庭访问的具体目的和任务，一般分为了解性访问、宣传性访问、商讨性访问、通报性访问、警告性访问等类型的家庭访问。

了解性访问，主要任务是了解儿童、青少年的家庭情况，包括家庭结构、成员、经济、生活方式、社会关系、家长职业、文化素养、教育态度、教育能力等，了解儿童、青少年在家庭里的表现。

宣传性访问，主要任务是向家长宣传党和国家的教育方针、政策、法律，传达教育行政部门、学校、社会对儿童、青少年的要求，传授、介绍教育子女的科学知识和新经验、新思想。

商讨性访问，主要是针对儿童、青少年的现实表现，和家长商讨如何教育他们，使家庭教育和学校教育、社会教育更好地结合，互相配合、协作，共同教育儿童、青少年。

通报性访问，主要任务是向家长传递家长应该了解的信息，介绍儿童、青少年在学校、在社会上的表现，以便家庭教育更具有针对性，主动配合学校或社会加强教育。

警告性访问，是儿童、青少年在学校或在社会上犯有严重的过失或有犯罪行为，而家长尚未了解或没有引起应有的重视，通过家访向家长讲明情况，指出危害，分析严重后果，或告诉家长将要采取的措施，以期引起家长的高度重视。

在家庭访问时，往往是几种访问同时进行，完成几个任务。

2. 家长会

召开家长会是对家长群体进行指导的一种方式，是面向家长集体，解决儿童、青少年带有普遍性的问题。这种指导方式是中小学、幼儿园、托儿所经常采用的，厂矿、企业、机关有时也召开青年职工家长会。

中小学和幼儿园、托儿所召开的家长会，规模和范围有大有小，有时开全校、全园、所学生家长会，有时是开年级或班级的家长会，一般是把两种规模和范围的家长会结合起来开。具体的先后秩序，有的是先全校、全园、所家长集中开会，然后是分成年级或班级开会，也有的是恰恰与此相反。根据不同的目的和要求，有时分别召开爸爸、妈妈、爷爷、奶奶等不同家长参加的会，有时也召开不同类型学生的家长会和不同层次学生的家长会，如男生家长会、女生家长会、新生家长会、毕业班学生家长会、开学初的学生家长会、期中考试的家长会、期末家长会，还有的专门召开优等生家长会、中等生家长会等。

家长会一般是根据全校、全园、所学生面临的共同任务、存在的共同性问题，对家长集体进行具体指导的会议。在家长会上，一般是首先向家长通报当前学校或园、所面临的任务、学生的情况和带有普遍性的问题，然后，根据实际情况给家长提出如何配合学校对学生进行家庭教育工作的建议，以便使家庭和学校统一认识、统一行动、统一步调，共同教育好学生。在家长会上，有的还表彰一些教育子女好的家长，请这些家长介绍教育子女的经验体会，也有的就某些带有倾向性的问题组织家长进行专题讨论。在家长会结束时，一般都征求家长对学校、年级、班级工作的意见和建议。

3. 家庭教育咨询

家庭教育咨询是近年来由群众新创造的一种家庭教育的指导方式。是由家长提出家庭教育实践中遇到的疑难问题，由学校教师或专业工作人员给予解答，对家庭教育进行个别指导。

这种咨询活动，有的是在固定地点设立专门的咨询站，随时接待来访的家长；有的是在城乡繁华的地方，在节假日、在集市、庙会或集会时，临时设点开展咨询活动。

咨询活动的内容有的是单一的，如儿童保健、青春发育期孩子的教育、独生子女教育、孕妇保健、中小学学生学习、儿童早期智力开发、婴幼儿喂养等，有的则是多种内容的咨询同时进行。

这种咨询活动，一般都是特请有经验的教师和各种专业工作人员，如教育专家、医生、心理学工作者等，接待家长，解答家长提出的疑难问题，指导具体，有针对性，解答详细、科学、实用，指导效果明显，很受家长欢迎。

4. 家长委员会

家长委员会是中小学和幼儿园、托儿所组织的，由家长代表参加的一种群众性的团体。它的任务是密切联系本校、本园、所的家长，收集并及时反映家长对学校、园、所工作的建议和意见，协助并参与学校、园、所的教育工作，动员、组织、发动家长教育好自己的子女，对个别家长的子女教育工作进行具体的帮助和指导。

这种群众性的组织是家长进行自我教育、自我指导、互相帮助的好形式。它把分散的家长组织起来，形成一个家长集体，通过家长集体推动、带动全体学生的家庭教育工作。

目前，我国中小学、幼儿园、托儿所的家长委员会，一般分为学校和班级家长委员会（或班级设家庭教育领导小组）两级组织。参加家长委员会的家长，一般都是教育子女好、思想好、作风正派，有教育工作能力、组织能力，在家长中有威望，又热心于这项工作的。家长委员会中分别有校级领导和班主任参加。家长委员会的家长代表有的是通过家长民主选举产生，有的是家长民主推荐和学校、班级协商产生。

家长委员会有例会制度，听取学校负责人、班主任和任课教师介绍学校、班级的学生情况和学校每一阶段的工作任务，同学校负责人、教师共同分析研究学生思想动态，商讨家庭教育如何配合学校工作，向家长提出教育子女的要求和建议，指导家庭教育工作。家长委员会还组织家长交流教育子女的经验，组织学生走出校门参加社会活动、公益劳动、参观访问，协助学校改善物质条件，发动有专长的家长辅导学生的课外科技、文娱、体育活动。

有的地区，还有机关单位、居民大院、城乡街道、厂矿企业建立家长委员会，或家庭教育指导小组，设立家庭教育辅导员，指导本单位、本大院、本街道的家庭教育工作。

5. 家长学校

家长学校是我国在新时期出现的一种指导家庭教育工作的新方式，是我国家庭教育发展史上的新生事物，是社会主义精神文明建设中的一个创举。

家长学校，顾名思义，就是对在家庭里承担教育子女任务的父母和其他长者进行教育和训练的学校。家长学校不同于家长会，它的任务是系统地向家长（包括未来的父母）传授抚养教育子女的科学知识，交流推广成功的教育子女的经验，提高家长的教育能力和教育素质。开办家长学校的目的不仅仅是为解决家庭教育过程中遇到的个别问题，还从根本上切实提高家长作为教育者的素质，以便实现家庭教育科学化，把我国的家庭教育工作提高到一个新水平。

家长学校是一个统称，具体的类型有"家长学校"、"父母学校"、"母亲学校"、"奶奶姥姥班"，还有那些对未来父母进行教育和训练的学校，如"新婚夫妇学校"、"孕妇学校"等。

家长学校属于一种业余学校，从办学人员到学员、教师，都不是专职的，全都是兼职的。学习时间是在家长、教师的业余时间。上课时间有的固定，有的不固定，有的分散，有的集中。一般学习期限是从孩子一入学就开始，一直到孩子从中学毕业结束。上课次数有多有少，一般是一个学期两三次，有的是一个月一次。

目前，我国的家长学校，绝大多数是由中小学、幼儿园、托儿所负责举办的，也有妇联、城市街道、机关、企事业单位、部队、机关单位职工集中居住的宿舍居委会、医疗保健部门、共青团、工会等举办的。家长学校多数是采取面授形式，有条件的地区、部门，也开办"广播家长学校"、"电视家长学校"、"函授家长学校"等。

家长学校的教学内容，有几个显著特点：一是针对性。向家长传授哪些知识，选择哪些课题进行讲述，都是从家长的实际出发，适应家长的要求，是家长抚养教育子女所急需的。二是实践性。向家长传授的知识，既有理论，又有方法，密切结合家庭教育实际，对家庭教育实践有很强的指导意义。三是系统性。所谓系统性，有两层意思：从横的方向讲，就是给家长以全面的抚养教育子女的知识。从学科知识系统说，就是向家长传授教育学、心理学、生理学、社会学、伦理学等学科知识。具体地说，各个年龄阶段孩子的家长，都要掌握卫生保健、身体锻炼、传授知识、发展能力和智力、道德品质教育、行为习惯训练、性格情操陶冶等多方面的知识，使家长能够在子女的德、智、体、美、劳诸方面教育和训练上都能做工作。从纵的方向讲，就是按照孩子们各个不同的年龄阶段，给予家长相应的知识，从孩子出生、学龄前到小学阶段、中学阶段，连续不间断地给家长一套较为完整的知识，使家长从孩子一出生到长大成人都能用科学的方法对子女进行系统地教育训练。

家长学校的教学方式灵活多样，有面授，有函授，有广播、电视播讲，也有家长介绍经验，家长进行专题讨论。为使家长了解学校生活和孩子活动、学习、表现情况，有的学校还举办家长开放日，邀请家长参加孩子们的活动，如班会、队会、校会、文娱会演、体育运动会、节日庆祝活动，还请家长到孩子所在的班级听课。

6. 利用各种宣传工具

近些年来，我国的家庭教育工作受到社会各界的极大重视，除教育部门和妇联直接指导家庭教育工作以外，广播、电影、电视、戏剧、出版等部门，都开始利用各种宣传工具和手段向广大家长传授教育子女的科学知识，传播家庭教育的经验，用正确的教育思想和科学的教育方法武装家长的头脑。利用多种宣传工具和手段开设家庭教育专题节目、专项栏目，演出家庭教育方面的节目，出版家庭教育方面的报纸、杂志、书籍，受教育的对象相当广泛，具有形象、具体、生动、活泼等特点，家长喜闻乐见，易于为家长理解和接受。

7. 建立家庭教育科学研究和科学普及社团

为进一步推动我国家庭教育事业的繁荣发展，全国各地普遍建立了省、市、县级家庭教育研究会或家庭教育促进会。它的任务是研究家庭教育的理论，普及教育子女的科学知识。着重研究本地区家庭教育的理论和实践问题，指导当地的家庭教育工作。

这种群众性的家庭教育研究、普及社团，全都是由群众自发组织起来的。参加的成员有妇联干部、教师、教育专业工作者、卫生保健人员、医生、社会工作者以及其他行业的热爱家庭教育工作的人。

各地的家庭教育研究、普及社团，密切结合当地的政治、经济、文化情况，研究在改革开放过程中不断出现的家庭教育的新情况和新问题，研究解决这些新情况、新问题的对策，并且通过家长、学校等途径把科学研究的成果传播到广大家长中间去，为加强和改善我国的家庭教育工作，振兴我国的家庭教育事业，开拓我国社会主义家庭教育的新局面，为建立符合我国国情的社会主义家庭教育科学体系，作出了突出的贡献。

经过几十年，特别是近十多年的努力，我国的家庭教育事业出现了一个前所未有的兴旺发达局面，我国的家庭教育工作在社会主义物质文明和精神文明建设中日益发挥着越来越重大的作用。

后　记

在实行改革开放，振兴我国家庭教育事业，开辟社会主义家庭教育新局面的今天，我为什么要撰写一部关于我们中华民族优秀家庭教育传统的书呢？

1988年我出版了一部《家庭教育学》，对于家庭教育的基本理论进行了初步的探讨。该书尽管还不甚完善，但毕竟是新中国成立以后的第一部。出版之后，引起了社会上的关注，有十几所高等师范院校和妇女干部学校以该书为教材开设了家庭教育学课。

当年暑假期间，我到庐山给团中央办的一个讲习班讲课，在庐林饭店我遇上了著名理论家徐惟诚同志，他也去给该班讲课。我把上述情况告诉他，他很高兴，肯定了我在家庭教育基本理论研究上所做出的努力，因为他一直主张在中高等师范院校开设家庭教育学课。

在庐林饭店，我又告诉徐惟诚同志，我正在撰写一部中外家庭教育思想发展史方面的书，要系统研究、介绍中外著名思想家、教育家的家庭教育思想。他非常赞成，并答应我的请求为我的书撰写序言。

在我那部以《中外家庭教育荟萃》为名出版的家庭教育思想发展史方面的书的序言中，徐惟诚同志写道：

"当代社会主义家庭教育学不能凭空建立，它需要运用当代生理学、心理学、教育学、社会学的成果，也需要继承和借鉴人类过去对家庭教育的研究成果。几千年的文明社会，一百几十个国家和民族，亿万家庭世世代代的教育实践，积累了无比丰富的经验。不同时代、不同国家的教育家、思想家，总结他们当时所能见到的经验，所作的论述，为我们提供了极其可贵的宝藏。可是，历史给我们遗留的家庭教育的专著并不多，除了少数例外，许多重要的论述都散见于各种不同的著作中。至今为止，把各种分散的材料综合起来进行的研究也还少见。迫切需要有人从基础的资料工作做起。我在1982年所作的《名人家庭教育故事》，目的之一也是为有志者提供一些进一步研究的线索。赵忠心同志经过多年工作，钩玄提要，把中外历史上若干重要的教育家、思想家关于家庭教育的论点进行系统的整理研究，获得的成果是可喜的。"

"但是，这仍然只是一个良好的开端。还有更多的有关家庭教育的精辟论述，在等待人们去搜集、发掘、整理、研究。如果能形成一部家庭教育思想史，那就更好了。"

"我期待着。"

我非常赞成徐惟诚同志的思想，也从他对我的勉励与期望中受到鼓舞。那本《中外家庭教育荟萃》只是研究、介绍了中外家庭教育思想发展史上一些代表人物的家庭教育思想，可以说是中外家庭教育思想发展史上的几个重要里程碑。我决心进一步深入、系统进行挖掘、研究。

我先从中国入手。因为我们中华民族素有悠久的历史文化传统，从古到今，以重视家庭教育著称于世。在长期的实践中，中国积累了比其他任何国家都丰富的家庭教育经验，形成了具有中国特色的独立的家庭教育思想体系，在世界上很有影响。中国的家庭教育，在提高中华民族的思想文化素质上发挥了重要作用。从古到今，历朝历代，许许多多优秀人才的成长，无一不是得益于家庭的熏陶和家长的培养教育。那些成功的家庭教育经验和在实践中总结出来的家庭教育理论，对于我们加强和改善今天的家庭教育，造就一代新人，仍然具有重大的借鉴意义。

"他山之石，可以攻玉。"我们实行改革开放，吸收、借鉴外国先进的家庭教育经验，这是很有必要的。我向来不赞成那种"夜郎自大"的思想。但是，值得注意的是，从历史经验看来，近现代许多国家实行改革开放之初，差不多都产生过全面否定自己国家历史文化传统的倾向。认为只要是外国的东西，是一切皆好；自己国家的东西，不管是古代的还是现代的，一切都不好，宣扬民族自卑情绪。这种倾向，在我国今天实行的改革开放中，也毫无例外地出现了。对此，我向来不敢苟同。过去"言必称希腊"不对，现在"言必称西方"，不能不说也是一种片面性。

中国是一个文明古国，自古以来，中国的思想文化都高于四邻，且对四邻产生过重要影响。我们并不否认，中国的历史文化传统中，有消极的东西，这当然也包括家庭教育思想范畴。但是，我们必须看到，在中国的历史文化传统中，有许多积极的东西。特别是在家庭教育方面，不论是实践经验，还是理论，都有许多极为宝贵的遗产。对此，不仅中国人为之自豪，不断继承、发扬、光大，连外国人都争相学习借鉴。我们没有理由，完全否定中国家庭教育的历史文化遗产。

鉴于上述想法，我对我们中国从古到今的家庭教育文献，做了初步的收集、整理、研究，对于中国家庭教育的发展状况、论著、法规，系统而又有重点地做了整理、介绍和评析。其目的是使我们广大做父母的、儿童青少年教育工作者和理论工作者，对于中国家庭教育的实践和理论，有一个较为全面的了解，以便从中学习、掌握、继承、发扬优秀的家庭教育传统，为培养造就当今社会所需的人才，充分发挥家庭教育的职能作用。

鲁迅先生在1933年《我们怎样教育儿童的?》一文中说："中国要作家，要'文豪'，但也要真正的学究。倘有人作一部历史，将中国历来教育儿童的方法、用书，作一个明确的记录，给人明白我们的古人以至我们，是怎样的被熏陶下来的，则其功德，当不在禹（虽然他也许不过是一条虫）下。"鲁迅先生之所以提出这样一个问题，一个目的是要我们继承、发扬历史文化传统中那些有积极意义的东西，另一个目的是要我们进行一番历史的反思，认识那些消极的东西是如何毒害儿童的，以便更好地开创儿童教育的新篇章。我以为鲁迅先生的愿望和主张，是很有意义的。在鲁迅先生在世的时候，没有人做这件事，今天我试着做一做这件事，虽做得不太好，但也算是对鲁迅先生的一个纪念吧。

北京师范大学教科所
赵忠心